한국국보문학 동인문집 제12호

http://cafe.daum.net/lsh19577

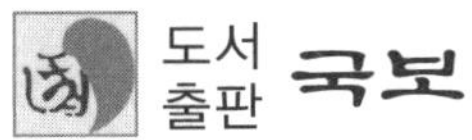

국보문학 동인문집 제12호

내 마음의 숲

님께 드립니다.

▲ 제12호 동인문집 편집회의 기념사진

▲ 제12호 동인문집 편집회의 모습 (10월 12일 국보문학 사무실)

발 간 사

이우창 | 총괄 편집고문

어느새 가을 하늘이 짙게 옷새 사이로 온갖 색들을 물들이게 하고 있습니다. 언제 부터인가 자주 하늘을 보며 지난여름의 구름과 비교 하고 있습니다. 너무나 빠르게 지나는 구름이기에 더욱 가을 이름이 빛이 나나 봅니다. 뒤돌아보는 계절 속에 이렇게 살아 있음과 글을 쓰며 보게 되는 기쁨을 감사 하고 있습니다.

풍성한 곡식들이 마음을 들뜨게 하고 온갖 꽃들이 그 마음속을 무지개로 물들이고 있습니다. 이러한 풍성함 속에 우리 글밭들도 부지런한 손길들 속에 추수를 하고 있습니다. 이번 에도 가득 찬 글들이 여러 가지 개성 있는 모양으로 노래를 부르며 여기 저기 피어나고 있습니다. 벌써 12번이라는 돌이 지난 글 잔치가 이루어지고 있습니다. 감사 합니다. 바쁘신 가운데서 우리 국보문학의 미래를 일으키시려고 참여하신 여러 문우님들께 다시 한번 감사드립니다. 여러분이 뿌린 만큼 아름다운 열매로 흡족한 마음으로 이 “내 마음의 숲”이 풍성한 기쁨이 있기를 바랍니다. 그동안 수고 하신 김블라시오 추진위원장님, 모습만큼 열정적으로 추진하시어 이렇게 글밭을 채워주심을 감사합니다.또 임종은 편집위원장님, 꼼꼼한 경력으로 각 글들을 교정 하시는 부지런함을 보여 주셨습니다. 감사 합니다. 그 외에 추진위원들과 편집위원들 여러분 수고 많으셨습니다. 이런 수고와 헌신이 우리 국보를 여기까지 이르게 된 여력이 되었습니다. 특히 이 일을 주관 하시는 임수홍 회장님의 헌신과 투자가 이렇게 빛나는 문집을 만들게 하셨습니다. 감사합니다. 이젠 즐겁게 만나서 보여주시고 기쁨을 나누시면 됩니다. 감사합니다. 수고하셨습니다. 더 큰 미래를 내다보며 많은 실수를 감춰주시고 힘을 보태 주시기를 바랍니다. 감사합니다.

축 사

김 블라시오
제12호 동인문집 추진위원장

이 좋은 계절에 마음의 양식이 되길...

가을은 천고마비의 계절, 독서의 계절, 사색의 계절입니다.

이 좋은 계절에 월간 국보문학이 또 큰일을 해냈습니다. 동인문집 제12호를 발간한 것입니다. 한분 한분의 정성어린 원고를 모아 한국문단의 큰 디딤돌을 지향하는 우리 국보문학이 이우창 총괄 편집고문을 중심으로 추진위원회와 편집위원회 위원들의 사랑과 정성이 담겨있는 아름다운 보물을 세상에 내놓습니다.

동인문집 12호 발간은 누구나 할 수 있고, 아무나 할 수 있는 일은 결코 아닙니다. 12라고 하는 숫자의 의미는 완성을 의미합니다.

1년은 12달입니다. 이제 시작이며, 한국문단의 새로운 장을 이제 우리 동인들이 열어 가야할 때가 아닌가 생각합니다.

늘 밤잠을 잊고 열정적으로 월간 국보문학과 자매지인 한국문학신문을 위해 애쓰시는 임수홍 회장님의 노력과 수고는 우리 모두의 귀감이며, 문학에 대한 남다른 사랑은 반드시 큰 열매를 맺을 것이라 확신하며, 이번 제12호 발간에도 많은 관심과 격려를 해주신데 대해 고맙게 생각합니다.

아울러 이번 동인문집이 동인들의 좋은 사색과 삶 속에서 한줄기 마음의 양식이 되기를 진심으로 기대합니다.

만남은 인연이지만 관계는 노력이라고 합니다.

이 노력은 피와 땀과 눈물이 바탕이 되어야 아름다운 열매를 맺을 수 있습니다. 이 좋은 계절에 우리 국보문학 가족 한분 한분이 마음의 양식을 삼아 풍요로운 마음을 늘 가지시길 바랍니다.

우리 동인문집 제12호와의 만남이 문학에 대한 관심과 저변확대에 소중한 인연으로 이어지길 바라며, 오래오래 기억되길 바랍니다.

그동안 알게 모르게 수고하신 모든 분들과 옥고를 보내주신 동인님께 고맙고 감사하다는 인사를 전하면서, 아무쪼록 이번 동인문집 제12호가 이 좋은 계절에 마음의 양식이 되고 집안의 가보로 오래오래 남기를 기대합니다.

나름대로 최선을 다했으나 부족한 점은 사랑으로 감싸주시고, 더 나은 동인문집을 위한 여백으로 채워주시길 바랍니다.

그동안 동인문집을 위해 수고하신 추진위원 및 편집위원 여러분에게 다시 한 번 고맙고 감사하다는 인사를 올리며, 월간 국보문학과 동인문집의 무궁한 발전을 기원합니다. 사랑합니다.

| 차례 |

| 차례 |

시 둘
시

꽁트 하나
꽁트

시 셋
시

| 차례 |

| 차례 |

시 여섯
시

수필 셋
수필

시 · I

시 | 하나

· 이 비가 그치면 외– 김현숙

· 살다 보니 외 – 김용복

· 이런 소리를 들은 적 있는가 외 – 김연식

· 개울가 외 – 이우창

· 이만 원에 시를 팔다 외 – 이경희

이 비가 그치면

김현숙

자욱한 안개 속으로
걸어오는 임의 애잔한 선율은
목마르게 애를 태운
그대 뜨거운 열정으로
가슴을 적신다

그리움으로 대지를 적시는 한은
기다림에 다 타버린 나뭇잎
단풍으로 물들어 오롯이 새겨진
나뭇잎의 애간장 태운시간

금방이라도 토해낼 것 같은
오색 화폭으로 물들
그리움 타는 계절을 보라

이 비가 그치면
내 못내 그리워 눈물로 세운 밤
비를 타고 내려오다 산에 걸린
피눈물로 붉게 얼룩져 떨어지는
저 가을을 보라

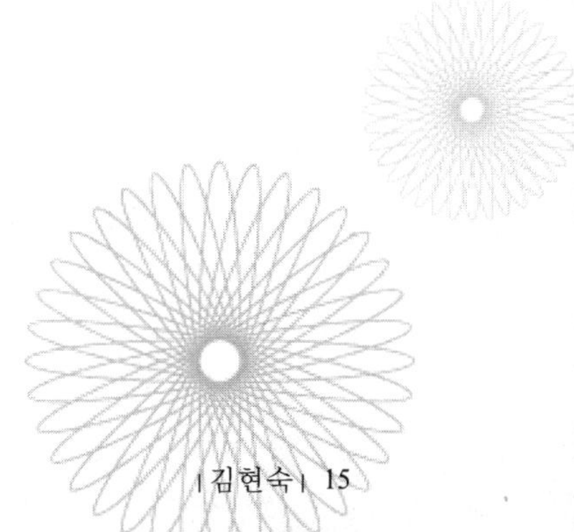

방황의 시간

살고 싶어 몸부림친다.

숨이 막혀
방황의 시간 속으로
발악을 하고

잠시라도
바람이 춤을 추고
웃음으로 미쳐가는
꽃 속으로 질주하고 싶다

자연을 보고 울고 웃고
소리치고 손을 내밀어
살고 싶다 토해낸다
심장의 깊숙한 곳에서

내 마음이 빛의 속도로
당신에게 달려가는 것
생존의 본능일거라
위로 아닌 위로를 하며

텅 빈 그 쓸쓸함

무작정 떠나고 싶다.

열차에 몸을 싣고
고향풍경이 반기는
텅 빈
그 쓸쓸함으로

그대 곁에 안주할 어딘가로 끝없이
갈수만 있다면 바람과 함께 떠나
걷고 또 걷고 싶다.

맨발로 나가 이름 모를 들꽃을 만나고
조용히 입 맞추고 뒤돌아서 향기에 취해
허황된 꿈꾸듯 오늘도 내일도
날마다 비워가고 나 또한 내 것이 아님을
알아가며 내 몸과 마음 뼛속까지 들여다보고 싶다

달물이진 밤에

달물이진 밤
길을 가다 나무에게 물었습니다.

달빛에 흔들리고 바람에 미친 듯이
흔들리고도 괜찮으냐고
나는 마음을 열어 고백했습니다.
내 속에 것들의 대하여 이렇게

밤길에 바라보는 나는
그대모습의 빠져
심장이 멜로디를 타고
살아있음을 느낀 자연에서
행복한 감성에 젖어 내 눈 속에
보석을 만드는 자도 그대들이라고
가로등을 마주하며 예기합니다.

난 너 때문에 빛나고 있어
물결 잔잔한 파도를 타듯
불빛에 빛나는 나신을 본다.

달빛은 밤새도록 애무의 달인이 되고
달이 밤에 주인공이듯
그대들은 나의 삶의 일부라고

달물이진 밤
문득 그대를 떠올리며
보고파 죽을 것 같아 미친 듯이
내 마음이 멈추지 못하고 달려왔다고

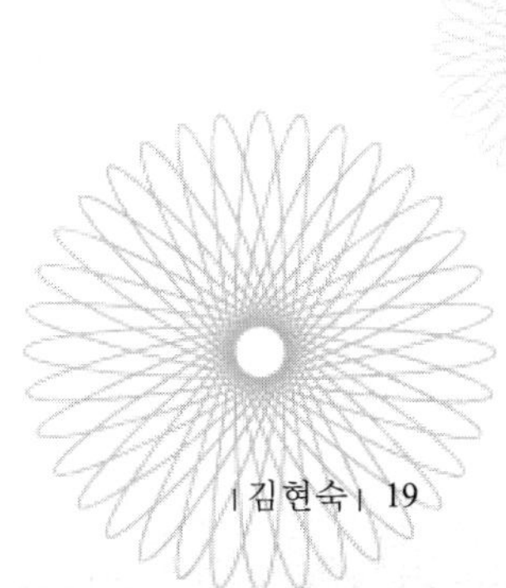

기다림

꽃잎에
잠시 쉬어갔던
바람 뒤로하고

무던히도
외로움을 탄 들꽃처럼
허허벌판에 서서

외롭지 않은 척
유유히 많은 바람
뿌리치며 도도하게

별빛보다 고운 이슬
가슴에 안고
계절을 타고
계절을 부르며

유리창의 빗방울은

빗방울이 유리창에
구슬처럼
길을 타고 내려와 꿈을꾼다

바람의 저항을 하며
버틸 만큼의 힘을 조율하고
길을 만들고 그 길을 따라 타고 내려간다.

막다른 골목길이 어디쯤인지 알지 못한
유리창에 맺혀 있는 내 눈물 같은 보석이여
그대 가는 길이 멀지 않아도 내가 나에게 물어본다.

어떻게 살았냐고
나는 참고 견디며 버티고 있다고
지금 이 순간도 외로이 삶의 귀로에서
꿈꾸며 정처 없이 길을 간다고

김현숙
월간 시사문단 시 부분 등단
문학사랑 수필부문 등단
대전문인협회 회원, 문학사랑문인협회 회원
김해 장유문학회 회원, 월간 국보문학 회원
한국시사문단작가협회 회원
(사)대한민국국보문학협회 김해시 지부장

살다 보니

무봉 김용복

허리가 굽어 땅만 보고
걷는 할아버지에게 물었다.

"할아버지 왜 허리가 굽었습니까?"
"네! 50년 동안 땅에 떨어진 동전 몇 잎
줍는 재미로 살다 보니 이리되었소."

"할아버지 고개를 들어 하늘을 보세요."

할아버지는 가던 길 멈추고 하늘을 바라보며
"이렇게 맑고 파란 하늘을 오늘 처음 보았소."
................!

외로움

햇살 좋은 날
영산홍 붉게 핀 덤불에도
그늘에 가려 고개 숙인
꽃송이가 외로워 보인다.

많은 사람들 속에서도
가끔 찾아오는 고독은
나를 그리움의 틈새에 끼워놓고
외로움의 방망이로 가슴을 난타한다.

노을 지는 호수에서
외로이 물수제비 빚는 소년의
어깨 넘어 그늘진 등에도
외로움이 어둠으로 묻힌다.

풋보리 일렁이는
오월의 보리밭을 걷노라면
풋사랑에 울고 웃던 첫사랑
그리움과 외로움이 찾아온다.

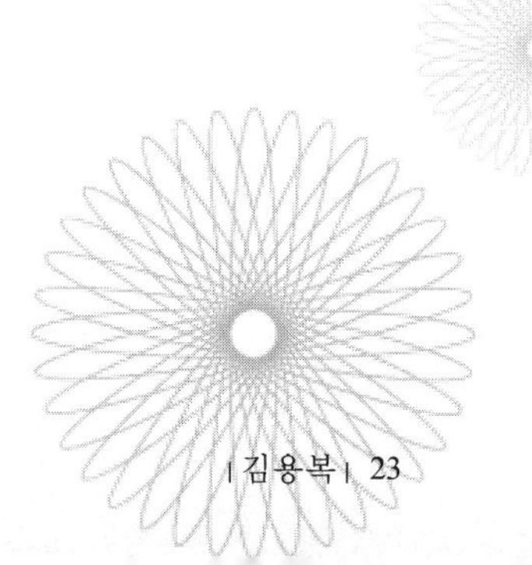

독일병정처럼 도열한
보리밭 고랑에 누워
밤하늘의 별을 헤아리던
추억이 나를 더욱 외롭게 한다.

해당화 붉던 천수만
간월 암의 일몰을 바라보며
또 하나의 추억과 외로움을
지는 해에 올려놓는다.

人生

누가 人生을 고해苦海라 했던가?
가다가 힘이 들면 쉬어가자.
그래도 힘이 들면 누웠다 가자.
누웠다 잠이 들면 좋겠다.

꿈도 꾸고 뽕도 따고 임도 보고.
이왕지사 잠이 들었으면
깨어나지 말고 귀천歸天에 오르면 좋겠다.

괜찮은 놈이 떠났다고
소문이라도 났으면 더 좋겠다.

사랑이 있어라.

해바라기가 해를 바라보는 것도
병아리가 어미 닭을 따라다님도
내 어려 어머니에게 야단을 맞아도
치마폭 붙들고 엄마라 울며 불러 봄도
거기에는 사랑이 있었다.

임이 타고 떠난 버스 꽁무니를
점이 되도록 바라보는 그대의 마음도
입영열차 타고 떠난 아들이 그리워
望夫石처럼 철길을 바라보는 母情도
모두가 사랑이었다.

세상 만물을 모두 비추는 햇볕처럼
모두를 사랑하는 마음으로 살고 싶고
개밥 그릇에 고인 물에도 무지개가 뜨듯이
누추하고 낮은 곳에도
사랑의 꽃이여 피어나라.

순천만의 바람

엊그제 순천만에서
나를 씻고 간 바람은
어디쯤 가고 있을까?

갈댓잎끼리 속삭이던
사랑을 흔들어 놓고
내 이마 주름을 가렸던
백발을 들추어 늙음을 엿보고
갯가로 흘러간 바람아!

둥지 그리워 하늘을 나는
갈매기 날개 위에 머무느냐?
오늘을 보냄이 아쉬워
붉은 노을 속에 지는 해를 바라보며
내일을 기다려 맞이할까 하니

내 고향 천수만
해당화 꽃잎에 숨은 사랑을
다시 싣고 오려무나.

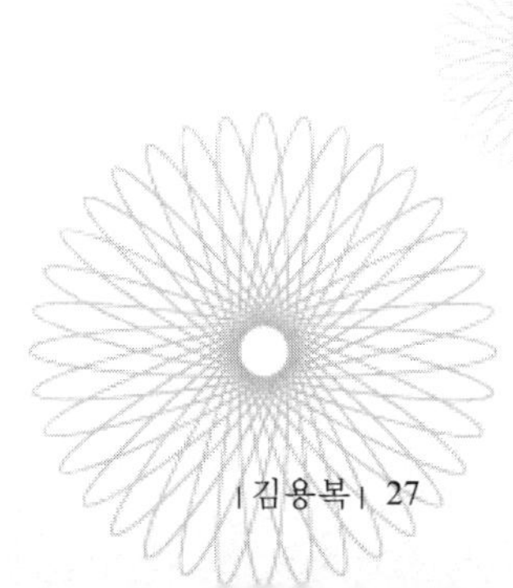

나의 길

나는 어디로 가야 하나
우리들은 항상 길 앞에 서서
내가 살아온 길을 돌아보면
덜 닦인 유리컵의 설거지 흔적 같은
아쉬움이 남는다.

외톨이 비둘기는 먹이를 찾아
아스팔트 길거리를 헤매고
주림이 없는 우리는 채워도 채워지지 않는
허전한 마음을 메우려
애를 태워 보지만
무인고도에 갇혀버린 고독감과
밀려오는 파도소리는 외로움을 더한다.

어제 걸어온 길처럼
오늘 걷고 있는 길 위에 서서
내일의 알 수 없는 길을
저 건너 산 푸른 초원에 무지개 꿈을 꾸며
희로애락으로 삶을 포장한다.

찔레꽃 사랑

그녀의 소박한 웃음소리에
찔레꽃 나뭇가지 속의
숨은 바람이 흔들리고
떨리는 꽃잎 속
향기가 흩어지면
가슴속에 숨어 있던
첫사랑이 설렘으로
얼굴을 붉혔답니다.

찔레꽃이 무성하던 6월
보리밭에 숨은 바람이 일면
우리의 사랑은
보리밭 고랑에서 춤을 추고
종달새는
우리 옆 둥지에서
알을 낳았습니다.

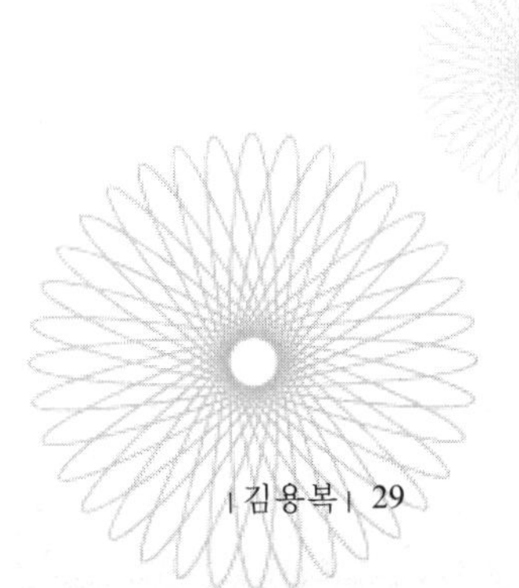

고백

살을 섞어 평생을 살면서
여보! 당신을 사랑합니다.
신혼 초에는 자주 했었습니다.

그런데 언제부턴가
사랑한다는 말이 안 됩니다.
분명 사랑하는 마음은 있는데.

여보! 오늘 저녁은 나가 먹읍시다.
전화를 걸면, 여보! 그래요.
아내의 음성에서 사랑이 느껴집니다.
하기야 50여 년을 밥을 하고 있어
밥하기 싫을 때도 있을 겁니다.

그런데 말이요.
어쩌다 아내의 불평을 들으면
다시는 안 살 것처럼
다툼도 많이 하며 살았습니다.

며칠 후면 우리 부부 오랜만에
아주 큰 배를 타고

크루즈 여행을 떠납니다.
지난주에는 여행 때 입을
T셔츠를 사오더니
오늘은 예쁜 슬리퍼를 사왔습니다.

말로는 사랑해요 못해도
이게 우리 부부의 사랑입니다.
여자들은 사랑한다는 말을 좋아한다는데.
난 그걸 못하는 멍청이라오.

내가 떠나고 없는 날
당신을 많이 사랑했음을 글로.
"여보! 당신을 사랑합니다."
한 줄 적어 고백합니다.

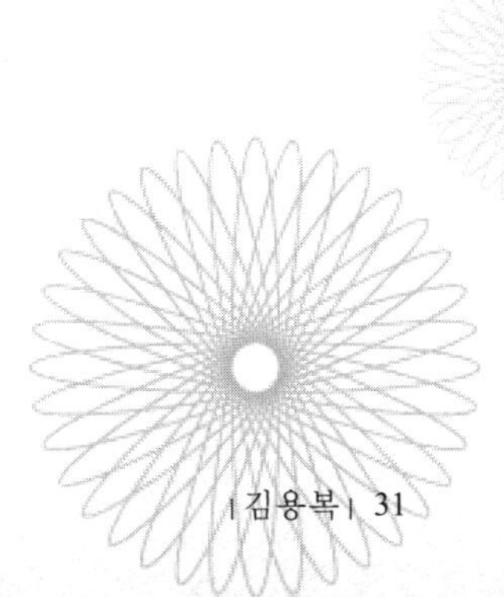

고향(故鄕)

아! 고향,
내가 당신 안에 있을 때
부모형제 함께 있어 행복幸福했고
뒷동산에 올라
아름다운 낙조落照를 바라보며
천수만 수평선에
나의 꿈과 사랑을 설계했습니다.

아! 고향,
내가 당신과 함께했던 사춘기思春期
나에게 첫사랑을 주신 당신
머리카락이 바람에 날릴 때
오월의 아카시아 향이
그녀의 어깨에서 퍼졌습니다.

아! 고향,
내가 당신 곁 떠나 있을 때
함께 못한 부모형제가 그리웠고
초가 안방에서 객지 떠난 아들 위해
등잔불 앞 어머니는 밤을 새워
광목 이불과 베개를 바느질하셨답니다.

아! 고향,
내가 당신 떠나 객지客地에 있을 때
아버지 부음訃音에 눈물로 밟았던 당신에게
하늘 같은 아버지를 당신 품에 묻어놓고
불효자 가슴에 한이 되어
아버지와 고향인 당신이
고희古稀를 넘긴 나이에도 그립습니다.

김용복

아호 : 무봉(霧峰)
시인, 소설가, 국보문학 작가회장, 한국문학신문 편집위원
(사)대한민국국보문학협회 상임부회장
중등교장정년, 녹조근정훈장포장, 서각초대작가
수원시테니스연합회 자문위원
한국문학신문 소설부문 대상수상

이런 소리를 들은 적 있는가

佳谷 김연식

1.
양지바른 언덕에
선잠 깬 아지랑이 아른아른 하품소리
산수유 꽃망울 노란 폭죽 터트리는 소리
물방울 터지는 여울 가 버들강아지 눈웃음치는 소리
떼로 몰려 조잘대는 개나리의 합성을

2.
뭉게구름 피는 언덕에
누렁소 잔등에 땀방울 구르는 소리
소금쟁이 유혹의 날랜 춤사위 발길 소리
개구리 뒤통수에 독사의 독살 눈빛이 꽂히는 소리
소낙비 내린 후 빗물 범람에 움집 버리고 피난길 떠나는
지렁이의 애절한 울부짖음을

3.
햇볕 따가운 언덕에
벼알이 탱글탱글 불어나는 소리
파란 고추가 붉게 더 붉게 낯붉히는 소리
돌담에 누런 호박이 누런 이빨 드러내고 헤죽헤죽 웃는 소리
메뚜기 방아깨비 꼬마신랑 등에 업고 부르는 사랑가 소리
고추잠자리 노란 부리 햇새의 비상하는 날갯짓 소리를

4.
백설이 덥힌 언덕
앙상한 나목에 홀로 앉은 멧새의 오들오들 떠는소리
초가지붕에 햇살이 내려 고드름이 거꾸로 쑥쑥 자라는 소리
초가지붕 속 움집에 곤히 잠든 참새의 코골이 소리를

5.
한세월 함께한
맑은 영혼이 전하는 그 소리
들릴 듯 들리지 않는 그 소리를 들으려
나는 이 밤도 뒤척이노니

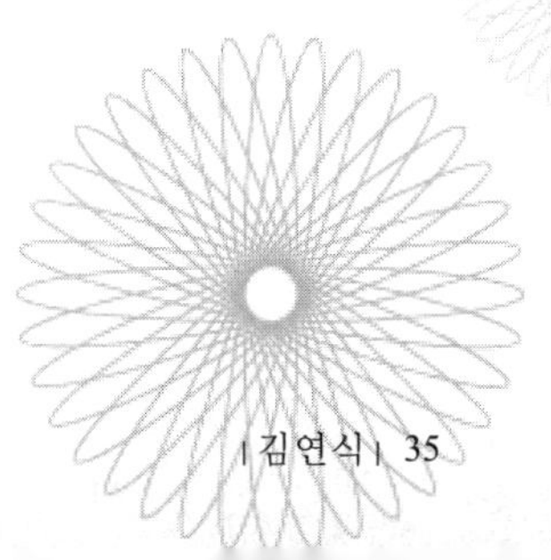

번개

어둠 짙은 빈 하늘에
섬광이 실뿌리 치며 흩어진다

지난 일이 얽히고설켜
저처럼 번득번득 해도 흔적을 찾을 수 없다

어둠이 더 짙어져
희미한 잔영이 사라지면
멀어져간 발길을 따를 수 없음에
먼 산등성이를 바라만 볼 뿐
대책 없는 서성임이다

조각난 먹구름 사이로
별이 하나 둘 반짝일 때
별똥별이 긴 획을 그으며
망각의 늪으로 떨어져간다

그래도
널다리를 건너려는
그 상념을 버릴 수 없어
회전목마 갈기를 움켜잡고
무한의 궤도를 달리고 싶다

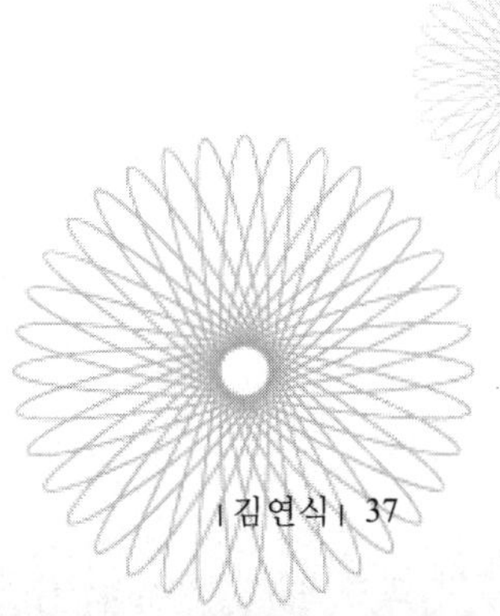

달팽이

모진 산고 끝에 작은 집을 한 채씩 나누어 주었는데
그 새끼들은 어미 속살을 남김없이 갉아먹고
분양받은 집을 등에 걸머지고 낑낑거리며
초록 세상을 야금야금 갉아먹는다

어미 품을 떠난 새끼들은
속이 텅 빈 어미의 허허한 집을 찾는 놈 하나 없고
오로지 몸집 불린 만큼 집 평수를 늘려
점점 커지는 집을 걸머지고 꺾인 허리로 정처 없는 길을 간다

등짐 진 달팽이가 길을 가다가
집을 버리고 길을 가는 민달팽이를 만났다
너는 발가벗고 집을 나와 어디를 가느냐고 놀려대고
그런 너는 그 무거운 집을 왜 짊어지고 다니느냐고
서로 깔깔거리며 더듬이질을 한다

나는
달팽이 빈집에서 어머니를 본다

배곯으며 자식새끼들 먹이고
손발이 닳도록 길쌈과 호미질을 해
당신의 까막눈 한을 자식들에게 대물림하지 않으려
그렇게도 억척스럽게 사시었는데

그 자식들은 어머니의 속살을 다 갉아먹고 뿔뿔이 흩어져
고래등집을 지키며 지들 새끼만 강아지처럼 애지중지하고
어머니의 외로움을 달래줄 생각도 못하다가
속이 텅 빈 껍데기를 남기고 훌쩍 떠난 후에야
통곡하며 후회를 했나니
내가 달팽이보다 나은 것이 무엇이더냐

김연식

충북 단양 출생
분당정보산업고 · 성남서고 교장 역임
문학세계 등단, 세계시낭송협회 운영위원, 성남뉴스넷 시 연재
한국문인협회 · 세계문인협회 · 서정문학회 회원
시집 『아름골 연가』 등

개울가

海島 이우창

작게 뿌려진 자갈 위로
미처 크지 못한 발가락이 움직이어
그림자를 만든다

한 방울 크게 발등에 묻히고
자갈들의 몸부림에 바지까지 젖는
개구쟁이 옷깃을 만들어가며
크게 뛰어 한 걸음 물길을 잡고
크게 뛰어 두 걸음 구름을 잡는
물속의 그림밭에 꿈을 만든다

잡을 수 없게 빠른 송사리들의 외침이
잔 물결을 이루며 웃음을 지어낸다
손가락마져 물속에 잠그는
나이 어린 겸손이 추억을 그린다

기다린다

꽃이 피기를 기다린다
꽃 사이 짙은 향기를 찾고 있을 때
나비를 몰고 기다림을 만든다

높이 날아 인기척을 느끼며
바람결에 안부를 만나게 한다

이만큼 기다렸다고
눈앞의 꽃 동네에 눈길을 잃고
구름까지 홀리게 하는 꽃들의 춤 속에
그녀의 마음이 가슴을 열고 미소를 찾아낸다

서글픔을 뒷 그림자에 매어 놓고
앞에 놓인 꽃 재롱에 기다림을 잊는다

손끝에 작게 진동을 느끼면
어느새 다가오는 그리움의 이름옆에
같이 서 있는 그녀를 발견하고
미쳐 배지 못한 꽃밭에 묻히어
꽃들의 작은 외침을 듣는다

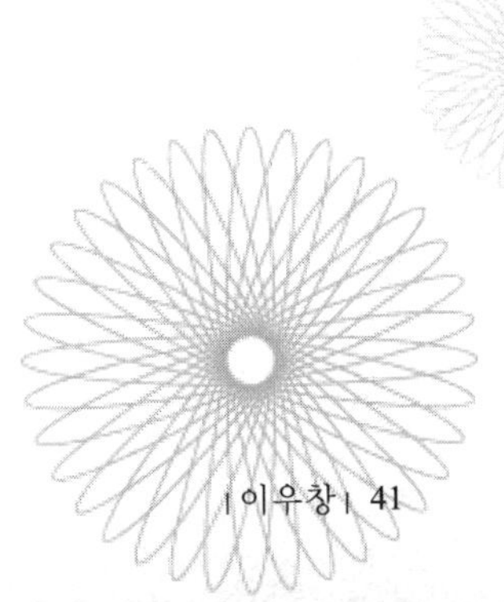

그리움

맨 하늘을 바라보며
잠시 띄어논 구름에 얼굴을 그린다

오랜 기억을 더듬지 않더라도
숨소리 같이 떠오른다

꽃 속에 긴 방을 만들어 놓고
온갖 향기로 만나는 꿈을 만들어
한번 잠들면 깨지 못하는 비결을 찾아
그리움을 완성 시킨다

한번 손길에 여운을 묻히고
한번 만난에 미소를 그릴 수 있는
이름 없는 화가가 되어
더 오래 그리는 시간을 잡아
하늘 끝까지 그리움을 묻힌다

어머니

언제나 커지지 않고 세월 속에 그 모습이시다
나만 더 커져서 큰 후회를 안고 있다

남이 아는 기억력을 시험하여 나이를 셈하고 있다
깨닫지 못하는 아쉬움이 더 큰 사랑을 찾는다

행복이라고 내가 이름 지어 나를 위로 하지만
오랜 동안 먼 길 인양 외면하고 있다

나의 옆이 없었기에 허전함을 어머니에 의지 한다
이름만큼 짧게 사는 생애이지만
나는 나의 사는 동안 긴 그림자를 드리고 싶다

사랑의 해가 비치면 짧아지는 사랑을 만들고 싶다
한동안 목이 메이도록 부르지만
내가 다시 부모가 되는 작은 사랑을 만들고 있다

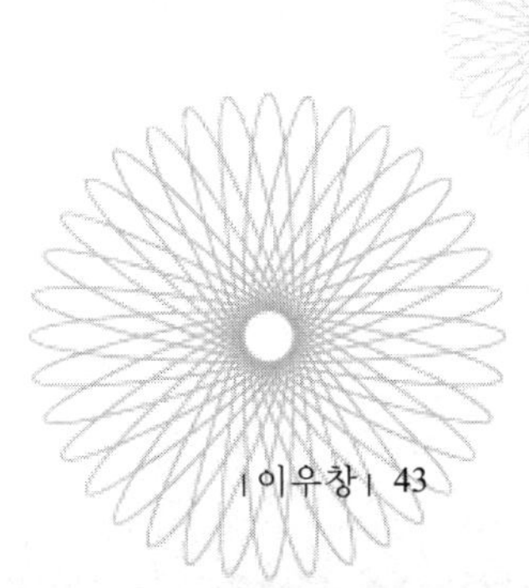

잊혀지는 세월

작은 파도 소리에 세월을 깨운다
하늘을 보는 기회를 얻는다
물결이 허리를 올라 가슴을 향한다

등대가 필요한 모양이다
아직도 채워져 있는 물고를 다물지 못하고
얼마나 올랐는지 파도의 나이를 모른다

큰 거품이 물 벽을 일으키어 문턱을 넘나든다
해가 오기를 바라고 있다

하얀 물살이 가슴을 밀어내어
작은 기억 까지 흔적을 없애려 한다

오로지 머릿속에만 그녀를 기억 하며
잊어짐에 의지 한다

뒷머리에 파도 소리를 되새기며
미쳐 고이지 않은 마음 발 을 씻어내어
그리움 이라 이름 짓는다

여인의 가슴

항상 기다림은 가슴을 찾고 있다
많은 사연이 있어도 가슴을 두들긴다
피어 놓으면 다 날아 가버리는 연기가 된다

작은 꽃의 흔적을 찾는다
가지 않는 시간을 잡고 있다
눈 여겨 보지 않더라도 시간은 가고 있다

고민과 고독을 지어내는 가슴이다
구름 따라 마음을 흘려보내고 싶어 한다
한 얼굴만 기억 하는 비법을 배운다

꽃 사이에 그리움을 올려 놓고
계절을 잡아 오랫동안 머물게
미처 열진 못한 가슴을 열게 한다

이우창
문예비전 등단, 한국문학인협회, 한국기독문인협회
월간 국보문학 운영위원
시집 『하나를 셀 수 있음은』, 『하나를 잃은 의미는』
수필 『이름 없이 빛도 없이』
한국문학신문 제2회 문학상(시부문) 대상 수상(2010)
(사)대한민국국보문학협회 시 분과 부회장

이만 원에 시를 팔다

이경희

이만 원에 시를 내다 팔고서
응암동 가파른 골목을 오르는데
굶주린 시마가 뒤쫓아오며
시를 내놓으란다.

사창가를 기웃거리다 들킨 사내처럼
벌겋게 달궈진 두 볼에
얼음 기둥 매달리지만
먼지 폴폴 거리던 주머니 속
갈고리 두 손은
속없이 해맑게 웃고 있다.

전선 위의 붉은 덩어리 입이 귀에 걸린 날.

추모의 집

엘리베이터 때문에
버림받은 지팡이 집을 나선다.

파주시 광탄면 용미4리 산 65-7번지

은빛 꽃이 흐드러지게 핀 산 아래 하얀 집
울 아부지 노잣돈으로 장만한 영구 임대 아파트
세상에 머물었던 기억들 숫자로 불리고
담장도 대문도 없어 구름이 마음껏 드나드는 곳
NO.4 할매는 곱게 꽃단장
NO.14 새댁 흰장미 다발을
NO.44 총각은 신형 오토바이 자랑
현관엔 신참 할배 이리저리 기웃거리고
하양 나비 검정 나비 전입신고 한창이다

함박웃음 머금은 아부지 날듯이 달려와 지팡이 반긴다.

백발 성성 울 아바이
또순이 오마니 품에서
참 좋으시겠다.

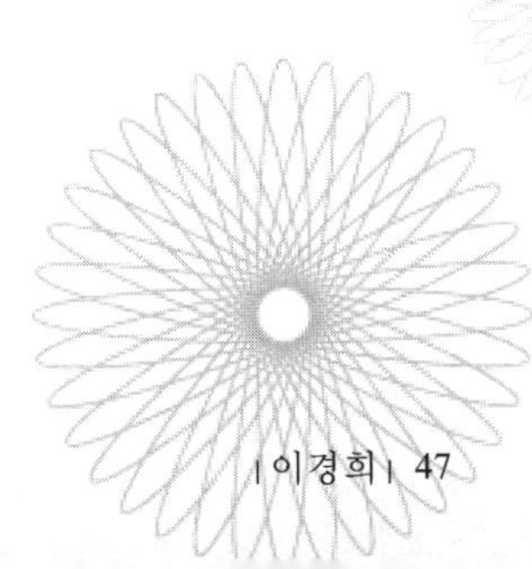

처용, 그리고 괘릉이야기

빗 가락을 타고 떠오르는 얼굴 품고
천 리 길 휘이휘이 달려 도착한 서라벌
송진내 음에 휘감긴 그가 반겨준다

그 언제인가
운무에 자욱한 길 잃어 헤매일적
망해사 품에 안고서야
비로소 노여움 풀었다는 동해 용의 아들,
야심한 밤 달빛에 삼삼하게 비친 네 개의 다리보며
본디 내해를 체념한 듯 돌아서던
시린 마음 보듬은 아낙의 두 다리,
촉촉했을 그의 눈망울 그려본다.

경주시 외동읍 괘릉리 산17번지

북천이 넘실넘실 가실 길 막았어도
성은 김이요 휘는 경신의
깊고 푸른 기개는 막지 못했단다.
단야와 원덕랑의 가슴 시린 사랑 꽃이 잠긴

벽골제를 품었던 원성왕!
금천교를 지나는 속인의 근접을 막는 듯
험상궂은 서역인 눈매,
호석에 둘러싸인 십이지신상을
바라보는 돌사자 두 마리

한양으로 향하는 발걸음 바라보던
안압지의 애잔한 수련 모습 눈에 삼삼하다.

이경희

서울 거주
월간 국보문학 시부문 신인상 수상
월간 국보문학 운영위원
국보시문학대학원 제1기, 은평문인협회 회원
(사)대한민국국보문학협회 총무이사

· 김용복 | 『風(바람)-2』

단편소설

風(바람)-2

김용복

박 부장은 대공원역에서 인덕원역을 가기 위하여 전철에 올랐다. 평일 탓인지 마침 앉을 자리가 있었다. 약간의 취기가 시야를 흐리게 했다. 박 부장은 카키색 바지에 상의는 체크무늬 베이지 색 티셔츠에 흰색 모자를 눌러 썼다. 인덕원역 까지 세 정거장이다. 잠시 눈을 붙이려 팔짱을 끼고 고개를 숙여 앉았다. 그런데 박은 누군가 자기를 주시 하는 예감이 들었다. 고개를 숙인 채 곁 눈질로 앞을 바라보았다. 바로 맞은 편 우측 2시 방향에 두 여자가 앉아 있었다.

나이는 45~6세로 보이는 두 여자였다. 좀 뚱뚱한 여자와 키 크고 날씬한 여자였다. 박은 바로 분홍 진달래 원피스 여자와 눈이 마주 쳤다. 박은 자신의 착각이라 생각하고 주위를 살폈다. 아무도 없었다. 박은 다시 그 여자를 뚫어지게 바라보았다. 그녀는 눈길을 피하지도 않으며 박을 바라보았다. 박은 흥분으로 가슴이 뛰기 시작했다.

아무리 기억을 더듬어 보아도 알 수 없는 여자였다. 아니 야 내가 주책없지 하면서 박은 시선을 돌려 고개를 숙였다. 그것도 잠시 다시 그녀를 보았다. 이번에는 생글생글 미소를 지으면서 박을 똑바로 보지 않는가? 박은 고민이 생겼다. 인덕원역에서 내려야 하는데 어찌하나 망설였다. 인덕원역에서 수원으로 가는 버스를 타야 했다.

그녀는 일행 친구와 무슨 말을 하면서도 박에게서 시선을 놓지 않았다. 인덕원역에서 두 정거장을 가면 범계역이다. 거기에서 버스를 타면 된다.

묘령의 여자 때문에 세월의 허물을 벗고 있었다. 착각의 늪으로 빠져 들었다. 누구일까? 혼자 기억의 과거를 더듬었다. 아무리 생각해도 알 수가 없었다. 얼떨결에 박도 미소를 지어 보았다. 그녀 역시 박을 보고 웃고 있었다. 평촌역을 알리는 안내방송이 나왔다. 박은 다음 역에서 내려야 했다.

박은 "혹시 저를 아세 요" 하고 말을 붙이려고 일어나려 했다. 그러나 몸이 말을 듣지 않았다. 내가 망신이지 하고 포기 했다. 그런데도 그녀는 박을 바라보고 있지 않는가? 그녀는 남자인 박의 자존심을 자극했다. 그대로 범계역에서 내리기에는 아쉬운 생각이 들었다. 전철이 평촌역에서 정차했다. 전철 출입문이 열고 닫힐 때 무릎에 걸친 원피스 치마 끝자락이 바람에 펄럭일 때마다 속살이 보였다. 대충 보아 키가 160센티 넘어 보이고 체중이 50킬로쯤 되어 보였다. 갸름한 얼굴에 오뚝한 코, 빨려 들 듯한 큰 눈, 조그마한 입에 생머리를 수박색 스카프로 가볍게 묶었다. 샌달 신은 두 다리를 가지런히 모아 뻗은 모습이 아름다웠다. 옷 속으로 그려보는 몸매는 비너스 상을 연상했다.

드디어 범계역을 알리는 방송이 나왔다. 박은 내릴 생각을 안했다. 마침 그녀의 친구가 내리면서 "너 안내려" 하니 "먼저 가" 했다.

그녀와 박은 시선을 서로 놓을 줄 모르고 바라보았다. 전차는 출발했다. 박은 용기를 내어 그녀 옆의 빈자리에 앉았다. 그녀는 내심 속으로 기다린 듯이 자리를 넓혀 박을 맞이했다. 둘이는 서로 말이 없이 앞만 바라보았다. 박은 말을 걸어야 할지 말지 가슴은 뛰고 말 그대로 좌불안석이다. 얼마나 시간이 흘렀을까? 흔들리는 차의 요동으로 어깨가 가볍게 스치고 그녀의 다리가 박의 다리를 자극했다. 박은 입안의 침이 마르기 시작했다. 혀끝으로 입술을 적셨다. 박은 우측에 앉은 그녀 쪽으로 45도 고개를 돌려 내려 보았다. 그녀 역시 박과 같은 반응을 하며 몸을 고쳐 앉았다. 가끔 부딪치는 다리의 체온이 박의 몸을 달구었다. 박은 말을 걸어야하나 말아야 하나 머릿속이 흔들렸다. 마치 수십 년 세월의 허물을 벗어 버린 느낌이다. 다시 금정역이라는 안내방송이 나왔다.

수원으로 가려면 여기서 내려야 했다. 그러나 그녀도 박도 내릴 생각을 하지 않았다. 사실 박은 그녀가 어디까지 가는지 알 수가 없다. 박 혼자 상상하고 흥분하고 있었다. 박은 날씨가 더워 손수건으로 땀을 닦다가 일부러 수건을 그녀 발 앞에 떨어뜨렸다. 순간 그녀가 수건을 줍는 찰라 박도 수건을 주우려 그녀의 손을 잡았다. 두 사람은 말없이 한 동안 서로 바라보았다. 박은 그녀의 손을 놓을 줄 모르고 바라보았다. 두 사람은 서로 웃고 말았다.

그리고 박은 "아이고 미안합니다." 하고 사과 했다.

그녀는 그냥 웃기만 했다. 박은 이때다 용기를 내어 말을 걸었다.

"혹 저를 아세요?"

"그럼요, 작가님은 저를 잘 모르실 거예요."

"아! 그래요." 박은 호기심이 극에 달했다.

그런데 작가님이란 말에 귀가 번쩍했다.

"당신 같은 미인이 저를 잘 안다니 저는 영광입니다."

그녀는 깔깔대며 웃었다. 주위를 느낀 탓인지 이내 손으로 입을 가리며 고개를 숙였다. 그녀의 얼굴이 상기 되었다. 밖은 불볕으로

34~5도는 되었다. 그러나 전철 안은 시원한 냉방으로 쾌적했다. 그러는 사이 그들은 금정역을 지나쳤다. 서로가 목적지를 말하지도 않고 내릴 생각도 안했다. 종착역에 가까워지면서 객차 안이 자리가 많이 비었다. 그들이 앉은 좌석 쪽이 텅 비었다. 앞줄에도 피곤해 졸고 있는 몇 사람만이 남아 있었다. 차안은 전차의 네일 구르는 소리만 들릴 뿐 조용했다. 서로 얼굴을 대하고 소곤소곤 말해도 대화하기에 지장이 없었다. 두 사람은 의자에 기대고 자리를 넓게 잡아 한 쪽 무릎을 꺾어 마주보고 앉았다.

그녀는 10여 년 전으로 거슬러 올라가 말 꾸러미를 어렵게 풀기 시작했다.

"제가 작가님을 처음 만난 곳이 강원도 평창 **원 한국 전통음식 체험 관이예요."

그녀는 잠시 무엇인가 생각하는 듯 숨을 고르며 부끄러운 듯 얼굴을 붉혔다. 잠시 진정하는 듯 차창 밖을 바라보다가 다시 박을 바라보았다. 그리고 그녀는 박을 정면으로 바라보며 웃는 얼굴로 말했다.

"그런데 작가님 10년 전보다 더 젊어 보여요."

"농담도 지나치셔라." 하고 박은 웃으면서 그녀를 바라보았다.

"그 때는 좀 마르셨는데 지금은 몸매가 청년처럼 건강해 보여요."

박은 허허 웃으면서 감사하다고 답례하면서 그녀의 무릎을 가볍게 쳤다.

그녀 역시 "반가워요." 하면서 웃었다.

"작가님! 지금은 뭐 하세요."

"나 지금 백수예요."

그녀는 무엇이 그리 궁금했던지,

"집이 수원 아니세요."

"네 맞아요. 오늘 대공원 모임 갔다 오늘 길이에요."

그녀는 취조하는 사람처럼 물었다.

"그런데 왜 안 내렸어요."

박은 거침없이 바로 답했다.

"그대의 미모와 미소에 빨려 내리지 못했어요." 그녀는 웃었다.

박은 그제야 여인 생각이 났다. 절친한 친구가 운영하는 강원도 **원 한국 전통음식 체험관에서 오래전 소설 구상 관계로 3박 4일 머물렀다. 박은 **잡지사 부장으로 근무하다 IMF 구조조정으로 명퇴를 했다. 박이 올해로 이순이 얼마 남지 않은 57세다. 여인은 여고 동창 몇 분과 한국 전통음식 조리와 다도예절 연수생이었다. 방학기간이라 중학생 아들과 함께 온 것이 생각났다.

박은 그녀를 행해 "아들 이름이 뭐더라."물었다.

"진수! 오진수예요."

박은 취조관처럼 그녀에게 물었다.

"진수 어머니는 댁이 어디세요."

"안양 평촌이에요."

그녀는 짧게 대답했다.

"아! 그런데 왜 안 내렸지요."하고 두 사람은 깔깔 대고 웃고 말았다. 박은 그녀에게 실제 짐작하는 나이보다 적게 물었다.

"지금 40초반이지요."

그녀는 즐거워하는 눈웃음으로 대답했다.

"어머! 작가님 저 4학년 7반 이에요."

박은 손을 곱아 계산하며 물었다.

"진수가 24이니까 23살에 시집갔구먼."

그녀는 대답했다.
"신랑과 여고 때 눈이 마졌지요."
박은 아하 하면서 "미인은 여고 때 바람 맞기 마련이지" 하고 혼잣말로 중얼 거렸다.
"작가님 부끄러워요."
그녀는 얼굴을 붉혔다.
어느새 종착역 오이도라는 안내방송이 나왔다. 박은 낮술의 취기가 아직 가시지 않았다.
그대로 헤어지기에는 서로 아쉬워했다. 우리 오랜만에 우연히 만났으니 이야기도 하고 저녁이나 먹자고 제의했다. 그녀는 고개를 끄덕거렸다. 둘이는 차에서 내려 오이도 바다를 향해 걷기로 했다. 시계를 보니 오후 4시가 넘었다. 간기 섞인 바다 바람이 더위를 실어갔다. 박은 그녀의 양해도 없이 손을 잡고 끌었다. 그녀는 박이 의도적으로 주도하기를 바랬다. 두 남녀는 바다 방파제를 따라 걸었다. 그래도 더위 때문에 맞잡은 손 사이로 땀이 흘렀다. 그들은 한동안 말없이 걸었다.
박은 다시 전철에서의 나를 보고 웃었던 이유를 물었다.
"처음에는 많이 본 사람인데 생각이 잘 나지 않았어요."
그리고 말을 이었다.
"그런데 어제 밤 꿈에 작가님을 보았지 뭐에요."
"**잡지사 작가님이라는 것을 범계역을 지나서야 기억했어요."
그녀가 말을 할 때 마다 양 볼의 보조개가 파였다 사라졌다.
"작가님이 대공원역에서 타실 때 많이 낯이 익는데 누굴까? 하고 곰곰이 생각했어요."
"간 밤 꿈에 본 그 얼굴이 생각이 났어요."

"그래서 나 혼자 작가님을 보면서 웃게 되었어요."
"그런데 그 꿈이 참 이상했어요."
"얼굴은 작가님인데 몸이 이상했어요."
그녀는 더 이상 말을 하지 않으려 했다.
박은 궁금했다.
"그래서요." 박은 다그쳐 물었다.
그녀는 웃음기 있는 말씨로 조심스럽게 이야기 했다.
"몸이 검정 수퇘지이에요."
"꿈은 이상한데 기분이 참 좋았어요."
"그래서 작가님을 꼭 만나고 싶었어요."
"그래서 친구에게 약속이 있어 먼저 내리라 했던 거에요."
"아마 작가님이 인덕원역에서 내렸으면 제가 따라 내렸을지도 몰라요."
"나중에 평창에서 만난 작가님인 것을 알고 작가님에 대한 옛 감정을 확인하고 싶었어요."
박은 점점 흥미의 미궁으로 빠져 들었다.
박은 혼자 옛 감정이란 말에 호기심이 생겼다. 단지 내가 모 잡지사 작가라는 것을 정확히 알고 있었다. 박은 어느새 그녀의 허리에 손을 감고 걸었다. 그녀 역시 박에게 밀착해 걷고 있었다. 시계를 보니 오후 5시가 넘었다. 만조가 된 바닷물이 바람에 일렁거렸다. 산책하기에 좋은 그들만의 바닷가 데이트였다. 갯바람이 시원하게 더위를 식혔다. 한 시간 정도 걸었을까? 그녀가 좀 힘들어 했다. 두 사람은 방파제 가로수 그늘에 바다를 향해 앉았다. 멀리서 만선의 고기배가 조그마한 어항으로 들어왔다. 갈매기가 고깃배 따라 떼를 지어 날았다.

그녀는 머리를 묶은 스카프를 풀었다. 바다 바람에 그녀의 생머리가 시원하게 날렸다. 귀 밑으로 쭉 뻗은 그녀의 목이 유난히도 길게 보였다. 옆에서 본 그녀의 반듯한 이마와 단조로운 눈썹, 가끔 눈을 깜박일 때 그녀의 속눈썹이 나비의 더듬이처럼 신비롭게 움직였다. 석류알처럼 붉은 입술과 비너스 조각상의 턱 밑으로 시원하게 목이 드러났다. 목 밑 원피스 사이로 보일 듯 말듯 한 불룩한 두 개의 유방이 박을 유혹했다. 신비의 베일에 싸인 그녀가 더더욱 궁금해 지기 시작했다.

박은 그녀에게 물었다.

"아까 말한 옛 감정이란 말이 궁금하네요."

그녀는 대답 없이 주위를 살피며 "우리 술 한 잔 할 까요." 물었다.

시계를 보니 6시 30분이 지났다.

박은 "그럽시다. 생선회 좋아하세요."

그녀는 "소주 안주에는 생선회가 제일이지요." 하고 시원스럽게 답했다.

박은 일어서며 그녀의 손을 끌었다. 금방 소나기를 내릴 듯 하늘이 두꺼운 구름으로 덮었다. 그러나 수평선 넘어 서쪽으로 하늘이 조금 열려 파란하늘이 보였다. 석양에 구름이 붉게 물들고 있었다. 조금씩 사방으로 어둠이 드리우기 시작했다. 둘이는 횟집을 찾아 걸었다. 추억의 횟집 간판이 한눈에 들어 왔다. 그들은 2층 바다가 보이는 창가에 마주 앉았다. 7시 창가에서 바라보는 일몰이 아름다웠다. 석양의 불빛으로 그녀의 얼굴이 붉게 상기 되었다. 창가를 제외한 부분이 가리개로 가려 졌다.단 둘만의 오붓한 분위기다. 자연산 농어 1킬로를 주문했다.

음식이 나오기를 기다리며 박은 말을 걸었다.

"호칭을 무어라 해야 할지.아들 이름 부르기는 그렇고요."

"아! 그렇지요."

"제 이름이 지나, 성은 민이고요."

박은 "민지나씨" 하고 크게 불렀다.

그녀는 깜짝 놀라 "네." 하고 크게 대답했다.

"학교를 졸업하고 처음 불러주는 이름이에요."

"기분이 이상하네요."

그녀는 엉클진 머리를 손빗으로 정리했다.

"그러면 앞으로 지나 씨로 부릅니다. 지나 씨!"

그녀는 밝게 웃으며 "네!" 하고 대답했다.

"어제 밤 꿈에 나를 보았다고 했는데 얼굴은 난데 몸이 수놈 돼지라 했지요."

"제 이름이 박 복돈(朴 福敦) 입니다."

"그 꿈이 예사로운 꿈이 아닙니다."

"제 이름의 가운데 글자 복福자와 인연이 있을 것 같습니다."

"오늘 저녁은 내가 살터이니 지나 씨가 로또 복권 두 장을 사서 하나는 나를 주세요."하고 박이 제의 했다.

"우리 식사하고 범계역에서 헤어 져야하니 복권은 거기서 사기로 합시다."

박은 자신도 모르게 그녀를 자신의 운명의 길로 끌어 들이고 있었다. 그녀는 좋은 생각이라고 파이팅하며 둘이는 손을 마주쳤다. 주문한 딸림 찬과 싱싱한 농어회가 들어 왔다.

그녀는 소주병을 들고 무릎을 꿇고 소주를 따랐다.

"작가님 건강하세요."

박은 "지나 잔 받아." 하고 소주를 부었다.

둘 만의 행복한 미래를 위하여 건배를 제창했다. 첫 잔의 소주 맛이 달았다. 그녀도 단숨에 마셨다. 그리고 서로 잔을 바꾸어 술을 부었다. 밖을 내다보니 열린 창문으로 철석철석 파도소리가 멀리서 들렸다. 어둠이 사방으로 깔리기 시작했다. 술이 몇 잔 돌았다. 그녀는 연신 회를 정성 드려 상추에 싸서 박의 입에 넣어 주었다. 그녀나 박은 나이를 잊고 세월의 허물을 벗고 있었다. 소주 한 병을 추가로 주문했다.

그녀는 취기가 도는지 조심스럽게 말을 이었다.

"작가님 아까 제가 옛 감정이라는 말을 했지요."

"10년 전 평창 **원 연수 과정에 상차리기와 다도(茶道)연수가 있었지요."

박은 말장단을 맞추듯이 "맞아요. 내가 당신의 남편 배역이었지요."

박은 자신도 모르게 당신이란 말이 튀어 나왔다. 박은 죄송한 몸짓과 손으로 입을 가리며 얼굴을 붉혔다.

"그때 지나 씨 한복차림이 너무나 아름다웠지요."

그리고 박은 그녀의 다음 말을 기다렸다.

"작가님은 저에게 첫사랑 여인을 닮았다고 놀렸지요."

지나는 연수원에서 잠시 차를 마시며 박과의 대화중에 자상하고 따뜻한 남자라는 느낌을 받아 호감을 가졌던 생각이 떠올랐다.

지나는 오늘 전철에서 만난 인연과 꿈이 우연히 아니라는 예감이 들었다.

"우리가 한 주일 연수를 마치고 마지막 날 밤 파티를 했지요."

"우리가 파티 중간에 작가님을 초대한 것 기억 하시죠."

박은"네! 생각납니다."하고 웃는 얼굴로 답했다.

그녀는 취중에도 또렷하게 말을 이어갔다.

"오랜만에 친구들과 마음편한 나들이였지요."

"남편은 일관계로 장기간 해외 출장이고요."

"그래서 방학 중이라 아이와 함께 왔어요."

"물론 다른 친구 아이들도 같이 왔어요."

그녀의 눈동자 초점이 흔들렸다. 그녀는 먹다 남은 소주잔을 비웠다. 그리고 잔을 디 밀며 술을 따르라 했다.

그리고 과거에 있었던 일을 회상하며 또박또박 말을 이어 갔다.

"작가님의 친구인 **원 최 사장이 쏘겠다며 이차로 시내에 있는 카바레로 자리를 옮겼습니다. 맥주가 들어와 몇 잔 마시고 디스코 음악이 신나게 흘렀지요. 모두들 마음껏 몸을 흔들고 춤을 추었어요. 디스코가 끝나자 조용한 브루스 음악이 흘렀을 때 작가님이 저의 손을 끌어 춤추기 시작했습니다. 전주가 흐르고 노래가 나올 때 우리는 다정한 연인처럼 춤을 추었습니다. 작가님께서 가끔 저를 끌었다 퉁겼다 하는 리더에 저는 혼이 나갔지요. 제가 사랑의 늪에 빠져 헤어나지 못하는 나비처럼 황홀감에 젖었을 때 작가님께서 저를 밀착시키며 저의 귀에 대고 뜨거운 입김으로 속삭였습니다. '당신 같은 미인은 처음입니다. 우리 먼 훗날 아름다운 사랑을 연출하고 싶습니다.' 하고 나를 강한 팔로 부서져라 포옹을 했습니다."

박은 도저히 생각이 나지 않았다.

"작가님 그 때 그 감정 잊을 수가 없었습니다."

"댁이 수원이라는 것과 작가라는 것 밖에 몰라 연락 할 수 없었습니다."

박도 오늘 그녀를 만난 것이 우연 같지가 않았다.

그런데 참으로 이상한 인연이다. 10년이 지난 오늘 간밤 꿈에 나타난 작가님을 전철에서 만났으니. 그들의 새로운 운명이. 그녀는 물기 어린 눈으로 박을 뚫어지게 바라보았다. 아까 하늘을 뒤덮은 구름은 벗어지고 보름달이 떠올랐다. 시중드는 주모에게 물으니 오늘이 음력으로 열엿새라 했다. 박은 반병의 술을 남기고 그녀를 끌어 총총히 횟집을 나왔다. 시계를 보니 밤 10시가 가까웠다. 택시를 타고 오이도 전철역으로 왔다. 늦은 시각 시발역으로 사람이 별로 없었다. 그녀는 박에게 기대어 잠이 들었다. 자세히 들여다보니 보기 드문 미인이다. 남편은 **항공 파일럿으로 자주 해외 외박이라 했다. 지나는 박의 핸드폰을 가져가 그녀의 전화번호를 입력했다. 40여분 후에 범계역에 도착했다. 그녀는 정신이 좀 드나보다.

"작가님 우리 복권 사요."

그래서 복권 두 장을 사서 나누어 가졌다.

"작가님 오늘 행복 했어요."

"당첨이 되던 안 되던 제가 멋지게 쏘겠습니다."

둘이는 복권을 흔들며 재회의 약속도 없이 헤어졌다.

민지나 씨가 오랜 만에 전화를 했다. 오랜 만에 듣는 밝은 목소리이다. 참으로 반가웠다.

"그동안 소식을 자주 전하지 못해 죄송해요."

잠시 진정하며 숨을 길게 쉬었다.

"제 생활에 견디기 힘든 사건이 있었어요."

"그리고 선생님 좋은 소식과 나쁜 소식이 있어요."

"우리 만나요."

오이 도에서 헤어진 후 7개월 만의 통화다.

"작가님 금주 토요일 5시에 안양에서 만나요."

"안양 어디에서 만날까?"

"안양 평촌에 있는 경양식 집 **에서 뵙지요."

경양식 집은 박이 예전에 아내의 생일잔치로 가보아 위치를 알고 있었다. 그래서 만나기로 약속했다. 좋은 소식은 복권 밖에 없었다. 그런데 나쁜 소식은 무얼까? 박은 궁금했다.

서울 대공원 역에서 전철을 타고 오이도역에 내려 오이도 방파제를 그녀와 함께 걸었던 기억이 생생하게 살아났다. 갯바람에 날리던 그녀의 머리칼, 진달래 원피스가 바람에 날려 가슴 허리 하체의 선이 더욱 선명했던 비너스상과 같은 그의 몸매에서 더더욱 사랑을 느꼈다.

수요일 저녁에 전화를 받고 그녀에 대한 공상이 머리를 혼미 하게 했다. 한편 박은 이 일을 아내가 알게 될 경우 그 충격과 예상 할 수 없는 사건이 두려웠다. 수요일 밤을 공상과 고민으로 꼬박 새웠다. 지나와의 약속을 취소할까 생각도 해 보았다.

그러나 한편 이 나이에 아름다운 미녀들을 만난다는 남자만의 자부심이 흥미를 끌게 했다. 한편 머릿속에서 궁금한 것은 좋은 소식과 나쁜 소식에 대한 일이 유혹을 했다. 7개월 만에 만나는 그녀의 모습이 궁금했다. 목요일 금요일 이틀을 번민하며 결국 만나기로 결심했다. 만나기로 약속한 당일 이발도 하고 머리 염색도 했다. 가능한 젊게 보이려고 청바지에 붉은 상의를 입었다. 그리고 겨울이라 버버리 코트를 걸쳤다. 박은 그녀를 만나는 순간을 상상하며 가슴이 흥분 되었다. 만나면 술을 한잔해야 하므로 시내버스를 탔다. 예상 시간보다 차가 빨리 도착했다. 토요일 약속된 장소에 10분 일찍 도착했다.

여름 옷을 입고 만났던 그녀 어떤 모습일까 궁금했다. 약속시간 5분전에 화려한 그녀가 나타났다. 많은 사람들의 시선이 그녀에게 집중했다. 추운 겨울이라 그녀는 검정 밍크코트에 서양 영화에서 볼 수 있는 모자를 썼다.

늘씬한 키에 위로 가슴선과 아래로 힙 선이 분명한 S라인의 몸매였다. 나중에 알았지만 **여자 승무원 출신이다. 높은 하이힐에 밍크를 걸친 모습이 남다르게 보였다. 훤칠한 키에 우아한 몸매에서 모든 사람의 시선을 끌었다.

"작가님 일찍 오셨군요."

박은 손을 내밀어 악수를 청했다. 그리고 박은 그녀의 외투를 벗겨 옷걸이에 모자와 함께 걸었다. 의자를 빼어 앉도록 배려했다.

"작가님의 국제적 매너에 반했어요."

지나는 가벼운 미소로 박을 바라보며 말했다.

그리고 박의 귀에 대고 조용히 말했다.

"작가님 무척 보고 싶었어요."

" 사랑해요."

그녀의 입김이 박의 얼굴을 달구었다. 박은 넋이 나간 사람처럼 멍하니 서있었다.

그 때 그녀는 작가님 자리에 앉으라고 손을 펴서 안내했다.

그녀는 "우리가 오이 도에서 작별 한 후 너무 오랜만이죠."

"그래요 해가 바뀌어 7개월이 되었어요."

"작가님 오늘은 제가 쏩니다."

"우선 식사부터 주문하세요."

박은 메뉴를 보고 스테이크를 주문했다. 그녀도 같은 것으로 주문했다. 그리고 와인 한 병을 추가했다. 그녀는 와인 잔에 술을 따랐다. 그리고 그들의 만남과 건강을 기원하는 축배를 했다. 그녀의 다이야 목걸이와 반지가 유난히 빛을 발했다. 귀걸이는 실내조명을 반아 풀잎의 이슬처럼 영롱했다. 감색 투피스 정장이 잘 어울렸다.

"작가님 지난 8월부터 12월 까지 4개월간 미국 LA에 있었어요."

그녀는 그다음 말을 잇는데 시간이 흘렀다. 그의 음성은 무겁게 떨렸다. 참다못한 박은 컵의 물로 목을 가볍게 축였다. 박은 두 눈을 그녀에게 고정하고 몸을 앞으로 숙여 그의 말에 귀를 기우렸다. 한숨을 길게 내쉬며 어렵게 입을 열었다.

"지난해 7월 말 비행 중 남편이 심장마비로 운명을 했어요."

그녀는 울먹이며 손수건으로 눈물을 훔쳤다. 그녀는 소리 없이 흐느끼며 어깨를 들썩거렸다. 박은 어찌 위로해야 할지 할 말을 잃었다. 그녀의 남편은 ＊＊항공사의 조종사였다.

남편은 그녀보다 네 살 위로 51세였다.

"장례식 직후 미국 언니 집에서 있다가 지난 연말에 귀국했어요."

박은 슬픈 소식이 바로 이것이었구나 하고 직감 할 수 있었다. 그녀에게는 다시 떠 올리고 싶지 않은 어찌 할 수 없는 운명이었다.

박은 인생의 무상을 다시 실감했다.

"지나 힘을 내!" 하고 박은 와인 잔을 들었다.

"지나 한 목음 쭉 마셔요."

그녀는 눈물이 그렁그렁한 눈으로 박을 바라보았다. 박은 손수건으로 그녀의 눈물을 훔쳤다.

그녀는 "작가님 고맙습니다."

그리고 이어서 박의 손을 어설프게 잡았다. 박은 자신도 모르게 그의 두 손을 힘껏 잡고 용기를 가지라 했다. 그들은 두 눈을 수평선으로 맞추며 빙그레 웃었다. 박은 손이 따뜻하다는 말을 많이 들었다.

지나는 "작가님 손이 왜 이리 따뜻해요."

그리고 그녀는 손을 놓지 않았다. 박은 싫지가 않았다.

한편 박은 마음속으로 앞으로 전개될 미래가 궁금했다. 아무리 보아도 40대의 여자로 보이지 않았다. 감색 투피스 정장으로 둘러진 몸매와 목 밑으로 파여진 V자 아래에 시선이 끌렸다. 박은 나이를 잊고 있었다. 가끔 주변의 소음으로 박의 이야기가 안 들리는지 그녀는 몸을 앞으로 숙여 박을 바라보았다. 그럴 때 마다 박은 자신도 모르게 시선이 그의 눈으로부터 그녀의 가슴 선으로 흘렀다. 남자의 본능적인 행동이 분위기 맞게 작용했다. 지나간 세월의 허물을 하나하나 벗기 시작했다. 그녀와 박은 10년의 세월의 차가 있다. 그러나 그녀는 그런 것은 의식을 하지 않았다. 마치 둘이는 연인처럼 서로의 감정을 뜨겁게 교환했다. 훤칠한 키에 작은 얼굴, 옷 밖으로 드러난 백옥 같은 피부는 박을 흥분 시켰다. 와인 반병이 어느새 비어 있었다. 드디어 주문한 음식이 들어 왔다.

**식당의 특징은 과일 차 야채 과자 아이스크림은 뷔페로 자기가 먹고 싶은 만큼 먹을 수 있었다. 그녀는 박에게 열심히 먹을 음식을 날랐다. 그리고 직접 음식을 박의 입에 넣어 주었다. 박은 황홀했다. 젊고 멋있는 미인에게서 박은 애정을 느꼈다. 박은 그저 좋아 그녀의 말만 듣고 즐거워했다. 둘이는 스테이크를 썰었다. 그리고 소스를 발라 맛있게 먹었다.

그녀는 드디어 지난 7월 오이도 데이트에 대한 말문을 열었다.

"그녀는 짧은 만남이었으나 저에게는 평생에 남는 아름다운 추억이었어요."

"작가님 우리가 왜 그날 범계역에서 복권을 두 장을 사서 나누어 가졌지요."

" 응! 그래요."

"작가님은 어떻게 되었어요." 하고 물었다.

박은 웃으면서 "꽝이야!" 하고 대답했다.

"그런데 작가님 놀라지 마세요."

"저는 거금 500만원이 당첨 되었어요."

박은 "아! 그래"하고 그녀와 손뼉을 마주쳤다.

그녀는 자기 핸드백을 열어 분홍색 봉투를 박에게 주었다.

박은 "이게 무엇이지"하고 물었다.

그녀는 열어 보라 했다. 박은 조심스럽게 열어 보았다. 봉투 안에는 편지가 있었다.

간단히 적은 몇 줄의 내용이다.

"작가님 우리의 만남이 운명적이라 생각해요. 이 운명의 만남을 피하지 말고 받아 드리고 싶어요. 작가님 이 돈으로 가까운 일본으로 온천 여행을 떠나요. 거절하지 마세요. 작가님 사랑해요."

박은 솜으로 만든 망치로 머리를 맞은 것처럼 정신이 약간 몽롱했다. 봉투에는 100 만 원 권 수표 5매가 들어 있었다. 그리고 그녀는 박이 말문을 열지 못하도록 미리 박에게 주문했다.

"여행 일정과 모든 수속은 작가님이 알아서 해주세요."

"일정은 2월 초순으로 해 주세요."

그녀는 명령을 하듯이 말했다. 박은 변명 할 수가 없었다. 박은 주저하지 않고 알았다고 했다. 다시 그들은 와인을 들어 축배를 했다.

와인 한 병을 다 마셨다. 그녀는 긴장이 풀렸는지 말과 눈동자에서 취기를 느꼈다. 시계를 보니 저녁 8시가 넘었다.

"아! 그리고 작가님 하나 있는 우리 아들 미국에서 유학 중에 있어요."

"앞으로 평촌집도 정리하고 LA 언니집 근처에서 살 궁리를 하고 있는 중이에요."

"상세한 것은 작가님과 다음에 상의 하겠습니다."

"작가님 여기까지 오신 길에 우리 집으로 가서 한잔 더해요."

"앞으로 여행 전에는 자주 볼 수가 없을 것 같아요."

박은 그녀에게 외투를 입혔다. 그녀는 박의 팔을 끌며 밖으로 나왔다. 박은 긴장한 탓인지 정신이 말짱 했다. 박은 또 앞으로 전개될 미지의 세계를 생각하며 흥분에 빠졌다. 그녀의 얼굴이 홍조로 달아올랐다. 겨울 저녁 날씨 치고는 포근했다. 둘의 만남을 축복이나 하듯 눈이 날리기 시작했다. 그녀는 박을 자기 집으로 끌었다. 걸어서 15분 거리다. 둘이는 걷기로 했다. 공원의 개천 길을 따라 걸었다. 그녀는 박에게 팔짱을 걸었다. 박은 싫지가 안았다. 제법 눈발이 굵어 졌다. 내리면서 쌓이는 눈이 발을 옮길 때마다 뽀드득 소리를 냈다.

둘이는 말없이 천천히 걸었다.

박은 총각 때 첫사랑의 여인과 걷던 겨울이 생각났다. 서로 좋아 3년을 죽도록 사랑했다. 그러나 박의 어머니의 완강한 반대로 생으로 이별을 했다. 박은 아직도 그 이유를 모른다. 벌써 35년 전의 일이다. 30년 만에 그녀가 살고 있는 곳과 소식을 알게 되었다. 박으로 인한 상처로 머리를 삭발하고 절에서 3년 동안 불도를 했단다. 박도 첫사랑의 가슴앓이를 치료하는데 30년이 걸렸다. 박은 지나와 잠시 걷는 동안 그동안의 삶이 주마등처럼 지나가 만감이 교차했다. 앞으로 박의 삶이 두려웠다. 절대로 情을 주지 않으리라 마음속으로 다짐을 해본다. 눈은 함박눈이 되어 펑펑 쏟아졌다.

지나는 걷기가 힘이 드는지 공원 벤치에 앉자고 했다. 박은 손수건으로 의자의 눈을 쓸었다. 지나는 앉자마자 박의 가슴에 얼굴을 묻었다. 박은 버버리코트를 벗어 둘이는 뒤집어썼다. 두 사람의 온기는 서로의 몸을 달구었다.

가로등 불빛은 그녀의 얼굴을 아름답게 조명했다. 그녀의 숨소리가 거칠었다. 오이도 전철에서 그랬듯이 둘이는 마주보고 무릎을 꺾어 앉았다. 그리고 박은 그녀의 얼굴을 두 손으로 감쌌다. 그녀는 기다렸다는 듯이 얼굴을 들고 가슴을 부풀려 박에게 밀착했다. 그녀의 얼굴이 마치 서리 내리는 늦가을 달밤의 박꽃처럼 아름다웠다. 그녀의 얼굴에 내리는 눈발이 가로등 불빛으로 아른거렸다.

그녀는 무슨 생각을 하는지 지그시 눈을 감고 무엇인가를 기다리고 있었다. 그리고 가슴으로부터 깊은 숨을 코로 내 쉬었다. 박은 그녀의 얼굴을 팔을 꺾어 당겼다.

그리고 가볍게 그녀의 입술을 범했다. 그녀는 흥분을 참지 못하고 나머지 다리를 박의 허리에 감았다. 박의 국부에 뜨거운 피가 돌기 시작했다. 그녀의 가슴은 부풀어 올랐다. 박은 입을 벌려 그녀의 입을 삼킬 듯이 덮었다. 그리고 혀끝으로 그녀의 입안을 더듬었다. 반대로 그녀도 혀로 박의 입안을 더듬었다. 둘이는 서로가 서로의 혀를 감각으로 교환했다. 둘이는 부드럽고 달콤한 입술에서 성적 자극을 만끽했다. 그리고 박의 한손은 그녀의 유방을 더듬고 한손은 목을 끌어 강열한 키스로 서로의 몸을 태웠다. 박은 자신의 몸을 제어 할 수 없을 정도로 최대로 발기 되었다. 그녀 역시 뜨거운 열기로 국부를 적셨다. 몸을 부딪치는 감각에서부터 혀끝에서 느끼는 감각이 가슴에 파문을 일으켰다. 가슴에서 더워진 뜨거운 피가 동맥을 타고 하부의 모세 혈관을 팽창 시켰다. 서로는 눈으로 확인 없이도 느낌으로 알 수 있었다. 앞으로 멋진 여행을 생각하며 서로가 절제하기로 모든 것을 참았다. 가쁜 숨을 몰아쉬며 흥분된 감정을 조절했다.

그녀는 엉클러 진 머리를 손빗으로 빗었다. 그리고 흡족한 미소로 박을 바라보았다.

"작가님 생각보다 멋진 면이 많아 나 사랑에 빠질 것 같아요."

"작가님 우리 부담 없이 이렇게 즐겨요."

박은 긍정도 부정도 하지 않았다. 박은 사랑에 빠지면 헤어나지 못하는 고질병이 있다.

박은 그것이 두려워 미래가 불안했다. 시계를 보니 10시가 다 되었다. 버버리 코트위에 눈이 수북이 쌓였다. 그녀는 한기를 느끼는지 몸을 떨었다.

"작가님 우리 집이 바로 저 아파트예요."

"추운데 가서 차 한 잔하고 가요."

그녀는 박을 끌었다. 박은 갈까 말까 주춤거렸다. 그러나 그녀는 박을 놓지 않았다. 하는 수 없이 박은 동의 했다. 전망이 좋은 17층에 65평형이라 했다. 그녀는 현관에 들어서자마자 모든 조명을 밝혔다. 대형 거실에 4개의침실 3개의 화장실 넓은 주방에 고급 가구와 기물로 잘 정리되어 있었다.

"작가님 잠시 여기 앉아 기다리세요." 하며 침실로 들어갔다.

잠시 후 화려한 이브닝드레스 차림으로 나왔다. 박은 그녀에게서 또 다른 미모를 발견했다. 박은 우발적인 행동을 자제하느라 시선을 그녀로부터 돌렸다.

그녀는 불안해하는 박의 모습을 보고 "안심하세요." 하며 빙그레 웃었다.

"작가님 양주 한잔해요." 하면서 진열장에서 고급 양주를 따라 글라스에 얼음을 채웠다. 둘이는 첫잔을 들어 앞으로 있을 일본 여행을 위해 건배를 했다. 둘이는 식탁을 앞에 두고 서로 팔꿈치로 턱을 괴고 눈을 마주해 뚫어져라 바라보았다. 둘이는 세월의 허물을 벗어 버리고 있었다. 나이차를 느낄 수 없었다. 현재의 순간만을 생각하기로 했다. 벽시계가 11시를 둔탁한 소리로 알린다.

"지나 이제 가야해." 하고 일어 서려하는데 박을 잡았다.

"작가님 부탁이 있어요."

"일본 여행 신청할 때 우리는 부부처럼 호텔 한 방으로 신청하세요."

박은 그녀의 요구대로 하기로 약속했다. 그리고 마지막 포옹과 키스로 서로의 사랑을 재확인 했다. 전화가 울렸다. 박은 늦은 밤에 누굴까? 궁금했다. 통화 후 그녀는 말을 했다. 콜택시가 아파트 현관에 대기 중이란다. 그녀의 친절한 배려가 고마웠다. 그녀의 배웅을 받으며 박은 헤어 졌다. 수원으로 오는 택시에서 정말로 복권이 당첨 됐을까? 아니면 나와 여행을 하기 위한 연극일까? 박은 가벼운 의심을 해보았다.

-오붓한 밀월여행-

2.9-12.(3박4일) **여행사에 신청했다. 그녀는 박에게 우리의 관계를 부부로 신청하라 했다. 박은 나이 차로 보아 그리 할 수가 없어 고민을 했다. 박은 담당에게 민지나 와 자기를 같은 커플로 알고 여행

계획을 구상하라고 부탁했다. 관계자는 더 이상 묻지 않고 알았다고 했다. 여행비는 1인 90여 만 원 이다. 두 사람 경비 180만원을 지불했다. 나머지는 잡비로 써도 충분했다. 박은 고민이 생겼다. 박은 아내에게 사실을 말할 수가 없었다. 몇 년 전 종교계통 초청으로 박이 중국을 다녀온 일이 있다. 물론 비용은 모두 **단체에서 부담했다. 박은 아내에게 중국여행자 중 전국에서 20명 차출에 선발 되어 일본 관광을 가게 되었다고 거짓말을 했다. 비용은 **단체 부담으로 3박 4일 다녀온다고 이해를 시켰다.

한편 박은 아내에게 미안했다. 박은 지나에게 여행 일정 및 준비물 관계로 만날 것을 연락했다. 2월 5일 오후 6시 전에 만났던 경양식집 안양 **에서 만나기로 약속했다. 박은 그녀에게 편한 복장으로 나오라 했다. 그녀는 밝고 명랑한 목소리로 대답했다. 두 사람이 처음 오이 도에서 만난 날이 2월 5일이면 마침 200일이 되는 날이다. 박은 그녀에게 만남 200일을 기념하여 붉은 장미꽃 바구니를 근처 꽃집에 주문하고 배달을 요청했다. 박은 약속시간 30분 전에 꽃집에 도착하여 꽃값을 지불했다.그리고 꽃 카드에 편지를 썼다.

"지나 우리의 운명적인 만남을 즐거운 마음으로 받아 드려요. 나는 10여년의 세월의 허물을 벗는 느낌입니다. 우리 서로의 좋은 감정이 흐르는 한 세월의 차가 문제 되지 않을 겁니다. 우리의 만남 200일을 진심으로 축하해요. 지나를 사랑하는 나의 붉게 타는 마음을 장미에 채워 드립니다. 사랑해요 지나."

박은 꽃집 아주머니에게 부탁했다. 늦어도 5시 50분 까지 **경양식 집 안내 종업원에게 전달해 달라고 했다. 그리고 박은 식당에 미리 도착했다. 안내 아가씨에게 부탁했다.

우리의 예약석을 알려주고 꽃이 오면 전달해 달라고 부탁했다. 시계를 보니 6시 10분 전이다. 6시 정각에 지나가 나타났다. 청바지에 긴 부스를 신고 짧은 점퍼 스타일의 검정 파카를 입었다. 그리고 머리에는 짧은 차양이 달린 검정색 가죽 모자를 썼다. 목에는 빨간 머플러를 언밸런스로 걸쳤다. 짙은 화장에 립스틱 짓게 바르고 패션모델이 걷는 것처럼 경쾌하게 걸어 왔다. 부스를 신은 긴 다리와 달라붙은 청바지 밖으로 힙 업 된 두 개의 엉덩이가 매력적이다.

그녀는 "어머 작가님 일찍 오셨네요."

그녀는 서있는 채로 박을 향해 밝게 웃으며 박에게 손을 내밀었다.

그리고 "안녕하세요 선생님" 하며 인사를 했다.

박은 반사적으로 "오! 지나 참으로 아름다워요 잘 지냈어요."

지나는 "네!" 짧게 답했다.

박은 파카와 모자를 받아 옷걸이에 걸었다. 그리고 의자를 빼어 앉도록 안내했다. 가슴이 푹 파인 셔츠는 풍만한 가슴을 엷게 가렸다. 정장을 했을 때 보다 10년은 어려 보였다. 박 역시 청바지에 붉은 T를 입었다. 둘이는 주변을 의식하지 않고 서로를 즐기기로 평안한 마음을 갖기로 했다.

그때 예쁜 종업원 아가씨가 꽃다발을 지나에게 전하며 "축하합니다." 인사를 했다.

지나는 "어머나!" 영문도 모른 채 "고마워요."

"작가님 이 꽃 어떻게 된 거예요."

"지나 거기 엽서를 보면 다 알아요."

그녀는 상기된 얼굴로 장미꽃의 향기를 맡으며 엽서를 풀었다. 꽃을 가슴에 앉은 채 엽서의 뚜껑을 조심스럽게 열었다. 실내조명과 장미꽃이 조화를 이루어 그녀의 얼굴을 붉게 물들었다. 엽서를 읽는 그녀의 속눈썹이 호랑나비 더듬이처럼 상하로 움직였다. 그녀는 엽서를 몇 번을 읽는지 미동도 하지 않았다. 그의 눈에는 눈물방울이 매달렸다.

"작가님! 고마워요." 하며 박의 손을 끌어 손등에 키스를 했다.

"작가님! 울지 않으려 했는데 저 감동 먹었어요."

그리고 "남편이 생각나서요."

"남편으로부터 꽃을 받아 보고 처음이에요."

아무리 악녀라도 꽃에 마음이 녹는 다는 글을 읽은 것이 박은 생각났다. 그리고 여자는 분위기에 약하다는 말도 들었다. 이러한 순간순간의 즐거운 감동이 가슴에 쌓여 즐거운 추억과 사랑을 잉태했다. 그녀는 가볍게 흘린 눈물을 닦았다. 그리고 화장을 고쳤다. 그리고 박의 컵에 물을 따랐다. 그녀도 물을 마셨다. 그리고 박을 향해 밝게 웃으며 고맙다고 인사를 했다. 박은 그냥 웃기만 했다. 발랄하고 풋풋한 아가씨처럼 보였다. 둘이는 음식을 주문했다. 박은 그녀에게 먼저 주문하도록 권했다. 박은 그녀가 주문하는 것으로 했다. 레드와인 한 병을 추가 했다. 와인이 먼저 왔다. 둘이는 먼저 와인으로 만남 200일을 축배 했다. 와인 잔을 부딪치는 소리가 경쾌했다. 그리고 그녀는 안주용 과일과 야채를 날랐다. 그녀는 이것저것을 먹도록 박의 입에 넣어 주었다. 참으로 사랑스러웠다. 그리고 박은 그녀에게 여행 일정표를 주고 설명했다.

2월 9일 인천국제공항 11시 30분 이륙 **항공, 출국 수속관계로 당일 9시 30분에 여행사 가이드 박수정씨를 공항에서 만나기로 되었다. 그래서 박은 수원에서 7시 공항버스를 타고 안양 평촌 경유하는 버스에서 7시 30분에 만나기로 약속했다. 이야기 중에 주문한 식사가 나왔다. 먼저 스프를 먹었다. 그리고 스테이크를 잘랐다. 그녀는 와인 잔을 채웠다. 그리고 둘이는 잔을 부딪치며 건배 후 입안을 가볍게 적셨다. 벌써 와인 반병을 비웠다. 박과 그녀는 약간 취기가 돌았다. 그녀의 얼굴은 홍조로 붉었다. 둘이는 이야기 중에 서로의 생일을 확인했다. 그런데 참으로 신기한 일이 벌어졌다. 그녀도 박과 같이 양력으로 생일을 지낸다고 했다. 이럴 수가 어쩌면 3월 17일 날짜가 하루도 틀림없이 똑같았다. 그런데 음력으로는 3일의 차가 있었다. 한편 박은 두려웠다. 박은 종교가 칼빈의 예정론을 믿지는 않는다.

그런데 이러한 일들이 이미 예정되고 계획된 상태에서 진행 된다는 예감이 박을 두렵게 했다. 오이도에서 만나던 날 우연한 전철에서의 만남도 그렇고, 민지나의 꿈에서 보았던 박의 모습이 얼굴은 박인데 몸은 돼지, 그래서 복권을 산 것이 500만원 당첨되고, 그래서 일본 여행을 추진했다. 의심하기 시작하니 모든 것이 이상하게 생각되었다.

지나는 "작가님 무엇을 그리 골똘히 생각하세요."

"응! 아니야" 하고 박은 "참으로 신기하지. 생일이 어쩌면 달과 날이 똑같을 수가 있어. 앞으로 우리 생일을 같이 한 날에 축하하면 되겠다."

지나는 무엇인가 잘되는 축복이라 긍정적으로 생각하고 즐거워했다. 시계를 보니 벌써 8시가 다 되어가고 있다. 그들은 식사를 마치고 뜨거운 차를 마셨다. 박은 나이를 잊고 그녀에게 애정의 싹을 키우고 있었다.

그녀는 "작가님! 이제 그만 나가요."

박은 "그럴까!" 하며 그녀의 파카를 입혔다.

그녀는 "작가님 고맙습니다." 둘이는 식당을 나왔다.

밤공기가 차가웠다. 둘이는 약속이나 한 듯이 걸었다. 그녀는 박의 왼팔을 꼭 껴안고 걸었다. 그녀는 걸으면서 자주 박의 얼굴을 바라보며 웃었다.

박은 "지나 나 하나 물어볼 게 있어."

"나같이 나이 많은 사람과 걸으면 창피하지 않아."

"아니요. 작가님 그런 생각하지 말아요."

"아마 누가 보더라도 나이차가 나는 연인으로 보겠지요."

"그리고 요즘 사람들 남의 일에 관심 없어요."

"사랑에 무슨 나이가 필요해요."

"우리 둘이 좋은 감정을 느끼며 즐기면 되지 않아요."

지나는 참으로 현대적이고 대담했다. 지나는 걸으면서 우리 만남은 우연이 아니야 라는 노래를 불렀다. 음색이 부드럽고 감미로 왔다.

"작가님 우리 노래방 가요."

"강원도 카바레에서 노래한 것 기억나요."

"노래방에 가서 옛날 생각하며 노래나 실컷 불러요."

둘이는 멀리 보이는 범계역으로 걸었다. 그녀는 오른 손으로 박의 등을 더듬고 서로의 왼손을 꼭 잡고 걸었다. 아마 30분은 걸었나 보다 시간이 8시 40분이다. 둘이는 범계역 부근의 노래방으로 들어갔다. 1시간을 신청하고 캔 맥주와 음료수를 주문했다. 그녀와 박은 외투를 벗었다. 음악 시작을 알리는 음악이 울렸다. 그리고 종업원이 맥주와 음료수를 가지고 왔다. 둘이는 서로가 약속이나 한 듯이 서로 꼭 껴앉아 한 동안 포옹을 했다. 그녀는 박에게 노래를 신청하라고 성화다. 박은 배호의 안녕을 불렀다. 일절을 애절하게 부른 후 간주가 나올 때 그녀는 박에게 다가 왔다. 둘이는 서로가 약속한 것처럼 서로 붙들고 간주에 맞추어 춤을 추었다. 많이 춰본 솜씨다. 몸놀림이 부드러웠다. 그녀의 가슴이 박에게 밀착 되었다. 2절 노랫말이 나왔으나 무시하고 춤을 추었다. 그녀는 고개를 들어 박을 올려 보았다. 조명을 받은 그녀의 얼굴이 아름다웠다. 박은 두 손으로 그녀의 얼굴을 감쌌다. 그녀는 눈을 지그시 감았다. 얼굴이 뜨겁게 달아올랐다. 그녀의 눈과 입술이 가볍게 떨었다. 박은 그녀의 입술을 가볍게 스쳤다. 그녀는 온몸을 밀착하며 몸 트림을 했다. 박은 억센 팔로 그녀를 끌었다. 그리고 그녀의 귀 볼을 빨았다.

그녀는 "아이 작가님!" 하면서 박의 목을 끓어 않았다.

그리고 박은 두 손으로 그녀의 허리를 부서져라 감았다. 그리고 박은 혀로 그녀의 입안을 더듬었다. 서로의 혀 감각으로 서로를 즐겼다. 달콤한 키스였다. 그녀의 가슴은 터질듯이 팽창했다. 박은 그녀의 브래지어 밑으로 두 손을 넣었다. 그녀는 흥분을 지탱하기 힘든지 박을 끌어 소파에 앉혔다. 그리고 둘이는 강렬한 키스 세례를 서로 퍼 부었다. 둘이는 온몸의 성감대가 최대로 발기 되었다. 박은 자신도 모르게 그녀 몸 아래로 손이 내려갔다.

"작가님! 오늘은 안 돼요." 하며 박의 손을 잡았다.

박은 "미안!" 하며 몸을 바로 했다.

그리고 그녀는 캔 맥주를 땄다. 그리고 둘이는 건배하며 몸의 열기를 식혔다. 그리고 그녀는 만남이라는 노래를 열창했다. 둘이는 교대로 노래를 신나게 불렀다. 박은 허무한 마음. 조약돌, 옥경 이를 마음껏 열창했다. 그녀 역시 어머나, 해변으로 가요, 정 하나 준 것 이를 불렀다. 그리고 마지막으로 디스코 메들리를 신나게 불렀다.

시계를 보니 10시가 다되었다. 박은 범계역에서 수원행 버스를 타면 된다. 그녀는 박에게 오늘 헤어지자했다. 그러나 박은 얼마 안 되는 그녀 집까지 배웅하기로 했다. 둘은 젊은이들이 많이 다니는 로데오 거리를 나이를 잊고 손을 잡고 걸었다. 박은 그녀의 아파트 입구에서 9일 아침에 만날 것을 확인하며 헤어졌다. 박은 두세 발 걷다 말고 돌아보았다. 그녀는 박을 보고 빨리 가라 손사래를 저었다. 다시 범계역으로 돌아와 수원행 버스를 탔다. 버스를 타고 5분이 지났을 때 그녀의 메시지가 왔다.

"오늘 즐거웠습니다."

"좋은 밤 되세요."

집에 오니 11시가 넘었다. 박의 아내는 세상모르고 자고 있었다. 아내에게 미안했다.

– 지나의 일본 관광 –

* 첫째 날

2.9~12(3박 4일) 그들 둘 만이 아는 역사적인 일본 여행을 떠났다. 박은 가족에게는 큰 죄인이 되었다. 운명은 박을 비켜가지 못하도록 좌우를 막고 뒤에서 밀었다. 한편 박은 소설의 주인공처럼 미래의 운명을 편하게 받아드리기로 결심했다. 드디어 지나와 만기로 약속한 날이 왔다. 아내도 박의 일본 여행을 알고 있다. **단체 초청으로 일본에 여행가는 것으로 알고 있다. 몇 년 전 **단체 초청으로 중국 여행을 다녀 온 적이 있다. 박은 아내에게 거짓말을 했다.

첫날 2월 9일 11:30 비행기를 탑승해야했다. 박은 집 앞에서 인천국제공항으로 가는 버스를 탔다. 시계를 보니 7:00다. 이 버스는 안양 범계역을 거처 가도록 되어있다. 박은 지나와 7:30에 안양에서 만나기로 약속했다. 날씨는 쾌청하고 2월 날씨 치고는 춥지가 않았다. 그들 둘의 운명의 날이 시작 되었다. 사람의 마음이 간사한 것일까? 아내에게 죄스럽고 미안한 생각이 마음 한 구석에 앙금처럼 가라 앉아 박을 불편하게 했다.

그러나 박은 이미 시작된 자신의 운명이라 생각했다. 지나는 박에게 너무나 적극적으로 접근했다. 좋아하는 사람이 마음속에 있다는 것이 세상을 아름답게 했다. 그래서 박은 행복했다. 박은 나이를 잊고 하나하나 허물을 벗고 있었다. 드디어 안양 범계 공항버스 정류장에 도착했다. 지나와 박은 차창 밖을 보며 서로 손을 흔들며 반가운 인사를 교환 했다. 지나는 간편한 복장 차림이다. 청바지에 잠바스타일로 머리에는 차양이 짧고 각이 많은 모자를 썼다. 그녀는 언제 보아도 풋풋하고 싱싱한 느낌을 주었다. 생 얼굴에 가까운 가벼운 화장을 했다. 여행 가방을 리무진 공항버스 트렁크에 싣고 올라 왔다. 박은 그녀를 창 쪽 의자로 안내 했다.

여자 특유의 체취가 흘렀다. 마치 무지개 색처럼 여자마다 각기 다른 향을 지닌다. 마치 여자의 음기와 같은 본인도 모르는 남자만이 느끼는 여자의 색깔이 있다. 박은 그녀의 손을 잡고 서로 마주보며 뜨거운 인사를 했다. 지나는 상기된 얼굴에 호흡이 약간 거칠었다. 지나는 박의 따뜻한 손을 자신의 얼굴에 비벼댔다. 둘이는 아무도 없는 뒤 좌석에 앉았다. 지나는 박의 왼손을 자신의 두 손으로 꼭 잡고 놓을 줄을 몰랐다. 참으로 부드러운 손이다. 마치 부드러운 최고급 실크 원단 같았다. 거기에 따뜻한 촉감은 세상의 모든 것을 잊게 했다.

07:30에 정확히 버스가 출발했다. 그녀는 가능한 취할 수 있는 애

정 표현을 했다.

의자 사이의 좌석 경계가 서로를 밀착하는데 불편했다. 그녀는 약간 불안해 하는 박의 마음을 읽었는지 박에게 편안한 마음을 갖도록 유도했다. 그녀는 자주 박의 얼굴을 올려 보았다. 그녀는 박의 왼손을 잡고 박이 거북한 말을 할라치면 그녀의 왼손이 박의 입을 가렸다.

박은 속으로 다짐했다. 이제는 포기 할 수 없는 일, 우리 둘만의 오붓한 시간을 갖기로 했다. 복잡한 잡념을 모두 잊기로 했다. 날씨는 맑았다. 출근 시간으로 시내를 빠지는 데 시간이 지체되었다. 잠시 후 버스는 고속도로를 질주했다. 그녀는 핸드백에서 초콜릿을 꺼내 한 쪽을 박의 입에 넣어 주었다. 둘이는 모두 아침식사 전이다. 둘이는 서로의 시선을 놓지 않았다. 그녀는 박의 손을 끌어 그녀의 다리 사이에 넣고 길게 숨을 내쉬었다. 그녀에게서 열기를 직감 할 수 있었다. 박 역시 억제하기 힘든 성 충동이 일었다. 그러나 좀 더 멋있는 여행을 꿈꾸며 모든 것을 참았다. 그녀는 박의 왼쪽 어깨에 기댄 채 잠이 들었다. 그녀나 박은 까만 밤을 하얀 뒤척임으로 날을 새웠다.

박은 그녀가 편히 잠을 잘 수 있도록 박의 왼팔로 팔베개를 해주었다. 박은 잠든 그녀의 얼굴과 몸매를 유심히 관찰했다. 마치 몇 해 전에 파리 루브르 박물관에서 보았던 비너스 조각상이 생각났다. 얼굴의 이마 눈 코 입의 위치 비율, 몸매의 균형이 황금비를 이루었다. 동양인 중에 서구인을 닮았다고나 할까?

공항에 09:00경에 도착했다. 박은 그녀를 흔들어 깨웠다. 짧은 시간이지만 달콤한 잠을 잤다. 박은 그녀에 대한 책임감과 남자로서의 보호 본능을 직감했다. 인천 국제공항은 현대식 건물로 규모가 컸다. 중국여행을 다녀오고 나서 두 번째 들리는 공항이다. 둘이는 짐을 챙겨 공항으로 들어갔다. 09:30에 약속된 장소에 가니 ＊＊여행사 관광 안내 아가씨가 반겼다. 여권 비행기 표와 일정표를 받았다. 여행 수속에 대한 간단한 설명을 들었다. 수속을 하고 나서 지나는 화장실에 다녀왔다. 일행은 모두 30명으로 8쌍에 나머지는 자녀들과 가족이였다. 신혼부부에서 60이 넘은 부부로 다양한 층이다. 박과 지나는 재혼한 사이처럼 노골적인 부부행세를 했다. 그들 자신만이 가지고 있는 비밀이다. 다른 사람들은 그들 관계에 대해 별 관심이 없었다. 둘이는 시종 일관 서로 팔짱을 끼고 다녔다. 누가 보더라도 나이 차이가 있는 부부였다.

일본 엔화로 50만원을 환전했다. 100엔에 한국 돈 11,200원이다. 가이드는 32세 미스로 일본어가 유창하고 우리말도 잘했다. 지나 역시 영어와 일본어가 유창하고 불어와 독일어도 수준급이라 했다. 그녀는 결혼 전 항공사 여성 승무원 생활을 했다. 가이드는 일본에 대하여 아는 것이 많은 것 같았다. 생김새가 일본인 같아 일본 교포로 알았다. 그러나 일본에서 유학 생활을 한 한국인이라 했다.

11:30에 아시아나 항공 후쿠오카 행 비행기다. 시계를 보니 10:30이다. 식전으로 시장기가 들었다. 지나와 박은 간단한 식사를 위해 스낵코너에 들어갔다. 둘이는 토스트와 커피를 시켰다. 둘이는 최대한 가까운 거리에서 서로 눈을 맞추었다. 그도 그럴 것이 이번 여행을 다녀오면 그들은 다시 만난다는 약속을 기약 할 수가 없었다. 서로의 나이 차가있는데다 박은 가정을 가진 사람이다. 지나에게는 이번 3박4일이 평생의 잊지 못할 추억으로 남을 것이다. 확실하지는 않으나 아들이 미국에서 유학 중이지 그의 친정 식구가 미국 LA에 살고 있다. 그래서 앞으로의 생활이 미국에서 시작 될 것이다. 사실 박은 두려웠

다. 그러나 지나는 박을 그렇게 좋아 할 수가 없었다. 강원도 평창에서 박을 만나고 10년이 지나는 동안 박을 하루도 잊은 날이 없었다고 했다. 그동안 수소문 하였으나 박의 연락처도 모르고 가정주부로 감히 용기가 나지 않았다. 박은 그를 이해 할 수가 있었다.이성간에 사랑의 힘이 대단한 것을 경험해 보지 않고는 이해하지 못한다. 마치 바둑 대국에서 초읽기나 하는 것처럼 시간이 빨리 지났다.

드디어 11:30 후쿠오카 행 비행기가 이륙했다. 둘이는 서로의 손을 꼭 잡았다. 박은 여행 신청 시 관계자에게 미리 우리 둘 좌석을 위치 좋은 창가로 부탁했었다. 비행기는 굉음을 내며 땅을 박차고 이륙했다. 30도 경사로 고공을 향해 날았다. 그리고 고도를 유지하며 수평으로 날았다. 날씨는 쾌청했다. 창밖으로 보이는 하늘 저편에 양털 모양의 뭉게구름이 아름다웠다. 어떤 것은 하트 모양도 있었다. 박은 억지로 지나에게 우리의 사랑을 축복하는 구름이라고 그의 귀에 속삭였다. 그녀는 웃으며 고개를 끄덕였다. 둘이는 눈으로 보는 것과 마음으로 생각하는 모든 것을 아름답게 보기로 했다. 그들은 행복했다. 그녀의 손은 따뜻하고 부드러웠다.

12:00기내식이 나왔다. 간단한 과일과 빵이다. 그녀는 음료수만 마셨다. 박이 모두 먹었다. 박과 지나는 이번 여행 코스가 처음이다. 창가에서 내려 보이는 일본 시가가 신기하게 보였다. 인천공항 이륙 후 55분이 걸렸다.

후쿠오카 공항 밖으로 나오니 관광버스 천령관광 304호 버스가 대기하고 있었다. 3일간 함께 할 기사가 소개 되었다. 50세로 중반으로 보이는 미남 기사다. 매관광객에게 볼 때 마다 인사를 했다. 참으로 친절했다.

버스는 후쿠오카에 있는 아사히(朝日) 맥주공장 견학을 위해 출발했다. 박이 어려서 많이 듣던 맥주였다. 차창을 내다보니 첫 인상이 깨끗하고 특히 공기가 맑았다. 모든 차는 좌측통행을 했고 차의 핸들이 우측에 있어 이상했다. 우리나라와 정 반대였다. 그리고 소형차가 많았고 거리에 불법주차 차량을 찾아 볼 수 없었다. 시내 전구역이 시속 40킬로로 제한되어 있어 차내가 안정감을 주었다.

아파트는 별로 보이지 않으나 작은 단층 주택에 정원수가 잘 가꾸어 졌다. 마치 우리나라에서 본 일본 적산 가옥을 볼 수 있었다. 지나는 박이 신기하게 밖을 보는 모습을 보며 미소를 지었다. 마치 박이 어린아이 같이 보였나 보다. 아사히 맥주 공장에 도착했다. 하차 할 때 기사가 맨 먼저 내려 일일이 모든 관광객 한 사람 한 사람에게 인사를 했다. 우리나라에서는 상상도 할 수 없었다. 박은 감탄하지 않을 수가 없었다.

우리보다 잘 사는 일본을 알 수가 있었다. 맥주 공장의 역사와 제조과정을 견학하고 나니 시원한 맥주를 시음 할 기회를 주었다. 지나와 박은 건배와 함께 맥주 두 잔을 마셨다. 둘이는 맥주로 긴장과 갈증을 풀었다. 일행들과도 서로 간단한 인사가 오고갔다.

다음에 태재부천만궁(太宰府天滿宮)을 관광했다. 학문의 神인 스가와라 미치자네를 모신 신사라고 했다. 입학 시즌이 얼마 남지 않은 시기로 학생들이나 학부모들이 합격을 비는 모습을 볼 수 있었다. 나무 팻말에 합격 문을 적어 매다는 곳이 여기 저기 있었다. 소의 동상을 만지면 소원을 이룬다 하여 지나가는 사람마다 소를 만져 광택이 났다. 그리고 오른 손으로 물을 떠서 왼손을 닦으며 소원을 빌었다. 지나와 박은 마음속으로 둘만의 행복한 앞날을 기원 하며 소원을 빌었다. 신사 앞에는 일본 떡 모치를 파는 가게가 즐비 했다. 박은 옛날 생각이 나서 모치 두 개를 사서 지나와 먹었다. 둘이는 여기 저기 많은 사진을 찍었다.

마침 일행 중 60대로 보이는 부부가 있어 서로 사진을 찍어 주기로 했다. 묻지도 안았는데 고향이 대전이라 했다. 박과 지나는 서로 손을 놓을 줄을 몰랐다. 다음으로 캐널시티를 관광했다. 총길이 180미터의 인공운하를 중심으로 건물이 이어져 있다. 운하의 도시라는 이름이 붙은 최신의 쇼핑 타운이자 문화 공간인 후쿠오카 최대의 쇼핑몰이다. 관광 후에 쇠고기 불고기집에서 저녁식사를 했다. 밥과 국은 추가해도 돈을 받지 않으나 반찬은 요금이 추가 된다고 가이드는 강조했다. 지나는 항상 즐거운 얼굴에 미소가 떠나지 않았다.

저녁 식사 후에 그랜드 하얏트 후쿠오카 호텔에 여장을 풀었다. 고급 호텔이었다. 방안에는 두 개의 침대가 나란히 놓였다. 방의 중간에 칸막이가 있는데 문종이 미닫이문으로 되어있다. 방 중앙에 차상이 있어 오붓이 대화를 할 수 있도록 되어있다. 둘이는 여행 가방을 팽개치고 서로 약속이나 한 듯이 서로 포옹을 했다. 둘이는 한동안 떨어 질 줄 모르고 강열한 키스로 몸을 달구 왔다. 박은 좀 더 멋있는 시간을 즐기기 위하여 지나를 침대로 밀치며 둘이 천장을 보고 누웠다. 시계를 보니 아직 9시 전이다. 지나가 짐을 정리하는 동안 박은 샤워를 했다. 박은 흥분되고 즐거웠다. 천하를 얻은 기분이다.

박은 콧노래를 부르며 온몸에 비누칠을 했다. 그런 데 어느새 지나가 전신을 수건 한 장으로 가리고 욕실로 들어 왔다. 박의 온 몸이 몸트림으로 떨렸다. 둘이는 서로가 약속이나 한 듯이 물을 것도 없이 샤워 물줄기 아래에서 서로 끌어안았다. 그들은 음- 하는 흥분을 참지 못하는 이상한 소리를 냈다. 박은 지나의 가볍게 입술을 침범했다. 둘이는 서로 혀를 내밀어 서로의 혀끝으로 감각을 자극해 성적 충동을 즐겼다. 그리고 박은 저돌적으로 그녀의 입에 혀를 밀어 넣어 부드럽게 더듬었다. 온 몸이 녹아 내리는 달콤함으로 온 천하를 얻은 기분이다. 박은 지나의 목을 오른 손으로 끌어당기고 바른 손으로 허리를 감아 최대한 몸을 밀착시켰다. 샤워 꼭지에서는 부드러운 온천수가 두 사람 몸을 적셨다. 나이답지 않게 부푼 유방은 바람 든 풍선처럼 터질 듯이 박의 가슴을 자극했다. 위로 솟은 유방에 오디색을 띤 까만 꼭지는 입으로 빨고 싶은 충동을 주었다. 흩어지거나 아래로 쳐진 것이 아니고 가슴 중앙으로 모여 약간 위로 솟은 유방이 박을 매료시켰다. 박은 지나를 샤워 꼭지 밑 벽으로 밀었다. 그리고 박의 한 다리를 그녀의 가랑이로 밀어 넣었다. 지나는 참을 수 없다는 신음을 냈다. 둘이는 서로가 최대로 흥분 되었다. 박은 그녀의 몸 어느 곳을 만져 보아도 신기하지 않은 곳이 없었다. 그녀의 탱탱하고 부드러운 살결은 실크 원단처럼 매끄러웠다.

옛날 소나기 내리던 어느 날 밤 물방앗간 벽에 기대어 강렬하게 키스하던 첫사랑이 연상 되었다. 흥분된 그녀는 활처럼 휜 허리를 박의 가슴에 최대로 밀착시키고 가슴을 부풀렸다. 박은 아마도 지나 역시 잘 알지 못하나 아름다운 과거를 회상했을 것이라 생각했다. 시간이 얼마나 지났을까? 초인종 소리가 울렸다.

그녀는 "누굴까?"

혼자 소리를 내며 가운을 걸치고 나갔다. 박은 알고 있었다. 박은 지나가 모르게 룸서비스에 부탁하여 양주 1병 안주 그리고 작은 칼라 양초 120개, 탁상용 꽃(수반)을 10시에 가져 오도록 주문했었다.

침대 방 옆에 있는 접견실 식탁에 음식을 차렸다. 사각 식탁위에 두 사람 나이를 합한 104개의 양초를 켰다. 그리고 실내조명을 껐다. 둘이는 식탁을 사이에 두고 가운을 입은 채 앉았다. 지나는 생각지 못한 광경에 놀라우면서도 마냥 즐거워했다. 촛불 속에서 바라보는 그녀 모습이 더더욱 아름다웠다. 촛불에 흔들리는 그림자도 그들을 질투했다. 화장기 없는 생 얼굴에 물기가 덜 마른 머리칼 가운 사이로 보일 듯 말듯 한 두 개의 유방은 작품 그대로 아름다움이었다. 마치 원시림에서 만난 야성녀처럼 풋풋하고 발랄했다.

지나는 그라스에 얼음을 채우고 양주를 따랐다. 둘이는 만남 기념하고 영원한 행복을 다짐하며 건배를 했다. 둘이는 이국의 어느 고급 호텔에서 다시는 오지 않을 추억을 장식했다.

둘이는 많은 것을 약속할 수가 없었다. 앞으로 지나는 나이가 젊기에 남은여생을 생각하지 않을 수가 없었다. 박 역시 가정을 가진 사람으로 지나치게 박의 욕심을 주장 할 수가 없었다. 그렇다고 아들은 미국에서 유학 중인데 지나 혼자 한국에 살아야 할 여건이 되지 않았다. 그래서 그들은 여러 가지 약속을 할 수가 없었다. 이번 여행을 서로가 가장 행복한 시간으로 만들어 가는 것 밖에 없었다. 그래서 박은 가능한 조그마한 사건이지만 추억을 만들어 주고 싶었다. 앞으로 그 추억을 회상하며 행복한 날을 살아 갈 수 있으리라 생각했다.

그녀는 약간 취기가 오르는지 박을 자기 옆으로 오라고 했다. 박은 의자를 들고 그녀 옆으로 갔다. 지나는 박의 어깨에 몸을 기댔다. 그리고 촛불을 바라보며 노사연의 만남을 불렀다. 촉촉하고 부드러운 음성은 애절하게 들렸다. 둘이는 여러 번 만남을 합창했다. 노래를 부르다 보니 박은 오이도 사건이 머리에 떠올랐다. 전철에서 만남, 수돼지 꿈, 오이도 횟집, 복권 당첨 등등이 주마등처럼 지나갔다. 지나는 상기된 얼굴로 박을 올려 보았다.

"작가님 우리 마음껏 즐겨요." 하면서 박의 손을 끌어 지나의 가슴에 넣었다.

박은 눈으로 만 즐겼던 유방을 만졌다. 박의 손안에 꽉 차는 젖무덤이 터질듯이 부풀었다.

박은 무엇을 의미하는지 알 수가 있었다. 양주반병을 비웠다.박도 기분이 좋을 정도로 취했다. 시계를 보니 12시가 다 되었다. 시간이 흐를수록 촛불이 닳아 얼마 남지 않았다. 실내조명을 켜고 촛불을 껐다. 그리고 양치와 가벼운 샤워를 했다. 지나 역시 샤워를 했다. 그리고 간단한 화장과 향수를 뿌렸다. 향수의 향이 박을 흥분 시켰다. 둘이는 알몸으로 침대에 나란히 누웠다. 서로 옆으로 거리를 두고 누웠다. 둘이는 서로 뚫어지라고 바라 보았다. 앞으로 오늘 이 광경이 추억에 오래 오래 남을 수 있도록 입력했다. 지나의 눈 속에 사랑의 열기가 이글 거렸다. 서로 손을 잡았다. 한 동안 말이 없었다.

지나는 물기 젖은 목소리로

"작가님 저에게 약속하나 해주세요."

박은 "지나! 무슨 약속."

"만약 이번 여행을 마치고 돌아가면 우리가 언제 만날지 모르지 않아요."

"그렇지!" 박은 간단히 답했다.

"내가 미국에 들어가서 자리를 잡은 뒤 초청을 하면 여행을 온다는 약속을 해주세요."

박은 웃으면서 가볍게 "알았어요." 하고 대답했다.

대답이 끝나기가 무섭게 지나는 박의 가슴으로 파고들었다. 박은 지나에게 가장 멋진 남자로 기억에 남게 해 주고 싶었다. 박은 그녀를 강한 팔로 끌어 않았다. 그리고 그녀를 삼킬 듯이 입술을 더듬었다. 서로가 서로를 최대한 즐겼다. 박은 혀로 그녀의 귀를 빨기 시작했다.

그녀는 온 몸을 비꼬았다. 귀밑 목선을 따라 젖무덤으로 핥았다. 그녀는 참을 수 없을 정도로 몸을 틀었다. 그리고 만지고 싶었던 유두를 혀끝으로 가볍게 핥았다. 박은 손으로 두 유두를 모아 한 입에 넣고 빨았다. 박은 입에서 귀 목선 유방으로 여러 번 반복해서 애무를 했다. 박이 할 수 있는 모든 방법을 동원해 그녀를 최대로 흥분시켰다. 박도 빨리 본능을 해결하고 싶었으나 참고 절제를 했다. 샤워를 할 때의 피부보다 더 매끄러웠다. 그녀의 몸에 다리를 올려놓으면 박 자신도 모르게 자연적으로 흘러 내렸다. 그녀의 살결이 부드럽고 매끄러웠다.

박은 그녀의 은밀한 곳을 손으로 부드럽게 자극했다. 박도 최대로 발기 되었다. 도톰한 곳으로부터 아래로 음모가 무성하다. 남자를 맞이할 준비가 다 되었다는 듯이 분비물이 흥건히 흘렀다. 온 몸은 흥분으로 열꽃을 피웠다. 그녀는 더 이상 참지 못하겠는 다는 듯이 박을 끌어 않았다. 그녀의 몸은 여자로서 최대의 극치를 이루고 있었다.

*둘째 날

아침은 호텔에서 바이킹 식 빵으로 식사를 했다. 기타규슈(北九州)로 이동했다. 기타규슈 市立 自然死 博物館(시립 자연사 박물관)을 관광했다. 2002년11월3일 오픈 한 46만 년 전의 지구 탄생과 현재에 이르기까지 자연과 인간의 생명의 존엄성을 느낄 수 있는 서 일본 최대의 박물관이다.

박물관 입구에서 이어폰을 주는데 전시물 앞에 서면 우리말로 상세히 설명을 해 주었다. 지나와 박은 팔짱을 끼고 다정한 연인처럼 관광을 했다. 그리고 일본 최대의 온천 도시 벳부(別府)로 향했다. 버스는 고속도로를 달렸다.

차창 밖으로 보이는 시골 풍경이 우리나라와 흡사했다. 주택은 우리보다 크지 않으나 주로 목조 주택으로 넓은 정원에 정원수가 잘 가꾸어 졌다. 이동 중에 고속도로 휴게소와 화장실을 들렸다. 박은 매점에서 30개 300엔 하는 귤을 샀다. 모양은 별론데 맛이 있었다. 지나는 앞뒤 좌우에 있는 사람들에게 나눠줬다. 또 다른 일행도 과자와 사탕을 서로 주고받았다. 서로 얼굴도 모르는 사이지만 많이 분위기가 부드러웠다. 옆 사람과 대화가 이루어 졌다.

하모니 랜드 관광과 점심 식사를 했다. 하모니 랜드는 어린이들이 좋아하는 곳이다. 고양이 동물 인형이 나오는 음악과 율동으로 보여주는 퍼레이드였다. 두 사람은 재미가 있었다.

어린이들이 보면 기억이 남을 것 같았다. 지나도 어린아이처럼 좋아 했다. 점심은 간단히 일본식으로 먹었다. 된장국이 맛있고 쌀의 질이 우리 것 보다 좋았다. 박은 마침 팩소주 두 개를 물병에 넣어 가지고 왔다. 대전 노인 부부와 반주(飯酒)로 마셨다. 둘이는 약간의 취기로 얼굴이 상기 되었다.

점심식사 후에 일본의 옛날 무사(武士) 저택이 있는 마을 오이타(大分)로 이동 한 후 기츠키 시로 이동했다. 마을은 그곳에 살고 있는 원주민들이 관리하고 있었다. 우리나라로 말하면 민속촌과 같은 사무라이 마을이다. 2002년 한일 월드컵의 생동감 있는 수용인원 43,000명 오이타 월드컵 경기장을 차창 밖 관광을 했다.

파크풀레이스 오이타에서 자유 관광시간을 가졌다. 다카오산 스포츠 공원 내에 있는 대단위 쇼핑 센타로 대형 슈퍼마켓이다. 박은 지나와 함께 매장을 돌아보았는데 할인 매장으로 기념 될 만한 물건이 없었다. 둘이는 마켓을 나와 부근 공원 의자에 앉아 이야기를 많이 나누었다. 커피도 마시고 아이스크림도 먹었다.

일본 최고의 온천 도시 벳부 스기노이 호텔로 이동했다. 두 사람은 식당으로 갈 때나 온천에 갈 때 호텔에서 제공하는 유가타라는 일본 전통 의상(衣裳)으로 갈아 입어야했다. 안에는 메리야스와 팬티만 입고 우리나라 두루마기 같은 줄무늬 긴 옷을 입고 허리띠를 매고 덧저고리 같은 것을 입었다. 지나와 박은 일본 사람과 똑 같았다. 복도나 엘리베이터에서 만나면 누가 한국인이고 일본인 인지 구별 할 수가 없었다. 서로 말을 해야 한국인이라는 것을 알 수가 있었다.호텔에서 아마도 숙박 객을 구별하기 위해 일본 전통 옷으로 통일 한 것 같았다.

호텔은 고급 호텔이었다. 침실에는 침대가 두 개있고 방안에 칸막이를 하여 다다미를 깔았다. 둘이는 유가타 옷을 입고 자동 셔터로 기념사진을 찍었다. 유가타를 입고 일층 식당으로 내려갔다. 저녁은 일본식 뷔페로 생선 육식 초밥 대하 과일 등 30여 가지로 다양했다. 많은 사람들이 말을 하지 않으니 모두 일본 사람 같았다. 그런데 90%가 한국인이다. 저녁을 맛있게 잘 먹었다. 지나는 열심히 맛있는 음식을 박에게 가져다주었다. 그리고 옆 사람을 아랑곳 하지 않고 박의 입에 음식을 넣어주었다. 박은 지나가 고마웠다. 저녁을 먹고 호텔 객실로 돌아 왔다.

시계를 보니 저녁 8시 30분이다. 이제는 온천할 시간이다. 박은 별도로 호텔에 부탁하여 사용료를 주고 가족탕을 예약했다. 이것 역시 지나 모르게 박 혼자 예약을 했다. 먼저도 말했듯이 이런 소소한 사건(事件)들이 아름다운 추억(追憶)으로 간직 될 것이다. 앞으로 박이 없는 혼자만의 시간을 즐길 때 아름다운 과거를 회상(回想)하며 행복 해 할 것이다.

가족탕 안에는 물침대 하나 놓여 있었다. 냉장고 안에는 맥주와 양주 그리고 간단한 안주가 있었다. 두 사람이 먹은 것만 별도로 계산하면 된다. 침대가 있는 벽면은 전면이 거울로 되어 있다. 실내 온천탕이 노천(露天)으로 통해 있다. 조명 역시 명암(明暗)을 조절 할 수 있는 시설로 되어있다.수압을 조절 할 수 있는 샤워안마기 가있고 바닥에서 분수처럼 강한 수압으로 솟구치는 안마기도 있다. 온천탕의 크기는 20평쯤 되어 보였다. 둘이는 저녁식사를 소화 할 겸 가운으로 갈아입고 편안한 소파에 앉았다. 그리고 시원한 맥주를 마셨다.

노천에서 바라보는 야경(夜景)이 아름다웠다. 하늘에는 수많은 별들이 그들을 축복했다. 계절상으로는 겨울이나 춥지가 않았다. 둘이는 가운을 벗고 물속으로 들어갔다. 둘이는 단둘이 온천에 누워 하늘을 바라보았다. 하늘의 북쪽에 북두칠성이 보였다. 지나는 박의 팔을 끌어 팔베개를 했다.

박은 지나에게 욕조 밖에서 행진을 부탁했다. 가운을 벗고 전신 나체로 미스코리아 행진처럼 걸어오는 모습을 감상했다. 그녀는 자신있는 몸매를 자랑이나 하듯이 부끄러움이 없이 당당하게 걸어 왔다. 165센티 늘 신한 키에 바스트와 힙의 선이 에스(S)라인이 분명했다.

37, 24, 37인치의 이상적인 몸매를 가졌다. 턱에서부터 목을 타고 내려오는 목선과 어깨로 흐르는 곡선의 부드럽고 아름다움이 신비(神秘) 했다. 박은 그녀에게 미스코리아처럼 옆으로 서서 포즈를 취해

달라고 요구했다. 도저히 아이를 하나둔 엄마라고 상상 할 수없는 완벽한 비너스의 작품 이였다. 가슴 중앙에서 유방을 바친 두 개의 반원(半圓)의 곡선이 좌우로 선(線)이 그려지는 듯이 옆구리 살 속으로 묻히듯 허리선을 타고 불룩한 엉덩이로 흐른다. 아무리 둔감하고 나이가 많은 남자라도 성욕이 진동(振動)하지 않을 수가 없었다.

터질듯 한 두 개의 고무풍선처럼 유방이 위로 올려 붙고 젖꼭지는 까만 오디 색을 띠웠다. 박은 이제까지 여인상을 가까운 곳에서 자세히 본적이 없었다. 가장 가까운 아내 역시 알몸 전체를 보이기에 부끄러워했다. 그래서 여인의 조각상(彫刻像)을 감상하는데 박은 주로 감상하는 부위가 다르다. 턱 밑으로 흐르는 목선, 귀밑에서 시작하여 어깨를 거쳐 흐르는 어깨선, 가슴 중앙에서 반원을 그리며 좌우 옆구리로 흐르며 묻히는 원주선, 약간 휜 허리에서 불룩한 엉덩이로 이어지는 선, 배꼽 주위에서 배와 다리의 경계를 거쳐 국부로 모이는 선과 종아리를 감상한다.

박은 지나의 온몸을 좌우 앞뒤 또 앉은 자세를 취하도록 부탁하여 감상(感想)을 했다. 그녀 역시 자신 있는 몸매를 과시했다. 신은 세상에 가장 멋진 걸작으로 여인상을 출품했다고 생각했다. 그래서 박은 젊었을 때 이상형 여자를 얼굴 비중에 많은 점수를 주었다. 그러나 지금에 와서는 얼굴보다 몸매에 시선을 많이 둔다. 완벽한 몸매는 완벽한 건강을 보증하기 때문 일 것이다. 건강한 몸매를 가진 여인만이 아름답고 건강이 넘치는 사랑을 발산한다. 많은 유부남이 길을 가다가 몸 짱 여자를 보면 한 눈을 파는 이유가 여기에 있다. 박은 욕조에 누워 별이 빛나는 밤하늘을 배경(背景)으로 신비(神秘)의 여인상을 감상(感想)했다. 박은 그녀의 손을 잡아 탕 속으로 끌었다.

그리고 그녀의 등 뒤에서 끌어 앉았다. 두 손으로 감싸 않은 그녀의 가슴이 풍만 했다. 박의 큰손으로 감싼 유방이 차고도 넘쳤다. 그녀의 호흡이 약간 거칠었다. 그녀의 뒤 목덜미를 가볍게 마사지 했다. 그녀는 아이고 시원해 하면서 눈을 감았다. 어깨와 양팔을 부드럽게 주물렀다. 도저히 참을 수없는 박은 그녀의 귓불을 가볍게 빨았다. 그리고 둘이는 마주보고 끌어안았다. 둘이는 흥분이 극에 달했다.

물속에서의 애무(愛撫)는 또 다른 느낌을 주었다. 따뜻한 물은 적당한 체온을 유지 했다. 마치 태아가 산모의 자궁에서 평안을 느끼듯이 둘이는 부드럽게 애무를 했다. 둘이는 서로가 서로를 즐기는 성감대를 자극했다. 박은 촉촉이 젖은 그녀의 입술을 혀끝으로 더듬었다. 그녀의 입술은 부드럽고 달콤했다. 그녀는 박의 목을 끌어 않고 적극적으로 행동했다. 박 역시 참기 힘들 정도로 발기 되었다. 박은 거침없이 그녀의 유방을 애무 했다. 박의 손이 그녀의 은밀한 곳을 더듬었다. 서로 몸을 뒤척이는 물소리만 요란했다.

이번에는 그녀가 박에게 안마를 했다. 손끝이 참으로 부드러웠다. 그녀는 가끔 등 뒤에서 박을 끌어안았다. 그때마다 두 개의 유방이 박의 등을 자극했다. 그녀는 웃으면서 박의 성기를 쥐었다놓았다 하며 장난을 했다. 박은 싫지가 않았다. 박 역시 그녀의 은밀한 곳을 가볍게 자극했다. 그녀는 도저히 참을 수가 없는지 그만하라 했다. 시간을 보니 11시가 넘었다. 둘이는 간단히 샤워를 했다. 서로가 비누칠을 해주고 서로 몸을 비볐다. 둘이는 깨끗이 비누 물을 씻었다. 그리고 유가타를 입고 객실로 돌아 왔다. 그녀는 간단한 화장과 몸에 향수를 뿌렸다. 그리고 둘이는 알몸으로 나란히 침대에 누웠다. 황홀한 두 번째 밤을 맞이했다.

*마지막 날

온천으로 몸을 푼 탓인지 잠을 잘 잤다. 미녀는 잠이 많았다. 새근새근 잠도 잘 잔다.

박은 옆으로 누워 팔로 턱을 괴고 지나의 얼굴을 자세히 보았다. 반듯한 이마, 초승달 모양의 눈썹, 볼록하고 큰 눈 껍질, 호랑나비 더듬이 같은 속눈썹, 마늘쪽을 올려놓은 것 같은 코, 코 속이 보일 듯 말듯한 코 구멍, 답답하지 않은 인중, 석류 알 같은 부드러운 입술, 계란 모양의 턱, 길게 뻗은 시원한 목으로 볼수록 신비스럽다.

전통 미인의 30가지 조건으로 미스코리아를 선발 하는 기준을 살펴보면 다음과 같다.

1) 살결, 치아, 손은 희어야하고 (3白)

2) 눈동자, 눈썹, 속눈썹은 검어야하고 (3黑)

3) 입술, 볼, 손톱은 붉어야하고 (3紅)

4) 목, 머리, 팔다리는 길어야하고 (3長)

5) 치아, 귀, 발길이는 짧아야하고 (3短)

6) 가슴, 이마, 미간은 넓어야하고 (3廣)

7) 입, 허리, 발목은 가늘어야하고 (3협)

8) 엉덩이, 허벅지, 유방은 두터워야하고 (3태)

9) 손가락, 목, 콧날은 가늘어야하고 (3細)

10) 유두, 코, 머리는 작아야한다. (3小)

30가지 조건 중 27점은 줄 수 있는 미인의 조건을 갖춘 여자다.

누가 미인은 박복(薄福)하고 팔자가 드세다고 말했던가. 일찍 남편과 헤어진 지나가 불쌍했다. 감히 넘보지 못할 여인을 범한 것이 죄(罪)를 지은 것 같았다. 물론 지나가 원(願)해서 응했으나 정에게는 너무나 과한 여자였다. 박은 그녀에게 후회하지 않겠냐고 여러 번 확인했었다. 그녀는 12년이라는 긴 세월을 사모(思慕)하고 기다렸다고 했다. 그녀를 보니 박은 만감(萬感)이 교차 했다. 그녀는 잠에서 깨었다.

그녀는 "당신 잘 잤어요." 인사를 했다. 박은 당신이라는 말에 깜짝 놀랐다.

박은 "응!"하고 짧게 답했다.

"당신도 잘 잤어요."

지나는 "네!" 하고 짧게 답했다.

그리고 빙그레 웃었다. 박은 가볍게 입술에 키스를 했다.

"지금 몇 시 예요."

" 7시요."

"아침 먹고 출발준비 해야지요."

"그럽시다."

둘이는 간단히 샤워하고 세수를 했다. 지나는 몸단장과 화장에 시간이 걸렸다. 그곳 날씨가 좀 더웠다. 지나는 파카를 벗고 가방에서 청바지 두벌을 꺼냈다. 한 벌은 박에게 주었다.

지나는 "내가 당신 줄려고 한 벌 더 사왔어요. 입어 보세요."

오리지널 카우보이 미제였다. 상의도 청바지 색의 긴팔 와이셔츠이다.지나 역시 같은 청바지에 상의는 목이 긴 붉은색 T를 입었다. 그리고 머리에 붉은색 니트 모자를 눌러 썼다. 그리고 큼직한 선글라스를 쓰니 영락없는 외국 여배우(女俳優) 같았다. 박은 아이비 클럽 모자를 썼다. 그녀는 박을 보고 훨씬 젊어 보인다고 웃는다.

박은 "지나! 고마워."하며 끓어 안아 등을 가볍게 두들겼다.

둘이는 식당으로 내려갔다. 이제는 일행이 낯이 익어 눈인사를 많이 했다. 호텔 일층 로비에서 빵으로 식사를 했다. 지나는 식성이 맞는지 맛있게 먹는다. 지나는 식사 후 과일과 커피를 가져 왔다. 둘이는 눈을 마주하고 별 말 없이 차를 마셨다.

오늘은 아침에 벳부에 있는 지옥 온천을 돌아보았다. 바다지옥과 소혈 지옥을 관광했다. 마을 곳곳에 온천의 수증기가 시골 아침밥을 짓는 연기처럼 하늘을 향해 올라갔다. 지하 수 백 미터 아래에서 뜨거운 열탕과 증기가 솟아오르는 광경이 마치 지옥을 연상 시킨다 해서 이름이 붙여진 관광지다. 마치 물빛이 초록물감을 풀어놓은 듯이 파랗다.

"온천의 꽃"이라 불리는 유황을 재배하는 유노하나 재배지를 관광했다. 지하의 온천 수증기가 볏 집으로 둘러싼 볏 집에 유황 수증기가 맺혀 고체로 변한 것을 유황의 꽃이라 한다. 그 수증기에 달걀을 읽혀 관광객에게 팔았다. 지나와 박은 계란을 하나씩 사서 먹었다. 맛은 별로였다.

활화산(活火山)이 타고 있는 아소(阿蘇)로 이동했다. 해발 1300미터 높은 산길을 향하여 버스는 달렸다. 며칠 전에 내린 눈이 쌓였다. 아소 산에는 쿠사센리, 고메즈카, 해발 1,323미터에 분화구가 있어 활화산으로 유황 냄새가 코를 찔렀다. 세계에 이름 있는 활화산으로서 남북 거리가 약 1킬로미터, 동서 400미터, 주위 약 4킬로미터 화구가 연기를 내뿜는 모습을 직접 감상 할 수 있었다. 이곳 아소 산에서 활화산을 바라보며 점심으로 일본 전통의 우동을 먹었다.

일행 중 대전 노인이 소주를 내놓아 지나와 박은 반주로 마셨다. 식사 후 화산을 배경으로 지나와 함께 많은 사진을 촬영했다. 아소산 중턱에 있는 목장으로 이동했다. 목장 안 휴게소에서 세계에서 가장 맛이 있다는 아이스크림을 사먹었다. 한 개에 300엔이었다. 말 그대로 맛이 있었다.

아소산 분화구를 뒤로 하고 구마모토성(熊本城) 관광 길에 올랐다. 오사카성(大阪城), 나고야성(名古屋城)과 함께 일본 삼대 城의 하나로 1607년 가토 기요마사(加藤淸正)가 건축한 성이다. 일본을 상징하는 홍보매체에 등장하는 건물로 웅장하며 주변의 경관이 수려했다. 여행 중에 가장 보고 싶었던 곳이다. 성의 규모도 크고 깔끔하며 아름다 왔다. 지나와 박은 많은 사람들 속에 서로 놓칠 세라 손을 잡고 구석구석 관광을 했다. 그리고 기념으로 많은 사진을 찍었다.

둘이는 마지막 관광지인 구마모토 베르데로 향했다. 구마모토 베르데는 리조트형의 호텔로 놀이 시설인 마쓰이 그랜드와 어우러진 리조트형의 호텔로 주변이 아름다웠다. 호텔로 오는 중에 와인 공장을 견학했다. 이날은 일본 건국기념일로 공휴일이었다. 그곳에서 와인을 시음하고 포도로 만든 과자를 먹어 보았다. 마지막 숙박을 위해 베르데 호텔에 도착했다. 하루 종일 걷고 차를 탄 탓인지 좀 피곤했다.

둘이는 숙소에 들어와 옷 입은 채로 침대에 누웠다. 시계를 보니 5시다. 6시부터 저녁식사를 한다고 했다. 둘이는 잠시 눈을 붙였다. 서로 끌어안고 달콤한 잠을 잤다. 얼마를 잤을까? 밖이 조용하고 어두웠다. 시계를 보니 6시 반이다. 몸이 개운했다. 1층 식당으로 내려갔다. 일행이 모두 내려와 식사중이다. 뷔페였다. 가벼운 음식으로 골라 적게 먹었다. 가지고 간 팩소주가 있어 지나와 나누어 반주로 마셨다. 몸이 생기가 돌고 기분이 좋았다.

일행은 식사를 마치고 객실로 갔다. 몇 젊은 부부만 남았다. 지나는 웃으면서 지난 이야기를 입에 올렸다. 옛날 평창 카바레에서 춤추던

일, 오이도 사건, 복권 당첨, 평촌 **공원 데이트, 범계역 노래방과 로데오 거리 풍경을 맛깔스럽게 이야기 했다. 말하고 웃을 때 마다 좌우 입가에 있는 보조개가 매력 적이다. 값싼 소주 한잔이 사람을 바꾸어 놓았다. 웨이터에게 차 두 잔을 주문했다. 그리고 박은 지나에게 화장실에 다녀온다고 말하고 자리를 떠났다. 화장실을 가면서 생각했다. 오늘이 마지막 날인데 뭐 좋은 이벤트가 없을까? 지나도 매우 즐거워하는데 호텔 안내에 들렀다.

마침 한국교포가 운영하는 호텔이라 한국 관광객이 많이 이용하는 호텔이다. 호텔 맨 위층에 극장식 카바레가 있었다. 앞쪽 무대에는 악단의 반주에 맞추어 가수가 노래하거나 관광객의 신청곡을 받아 노래도 할 수 있었다. 한 번에 기본이 1만 엔이다. 그리고 틈틈이 디스코나 브루스 탱고 음악에 맞추어 모두 나와 함께 춤을 출 수 있었다. 한국 관광객을 상대로 운영하기에 한국노래도 가능했다. 식당에 막 들어서니 지나가 빨리 오라 손짓 했다. 둘이는 말없이 차를 마셨다. 밖은 밤이라 어두웠다.

박은 지나에게 호텔 주변을 산책하자고 제의했다. 도시 변두리의 한적한 곳으로 호텔 경내가 꽤나 넓었다. 지나와 박은 룸에 올라가 가벼운 겉옷을 걸치고 밖으로 나왔다. 겨울답지 않게 포근했다. 하늘에는 쏟아 질듯이 별이 총총하다. 우리나라 공기 좋은 시골에서 볼 수 있는 광경이다. 좀 과장 되게 말하여 손을 뻗어 잡을 정도로 하늘이 가깝다. 공기가 상큼하다. 지나도 쉼 호흡을 크게 했다. 우리가 가는 길을 가로등이 밝혔다. 수령이 오래된 침엽수와 상록수의 정원수가 잘 가꾸어 졌다. 둘이는 서로 팔짱을 끼고 경쾌하게 걸었다.

그녀는 팝송과 가요 가곡을 감미롭게 불렀다.

그녀는 가끔 정의 귀에 대고 "선생님! 고마워요 사랑해요!" 뜨거운 입김을 불어 넣었다.

박은 그녀가 그렇게 사랑스러울 수가 없었다. 총각 처녀로 착가을 일으켰다.

"선생님! 오늘이 마지막 밤인데 앞으로 저는 어떻게 해요."

약간은 울먹이는 목소리다. 박은 공원 의자에 앉게 했다.

"이제 저도 인생을 알고 재미있게 살 나이입니다. 무정한 남편이 나를 두고 떠났으니 저는 어떻게 합니까? 제가 나쁜 년이지요." 하며 눈물 고인 눈으로 나를 올려 보았다. 박은 할 말이 없었다.

"내가 있지 않아, 걱정 마!" 이 말을 할 수가 없었다.

박은 그런 말을 할 자격이 없었다.

"지나! 내말을 명심해. 이 세상에 잊지 못할 것은 하나도 없다. 라는 말을 꼭 기억해 문제는 시간이야 세월이 당신의 상처를 치료할 꺼 야. 그리고 잃어버린 자식은 평생 잊지 못하나 죽은 자식은 쉽게 잊어버린다 했어. 분명히 말하지만 죽은 당신의 남편 영혼이 당신에게 상심한 마음을 갖지 않도록 치유 할 것이야."

박은 "나는 25세에 가장 존경하고 사랑하는 아버지를 잃었어요. 그때 마을 처녀와 열애 중인데 어머니는 결사반대 아버지는 찬성했어요. 그 처녀가 첫사랑인데 3년을 죽자 사자 사귀다 헤어졌어요. 첫사랑 가슴앓이 치료하는데 30년이 걸렸지요."

그리고 박은 한숨을 길게 토했다. 잠시 무엇인가 생각에 잠기다 말을 이었다.

"아버지는 나에게 늘 네가 장가가는 것을 보는 것이 소원이라는 말씀을 했어요. 그 말이 유언이 되고 말았어요. 우리 아버지는 시골 농사꾼으로 치아가 하나도 없는 주름 많은 합죽이에요. 젊어 상처한 후 재혼하여 위로 누님 한분 낳고 아래로 아들 5형제 중 나는 둘째입니다. 그때 아버지가 67세 한 많은 가슴을 안고 세상을 떠났습니다. 어린 늦둥이 동생들 홀로 남은 어머니를 남기고 간 아버지의 한을 이제야 알 것 같아요. 당시에는 죽고 싶을 정도로 괴로 왔습니다."

박은 괴롭지만 마음을 알아주는 지나에게 가슴을 열었다.

"비록 합죽이 아버지이지만 등에 지게를 지고 아는 것이 힘이라고 배워야 한다고 공부를 시킨 아버지를 존경(尊敬)합니다. 아버지가 만일 6.25같은 난리에 행방불명이 되었다면 지금까지 나의 가슴에 한이 매쳤을 겁니다. 불효한 마음일지 모르나 삼년상을 지나니 쉽게 잊을 수가 있었습니다. 내 말은 한(恨)이 사라진다는 뜻입니다. 그래서 세상에 잃어버린 가족 이외에 잊지 못 할 것은 하나도 없습니다."

박은 정성을 다해 사랑을 다해 진심으로 낮고 조용한 어조로 차근차근히 말을 했다. 지나는 눈물을 거두며 "작가님 존경해요!" 하며 박의 품속을 파고들었다.

"작가님! 목사님 같아요. 어쩜 말을 그렇게 잘 해요. 힘이 솟아요."

그녀는 박의 팔을 끌어 걷자고 했다. 콧노래를 불렀다. 어린아이 같았다. 청순 그대로다. 시계를 보니 8시 반이다. 한 시간 산책했다. 방향을 바꾸어 호텔로 걸었다. 그녀는 박의 손을 놓을 줄 몰랐다.

박은 지나에게 제안 했다.

"오늘 마지막인데 신나는 음악에 따라 노래도 하고 춤도 출까?"

"여기 어디 그런 곳이 있나요."

"암! 내가 만들어 보지."

박은 장담했다.

"작가님! 대단하네요." 지나는 설마 하는 눈치다.

그녀는 "우리 빨리 가요." 재촉했다.

둘이는 간편한 복장으로 갈아입고 6층 카바레로 올라갔다. 많은 한국 관광객들이 술을 마시고 노래를 부르고 있다. 우리 여행단 일행 중 젊은 부부 한 두 쌍이 보였다. 둘이는 무대가 잘 보이는 좌석을 잡아 앉았다. 박은 지나에게 물었다.

"술은 맥주 양주 무엇으로 할까?"

지나는 맥주를 주문했다. 기본에 과일 야채 안주를 가져 왔다. 지나는 시원한 맥주를 따랐다. 박도 지나 술잔에 맥주를 따랐다. 둘이는 건배를 했다.

"지나간 사랑의 추억과 미래의 행복을 위하여!" 외치고 러브 샷으로 건배를 했다. 한 번에 컵을 비웠다. 배꼽 밑까지 시원했다. 그리고 약속이나 한 듯이 그라스를 서로 바꾸어 놓았다. 그리고 지나는 잽싸게 박의 컵에 술을 부었다. 박도 지나 잔에 맥주를 부었다.

지나는 오이 안주를 박의 입에 물리고 잠깐하며 반대편을 물었다. 그리고 입술이 닿을 때까지 서로 상대의 귀를 잡고 오이를 먹었다. 조명과 흔들리는 불빛으로 다른 사람들은 관심이 없었다. 모두들 자기네 사랑에 빠졌다. 둘이는 서로 술잔을 부딪치며 마셨다. 연거푸 세잔을 마셨다. 취기가 돌았다. 이 때 디스코 음악이 흘렀다. 지나가 박을 끌었다. 객석의 젊은 쌍이 절반은 나왔다. 나름대로 신나게 몸을 흔들었다.

10여분 춤을 추었다. 온몸이 땀으로 젖는다. 사랑도 젖고, 추억도 젖고, 행복이 춤을 추었다. 검은 상처의 브루스가 악단의 연주로 감미롭게 시작한다. 무명의 한국인 여가수가 노래를 불렀다.

남녀가 춤을 추었다. 지나는 춤 실력이 대단했다. 박이 춤을 잘 못추는 것을 지나는 안다. 그러나 리듬을 탈수 있기에 지나는 박에게 몸을 맡겼다. 둘이는 끌어안고 서로의 볼을 비비며 앞뒤 좌우로 움직였다. 가끔은 서로 입술을 교환했다. 흥분된 그녀의 몸에서 품는 열기가 박의 귀를 달구었다. 허리를 돌아 박도 모르게 손이 엉덩이로 흘렀다. 브루스가 끝나고 트롯 음악이 시작 되었다. 둘이는 자리로 왔다. 반 컵의 맥주로 땀에 젖은 갈증을 풀었다. 그녀는 박에게 기대앉았다. 그리고 사랑에 젖은 눈으로 박을 올려 보았다. 박은 가볍게 키스를 했다.

초청 가수의 노래가 끝나자 신청곡을 받았다. 박은 미리 지나가 모르게 잘 부르는 장윤정의 유리 구두와 재청을 대비해 노사연의 우리 만남을 적어 2만 엔과 사회자에게 주었다. 노래 할 분은 서울에서 오신 민지나로 적었다. 넉넉한 팁에 사회가 1번으로 지나를 신나게 소개 했다. 지나는 깜짝 놀랐다. 팡파르가 울리고 박수가 터졌다. 박은 지나를 무대로 밀어 올렸다. 자기가 아는 유리 구두 전주가 나왔다. 그녀는 자신을 가지고 미모에 맞는 율동으로 열창을 했다. 2절을 부를 때는 관객이 박수를 치며 따라 불렀다.

노래가 끝나자마자 앙코르 재청이 나왔다. 노사연의 만남 반주가 시작 되었다. 자신이 있는 듯 지나는 한발 나와 객석을 향해 인사를 했다. 그리고 쌍쌍이 앞으로 나와 노래에 맞추어 춤을 추었다. 기성가수 노사연 못지않게 색 다르게 불렀다. 노래가 끝나고 인사를 하자 일제히 박수가 터졌다.

내려오자마자 젊은이 테이블에서 합석해 한 잔 할 것을 강력히 제안했다. 지나는 박을 바라보았다. 박은 손으로 동그라미를 그려 허락했다. 한 10여분 대화하며 몇 잔 마셨다. 시계를 보니 11시 반이다.

박은 지나와 함께 숙소로 내려 왔다. 박은 또 하나의 사건을 만들었다. 지나는 매우 만족하고 흡족한 여행으로 평생 잊지 못할 것이라 했다.

"작가님! 아니 여보 고마워요."

박은 여보란 말에서 애정을 느꼈다. 넓은 탕에 온천수가 나왔다. 욕조에 물을 채웠다. 그리고 탕 옆에 때를 미는 간이침대가 놓여 있다. 박은 그녀에게 더운 물에 몸을 푹 담그라 했다. 박은 전신 마사지로 피로를 풀어 줄 생각을 했다. 지나는 10여분 몸을 담갔다. 박은 팬티만 입고 때 미리처럼 침대에 누우라 했다.

그녀는 "어떻게 해! 안 돼!" 하며 거절했다.

박은 단 둘이 있을 때는 지나에게 당신 호칭을 요구했다.

"당신이 먼저 안마하세요."

"알았어."

"지나는 몸을 데웠으니 먼저하고 나는 나중에 할께."

그래서 겨우 허락했다.

"그럼 당신도 팬티 벗으세요."

"나도 좀 보게요."

그래서 둘이는 전신 나체로 밝은 불빛 아래에서 서로 눈요기를 했다. 천장을 보고 똑 바르게 누우라 했다. 그리고 수건으로 눈을 가렸다. 지나는 부끄러운지 손으로 그곳을 가렸다.

박은 "어허! 볼일 다 본 몸인데 손이 왜 그곳에 가나."하며 손을 양옆으로 놓았다. 그리고 잠을 자라 했다.

"잠이 안와요." 하며 박의 고추를 툭툭 치며 장난했다.

박은 "어허! 무엄하도다."

지나는 깔깔대고 웃었다. 박은 더운 물을 퍼서 때 미리가 하듯 얼굴에서 발끝까지 물을 흘렸다. 그리고 머리부터 손가락으로 부드럽게 마사지를 했다. 5분도 못되어 골아 떨어 졌다.

고양이 앞에 생선이 도마에 올랐다. 박은 입에 군침이 돌았다. 성욕을 억제 하느라 찬물을 마셨다. 박은 10여 년 전 경혈을 찾아 마사지 하는 경락 마사지 법을 이수 했다. 지나의 얼굴 수건을 벗겼다.

경락(經絡)이란 침을 놓거나 뜸을 뜨는 자리인 경혈(經穴)과 경혈(經穴)을 연결하는 선을 말하는데 몸과 팔 다리를 세로 방향으로 달리는 선(線)으로, 좌우 12쌍이 있다.

몸이 식지 않도록 더운 물로 보온을 해주었다. 그리고 몸에 비누칠을 해 깨끗이 닦았다.

지나는 세상모르고 잠에 골아 떨어 졌다. 마른 수건으로 몸의 물기를 제거하고 드라이로 머리를 말렸다. 박은 두 손으로 지나를 안아 침대에 누였다. 그리고 등 부분을 가볍게 마사지로 마무리 했다. 여자는 잘못 마사지 하면 멍이 들기 때문에 조심해야 한다. 시계를 보니 새벽 1시다. 박도 간단히 세면하고 잠을 청했다. 박은 가끔 아내에게도 경락 마사지로 피로를 풀어 준다.

아침에 눈을 떠 보니 2월 12일 날이 밝았다. 깜짝 놀라 시계를 보니 8시다.

지나도 두 팔을 올리며 눈을 떴다.

"어제 밤 나 어떻게 되었어요."

"목욕탕에 있었던 것은 기억하는데."

"내가 어떻게 침대로 왔지."

"이사 짐 센터 박 씨에게 부탁해 옮겼지."

"에이! 거짓말."

"이 알몸을."

"그럼."

박은 지나를 안아 목욕탕으로 옮겼다.

"빨리 샤워하고 밥 먹으러 가지."

오늘은 10시 30분 출발로 식사 후 시간이 많았다. 8시 30분에 식당으로 갔다. 벌써 먹고들 나온다. 아침을 가볍게 했다.

박은 지나에게

"어제 술 먹은 것 괜찮아."

"늦게 자서 피곤하지 않아."

"아니요, 몸도 가볍고 기분이 좋아요."

"누구 덕인지 알아."

"작가님 저를 어떻게 했어요."

"짓 주물렀지."

"죽어 자더구먼."

"세상에 업어 가도 모르니."

"당신은 내꺼야."

지나는 "어이구!" 앙큼한 사람하며 박의 다리를 가볍게 꼬집는다. 식당에서 올라와 몸단장과 짐을 정리하고 나니 9시 30분이다. 출발 1시간 전이다. 어제 밤에 거닐던 호텔 공원을 산책했다. 멀리 높은 산과 목장들이 보였다. 아쉬운 시간이 흘렀다. 30분 간 산책하고 호텔로 돌아 왔다. 그리고 짐을 챙겨 내려 갈 준비를 했다.

둘이는 서로 부서져라 포옹을 했다. 한동안 말없이 끌어안고 서있었다. 지나는 소리 없이 눈물을 흘렸다. 박은 더 이상 말을 하지 않았다. 그리고 등을 어루만졌다. 박도 마음이 괴로 왔다.

이제 떠날 시간이다. 진정시켜 차에 올랐다. 후쿠오카 공항까지 2시간 이동해야 했다.

도착하여 점심 식사도 하고 쇼핑도 해야 한다. 시내 면세점에 가보니 살만한 것이 없었다.

박은 쓰고 남은 돈 250만원을 지나에게 주었다. 지나는 극구 사양했다. 결국은 박이 보관하고 혹 둘이 만나는 날에 쓰기로 했다. 박이 개인적으로 선물을 사주고 싶으니 말하라 했다. 그녀는 사양했다. 박은 외제 화장품 코너에 가서 세트로 진열된 가격을 보니 50만 원대가 있어 여기서 고르라 했다. 꼭 사주시려면 자기에게 맞는 화장품 30만 원짜리를 사 달라고 했다.

지나는 "나도 작가님 하나 선물 할래요."

40만원대 디지털 카메라를 박에게 선물했다.

"혹 앞으로 둘이 여행 갈 기회가 있으면 이 카메라로 촬영해요."

박은 고맙다고 받았다. 후쿠오카 공항에서 14:35 이륙하여 15:30에 인천 국제공항에 도착했다. 오후 4시 공항버스를 타고 안양에 5시 30분에 도착했다. 범계역에서 함께 저녁 식사를 했다. 시계를 보니 7시다. 집에 혼자 가기를 꺼려했다. 택시를 타고 집에 바래다주었다. 집은 친척을 통해 매매토록 했고 미국으로 가기 전에 이사 짐 센터에 의뢰 꼭 필요한 것만 택배를 의뢰해 놓았다.

박은 "내가 도울 일이 없느냐." 물었다.

머리를 가로 저었다. 미국에 가서 자리를 잡으면 연락하기로 약속하고 헤어졌다.

지나의 꿈같은 여행도 끝나고 미국으로 떠나버린 빈자리가 박 작가에게 크게 다가섰다. 갑자기 다가왔던 짧은 인연의 사랑이었지만 그 순간만큼은 최선을 다한 사랑이었다. 남들이 자신에게 돌을 던진다 해도 또 그런 일이 생기면 다시 사랑할 것이다. 비록 아내에게는 큰 죄를 지었지만 한 여자의 사랑을 받고 사랑할 수 있다는 것에서 박 작가는 남자로서 다시 살아난 것을 느꼈다.

세상의 잣대로 자신을 재면 한없이 무너지겠지만 가슴에 뜨거운 피가 흐르고 나이가 아닌 인간의 본성에서 느끼는 그 감정은 그 누구도 함부로 말 할 수가 없다.

다들 자신의 일이 아닐 때는 함부로 말하지만 막상 자신의 일로 닥치면 어느 누구도 박 부장의 사랑을 욕 할 수 없다는 걸 가슴에 담으며 지나가 떠나가 버린 빈 하늘을 보며 겨울이가고 따뜻한 봄이 오고 있음을 온 몸으로 느끼며 얼굴에 미소가 번지고 있었다.

달(月)을 이고 떠난 女人

우연한 인연으로 만난 여인
사모의 情 가슴에 남긴 여인
차가운 달을 이고 떠난 여인

굳이 생각하려 하지 않아도
억새 순에 걸린 달을 보면
여인의 얼굴이 그려집니다.

그 여인을 다시 만날 일도
다시 사랑 할 나이도 아닌데
그 사랑에 가슴이 설레고.

어느 누구에게도 말 못할
사랑하나 가슴에 묻어두고
달뜨는 밤에만 훔쳐봅니다.

김용복

아호 : 무봉(霧峰)
시인, 소설가, 국보문학 작가회장, 한국문학신문 편집위원
(사)대한민국국보문학협회 상임부회장
중등교장정년, 녹조근정훈장포장, 서각초대작가
수원시테니스연합회 자문위원
한국문학신문 소설부문 대상수상

· 칼 외 – 손광식

· 농부의 미소 외 – 정정채

· 누구나 한 번쯤은 외 – 임정봉

· 이제는 외 – 정탄

· 무지개 초원 외 – 최인순

칼

손광식

칼을 갈자
시퍼렇게
날이 서도록
칼을 갈자

쓸모없는
살과 뼈를
가르고 발라내어

온유한 심성과
단정한 육신으로
부활할 수 있도록

칼을 갈자
칼을 만들자

그리운 아침

막 눈을 떴는데요
졸린 눈을 다 뜨기도 전에
당신이 보고싶지 뭐예요
눈을 뜨면
당신 모습이 사라질까 봐
그냥 눈을 감아버렸죠
당신이 보고 싶어서
안달이 났나봐요
하루가 꽤나
길 것 같은 아침이에요

내 사랑

당신의 착한 눈에
내 사랑을 담아 두세요

어둡고 쓸쓸한 길을 걸을 때
내 사랑으로 등불을 삼아 주세요

당신의 뜨거운 심장 속에
내 사랑을 심어 주세요

당신이 힘들고 아파할 때
내 사랑이 약손이 되어
당신을 어루만져 줄게요

오늘은 부디

오늘은 부디
言路를 封하시어
침묵할 수 있게 하시고
눈꼬리, 입꼬리
상향 아닌 일자 되게 하시어
고뇌의 표시 되게 하소서

날카로운 눈빛과
냉정한 사고로
부족한 내 자신
돌아보게 하옵시며
부디
혼자이게 하소서

오늘은
부디

모두 제 잘못입니다

무슨 원망이 있겠습니까
절름 거리는 것도
아파서 비명을 지르는 것도
다 제 탓인걸요
연민이라면
부디 거두어 주세요
애증이라도 남아 있다면
이젠 용서해주시고
안녕히 돌아가시기 바랍니다

지독한 서글픔

사나운 이빨을 갖고 살던
오래전 옛날이나
모래위에 꽂아 논 깃발처럼
부실한 이빨을 갖고 사는 오늘이나
이놈에 잡소리는 쉬지를 않아

입안 가득 깨진 유리컵을
우물거리며 사는 것처럼
와글와글 시끄러워 죽겠어

이빨이 아니라 혓바닥이 문제 였던 거야
뱀처럼 꿈틀거리는
요물같은 혓바닥이 문제였었어
바보같이 그것도 몰랐으면서
죄 없는 이빨 탓만 하였어

지독한 서글픔에 입술만 깨물어
자꾸만 고여 오는
지천명의 뜨거운 눈물이야

내 사랑, 당신

오늘은 어떠셨나요
잘 살아 내셨는지요?

아침부터 하늘은
심술 난 아이처럼
잔뜩 화가 나 있었잖아요

톡 하고 건드리면
금방이라도 눈물이
뚝뚝 떨어질 것 같은 하늘이었어요

아침 문을 나서며
내 사랑, 당신을 근심 했어요

오늘은 제발 하늘은 보지 말고
땅만 보고 걸었으면 좋겠다,
생각을 했어요

흐린 하늘 바라 보다
당신 마음까지 흐려질까 봐
그런 근심을 했던걸요

내 사랑 당신
오늘도 잘 살아냈는지요?

사랑

물기로
젖어가는 유리창에
당신을 그렸어요
사랑이라고 쓰고
예쁜 하트를 그렸더니
어느새 내마음 안에
맑은 햇살이
가득해 지던걸요

문자로 쓰는 편지 1

서점에 가면 이승의 짐을 벗은 천사들을 만납니다
법정스님, 김대중선생, 바보 노무현님, 박완서님,
박경리님, 김수환추기경님 ,이태석신부님
그리고 또 수 많은 영혼들의 평화로운 눈빛들을 만납니다

예전엔 가버린 사람들의 영정앞에 서면
무조건 애닯고 서럽기만 했습니다
정작 그들은 더 이상의 고통과 슬픔도 느끼지 못할진데
나는 젖은 눈으로만 바라 보았습니다
시린 가슴으로만 그들과 마주하며
정제되지 못한 혼잣말로 상처를 받곤 했습니다

나는 오늘 서점에 왔습니다
오늘도 등짐 벗은 평화로운 눈빛들과 조우합니다
더 이상 시린 가슴이 아닌,
들꽃을 스치우는 바람처럼 그윽한 눈빛을 닮아 갑니다
나는 오늘 살만한 세상의 둘레길에 서있는
행복한 나그네가 되었습니다

문자로 쓰는 편지 2

잘가고 계신거죠?
떠나는 모습 배웅이라도 하려고
일곱시도 안돼서 일어났는데
오늘도 소리도 없이 떠나셨더군요
바로 문자를 드리고 싶었는데
굽이 진 길을 벗어 날 즈음에서야
작별에 충실하지 못한
아쉬운 내마음을 보냅니다

머무시는 동안 내내 즐거웠습니다
그리고 마음 써주셔서 정말 고마웠습니다
내가 그대들 사랑의 증인이 되어 준다 하였듯이
그대들도 내생명의 후원자가 되어 주십시요
오래오래 살아남아 그대들의 좋은벗이 되고 싶습니다
나의 벗이 되어 주셔서 정말 고맙습니다

부디 안전하고 편안한 귀가길 되시기 바라며
미소만발한 모습으로 재회할 날을 기약합니다

(경환&정복님에게 띄웁니다)

문자로 쓰는 편지 3

통증없이 살고 싶어요
여기저기 삭신이 쑤시고
가슴은 가슴데로
저며드는 아픔에 힘이 들어요
발을 동동 구르고
휘적휘적 손을 흔들며
통증을 인내하는 뜨거운 몸짓
신발끈 고쳐매며
아침문을 나서요
살다보면 괜찮겠지
좋아지겠지
그렇게 하루가 지나고
나이테엔 주름살만 늘어 가요

문자로 쓰는 편지 4

산을 오르다 보면
나무를 타고 오르는 넝쿨을 만나요
나무와 넝쿨은 공생일까요, 기생일까요?
어떤 사람은 공생이라고 하고
어떤 사람은 기생이라고도 하네요

정작 나무와 넝쿨은
그게 무슨 상관이냐는 듯
아무렇지 않아 보이는데 말이죠

당신과 나의 사이는 무엇일까요
공생일까요, 기생일까요?
공생이란 말은 너무 건조해보이고
기생이란 말은 비감한 생각이 들어요

아,
적당한 말이 생각났어요
상생 쯤으로 하면 어떨까요?
나무와 넝쿨처럼 잘 어우러진

그런 상생이였으면 좋겠어요
상상만 해도 그림이 되지 않나요?

욕심인가요?

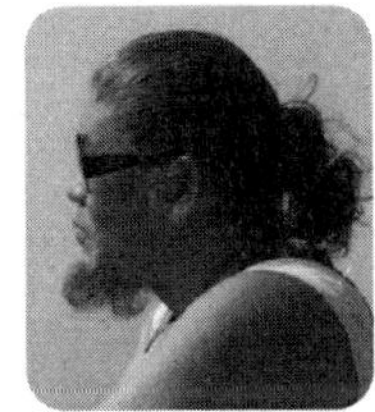

손광식

한울문학 詩부분 신인문학상 수상
시와글사랑 詩부분 신인문학상 수상
한울문학문인협회, 문학예술교류진흥회 회원
시와글사랑문협 회원
월간 국보문학 회원
詩集 내 허락없이 아프지마,강물위에 띄운 편지,
숲으로 가는 길,내 마음의 숲, 공저 다수

농부의 미소

정정채

뙤약볕 불덩이 키워온 한여름
뜨거운 열기 속에 미소 띤
농부의 온화한 얼굴
함께 익어간다

온 천지 달구는 한낮의 열기
시원한 나무그늘 산들바람 되어
마른 계곡에 폭포수 흘러내리니
조용하던 나뭇가지 솟아오른다.

산천이 왁자지껄 물줄기 흐르니
땀방울 식혀주는 상큼한 바람들
나뭇잎에게 푸르른 향기 심어주고
방실거리는 들판이 우리를 부른다

우리 마을

곱게 수놓은 화려한 산과 들
가을 축제장으로 나온 모두가
들뜬 가슴 가눌 길 없고
태양 빛도 덩달아 소곤대고 있다

붉게 익은 화려한 무대 위에
망부석이 되어버린 달빛도
원초의 모습으로 돌아가
실제와 마주하는 순간
찬란한 꿈같은 현실이
눈앞에 아른거린다.

이보다 더 아름다운
무대가 또 어디 있을까
당신의 애련한 모습
궁극의 모습으로 만나리라

어린 시절

냇가에서 물장구치던 세월
아쉬운 마음 간절한데
어느새 솔바람이 불어온다.

귀뚜라미 소리 홀로 들으며
산천에 등잔불 밝혀놓고
망상의 꿈을 꾼다.

나에게 내일이 없다 하더라도
자연의 법측에 따라 묵묵히 기다릴 뿐
하염없이 석양에 노을을 보며
아름다운 꿈들을 조용히 새겨본다.

그래도 고향의 솔바람 오솔길이
그리워지는 것은 내가 자라온
때 묻지 않은 아름다운 곳이기에.

정정채

시인 · 수필가
국보문학 자문위원
한국문인협회 회원, 세계모던포엠 문인회 회원
백두산문인회 회원, 제4회 모던포엠 시부분 은상 수상
한국문학신문 문학상(시부문) 대상 수상
시집 : 『아름다운 극본』
공저 : 『침묵의 꽃』 『이슬속에 숨은 꽃』 외 다수

누구나 한 번쯤은

임정봉

유년시절에
내가 동무와 뛰어놀던 교정에는
만국기가 펄럭이고
세상에서 가장 커다란 넓은 운동장이었다.

지금 내 앞에는
조각구름 술래가 내려앉았다
낙엽이 구르는 운동장은
어느새 손바닥처럼 작아 보였으며
세월을 안고 누군가를 간절하게 기다리는 모습이었다.

유년시절에
내가 동무와 뛰어놀던 시냇물에는
고기들이 출렁대고
세상에서 가장 커다란 넓은 강물이었다.

지금 내 앞에는
가시햇살 술래가 내려앉았다
조약돌 구르는 시냇물은

어느새 발목보다 낮게 보였으며
세월을 안고 누군가를 간절하게 기다리는 모습이었다.

내 마음은 서산에 붉게 걸리고
그 시절로 다시금 돌아갈 수 있을까?
그림자는 동심으로 데려가 달라고 구름택시를 부를 때
누구나 한 번쯤은……

학교 가는 길가에 나와
댕기머리에 코스모스 꽃을 꽂아주려
고추잠자리 꼬랑지 잡고 꿈에 세상을 날아본 사람이라면
먼 훗날에 오래도록 아련한 추억 속에서
눈물로 시를 읊어 퍼낼 것이다.

장맛비 속에서

저벅저벅
새벽을 열고 걸어오는
생명의 발걸음 소리에 그리움이 있어
온종일 장맛비가 내리는 날이면
창가를 기대고
누군가 기다려지는 추억을 더듬어 본다.

울적할 때
일기장을 꺼내어 들춰 보는
순간 낙엽처럼 펄렁 떨어지는 사진 한 장에
여인의 머리칼에 눈물은 송알송알 매달려 있어
여운의 숨결에 방울방울 커지다
향기로 피어난다.

순간 들이치는 빗물에
감미로운 감촉은 그녀의 목선처럼 아름답고
숨결의 멜로디 찻잔에 감추어 버린
중년의 끝자락에
마음은 꽃 구름이 떠있는 하늘이고
눈가에 무지개가 걸렸다.

이렇게 온종일 비가 내리는 뒤편에
혼자라는 것은 고독이다
사진 속에서 흘러간 추억을 더듬어 짚어 봐도
끝물 풋사랑은 오선지에 떨고 있는
뜨거운 사랑인 것을

지금 내 눈물엔
간밤 추억에 젖어 울고 있는 멍든 가슴이란다
창살을 딛고 올라오는 새순이 가슴에
초록 생명을 달아주어
미래는 희망이 송이송이 열려주기를……

보호수 정자나무

내 마음의 고향에는
언제나 새들이 날아와 노래 불렀다
잠을 깨워도 응석을 받아주는 커다란 나무가 있다
고단한 사람들이 쉬고 있을 때
파릇한 이파리로 살랑살랑 바람을 일으켰고
시원한 그늘을 만들어 주었지.

마을 한가운데
넓은 공터를 자리 잡고
가는 실핏줄을 땅에 내리박고 둘레 석에 올라앉아
키보다 넓게 뻗어 내린 정든 실뿌리로
마을 고샅길을 누비며
궂은일 잔일을 마다치 않고
푸르게 웃자라 지켜주어 수호신이라 불렀지.

마을 안길을 걸어가면
누군가 땅속에서 펌프질하는 화음을 들을 수 있다
뿌리마다 수도꼭지를 자동으로 틀어 물을 흘려주는 너,

가뭄과 홍수를 조절하여
우물마다 식수를 가득히 채워주고
우람하고 푸르게 버티고 서 있는 정자나무……

한겨울에 옷을 벗어주고
눈을 머리에 수북하게 이고 풍년을 기리는 너는
내 떠난 어느 봄날부터
보호수라는 이름을 나라에서 지정받아
고향 마을을 지켜주고 있었지

일순간 날개 접은 곁가지가 파르르 떨었을 때
할아버지 갓 쓰고 지나갔지
할머니 어머니 호미 들고 지나갔지
아버지 소를 몰고 지나갔지
미운 일곱 살 굴렁쇠 굴리고 지나갔지
부모님 영정을 안고 한없이 울다 고샅길을 나섰다.

비는 생각하는 날개

비를 맞아본 사람은 안다
허전하고 쓸쓸하고 외롭고 괴로움이 살고 있다고
고독은 빗소리처럼 밀려온다.
비를 맞고 있느냐고 묻는 이가 있다면
같이 비를 맞고 빗속을 걸어보지 않겠느냐고
바람은 귓불에 걸려 있다.

빗속에는 허전하고 쓸쓸함이 향기 되어
바람에 섞여 내린다는 것을
이런 것을 알고자 하는 이는 별로 없다
비에 거울을 달아준 바람 따라서
생각이 다르다는 것을
그리고 그 빗물에 녹아든 것들의 애환을
굳이 말하고 싶지는 않다

고향이 다른 비의 향기는
인간의 내면 깊숙하게 자리 잡고 머물러 있다
세상 밖으로 옷을 훌렁 벗어버리듯
다른 생각이 거울에 들어앉아

비는 더러움까지 지워 생환시켜 줄 것이다
머나먼 마음의 고향처럼

비는 생각하는 날개
괴로움과 두려움이 어둠 속을 방황하듯
이런 것들의 빈껍데기는
비의 깃털처럼 작은 양심은 배 밖으로 나와
가슴을 찢고 쓸어 비워내지만
비행하는 거리처럼 비의 삶은 짧다
날개를 추스르고 강물에 마음을 풀어놓기 전에는

이런 것이 마음속으로
삶의 감정이 개입되어 녹아들어야 할 것이다
그때 비로소
마음을 부추겨 버티는 힘이 생기고
가슴에 온기가 느껴지는 평화로운 빗물로
생의 어둠을 지우고
다시금 비는 생명의 날개를 달았다.

빗살무늬 토기

긴 잠을
흙 속에서 천년세월 잠이 들었다
역사의 숨소리를 빗질하고 발굴되어
백토 흙
고요가 일어나고
화사한 달처럼 떠오른다.

침묵은
뜨거운 사랑 화염에서 살아나와
역사의 숨결을 안고 피어나는 빛살무늬
고고한
서민의 향기
혀끝에 실핏줄 일어선다.

도공은
천년세월 빛을 다시금 재현하려
물래야 쉼 없이 돌아 영혼을 불러내고
황금빛
역사의 숨소리여
토기 속에서 깨어나라……

중년의 회상

논두렁
젖은 짚단에 내려앉은 성에처럼
노긋이 날개 접고 지어가는 만추의 빈들
벼 이삭
풋잠이 들어
세월을 회상하리라

철새들 무거운 날개 접어놓은 회상일까
삭풍이 수면에 일어 한 생을 잠재울 때
웅크린
삶의 몸짓이여
해 걸음에 떨고 있다

발등에 차이는 금빛 노을빛은 애절하고
중년의 끝자락에 옹알거리는 푸념처럼
땅거미
산을 오른다,
긴 여정을 멈추리라

산에는
억새꽃이랑 들에는 갈대꽃이랑
홀씨들 시집 보내고 빈 가슴 초승달로
그리운
산천을 둘러
가슴에 놀 빛을 채우리라

임정봉

전북 완주 출생
주)유일엔지니어링종합건축사사무소
한맥문학 시 부문 신인상 수상
월간 국보문학 시조부문 신인상 수상
시인의 뜨락 방송 출연(서라벌문예원)
건설기술 화보(연재)
한국문학신문 문학상 시조부문 대상 수상 (2011)
(사)대한민국국보문학협회 문학연구소 연구위원

이제는

그냥 정탄

이제는 무엇이라 해야 한다.
내가 무엇이라 해야 하지
죽는 것보다 무서운
기억 상실로 간다.

세상을 향해
무어라 이야기하는 단어가
총알이 되어

나의 머리 위로
천천히 지나간다.
그래도 변한다.

다만
급하게 변할 뿐이다.
이제 무어라 말할까?

사랑은 무엇인가

사랑은 무엇인가
그냥 사랑이기에
이 밤도 울어야 할 것인가.

그래도
사랑이 그립다.
이 밤을 울어도

그리울 사랑이 있다면
죽어도 행복할 것이다.
사랑이 없는 시간은
숨 쉬는 소리마저 없다.

사랑이 시작하며
뛰기 시작한 심장은
힘들어 잠시 쉬잔다.

그래도 나의 심장을 뛰기 위해
없어진 사랑을 찾아
이 밤도 찾아 나서야 한다.

막걸리(21)

비오는 날
메케한 연기 나는 부뚜막에
정구지 지짐이랑

조금 화려하다면
돼지비계 몇 점이랑
바다로부터 멀리 온 조갯살 얹어
콩기름 부어 굽는다.

찌짐이 마지막 성숙을 위해
자글자글 비명을 높인다.
고소한 내음으로
집합나팔을 분다.

정탄

경기도 화성시 거주
월간 국보문학 시 부문 신인상 수상
친환경유기농업 강사
(사)대한민국국보문학협회 문학연구소 연구위원
친환경기술연구소 소장

무지개 초원

최인순

푸른하늘 드높이 구름 따라
바람 따라 벗하여
무지개 꿈을 안고
훨훨 널으리라

가을 바람결에 몸을 싣고
가다 보면 궂은 날 좋은 날
만나나 억센 바람은
멀리 멀리 밀어버리고

들소의 힘을 내어 독수리처럼
멀리 바라보고 밀고 나아가리
저 언덕너머
무지개 초원으로…

숲 속

일출봉에 햇살이 떠오르자
어두움을 멀리멀리 쫓아 버렸네
반사된 잎새들 은빛 가득 머금고
은나무 되었네

고요히 사뿐히 아무도 모르게
남풍이 넘나들자
울창한 푸른 숲 잔잔한 호수가
찰랑찰랑 춤을 추네
제비들도 봄나들이 나와

노래 부르고 물을 차고
치고 오르고 내리고
반복할 때 붙은 이름
물찬 제비라네
두둥실 흰 구름 타고
일출봉에 올라볼까 뛰어볼까…

그리움

그리운 님 자취 속히 지워져
눈물만 가득하네
깊숙한 내면에
고이고이 간직하건만
곧 사라지는 이슬이라네

그리운 님 빙그레 웃는 모습
되살려 찔레꽃 향기
만끽하면서 그리움 달래리
다정다감한 나에
영원한 그리움.....

최인순

전남 목포 출생
서울 거주
월간 국보문학 시 부문 신인상 수상
월간 국보문학 회원
'詩가 흐르는 서울' 사당역 시낭송회 홍보위원
(사)대한민국국보문학협회 정회원

· 신승우 | 『생기원 대박 났네(3-0906) 』

생기원 대박 났네(3-0906)

신승우

높고 맑은 가을 하늘이 사무실에만 처박혀 있지 말고 밖으로 뛰쳐 나가라고 유혹하는 어느 날 안산연구센터 현관에 들어서는 매우 세련된 여인! 왠지 잘 아는 사람처럼 느낌이 와서 2층 베란다에서 1층 현관 을 내려다보며 가까이 서있었다.

그런데. 헉~ 내 심장을 멈추게 하는 사람! 83년 봄 기획실에서 바쁜 일이 있어 신촌에 있는 타자학원에 들러 몇 명의 타자수를 임시 고용하기 위하여 방문했던 학원에서 경리로 취직해 차 심부름을 했던 소녀 아스라한 추억이 떠오른다.

고등학교를 갓 졸업한 아리따웠던 바로 그 소녀가 으~ 여기까지 날 찾아오다니 어찌 숨어야 되나! 이제 나도 끝났다.

과거 사생활이 들통 나게 되면 내 연구원생활도 가정생활도 파탄은 당연한 것 이였다. 그냥 오빠라고 따르던 고등학교를 갓 졸업하고 막 취직했던 소녀를 아껴주었고 조금은 만남이 식어 갈 즈음 대학을 다니는 게 소원이라는 그녀에게 동창생 중 서울대학을 다니면서 재수생 알바를 하던 공부 잘 하는 친구에게 일 년여 주말 과외를 시키며 대학에 합격을 시켰던~~당시 친구 녀석에게 용돈께나 뜯겼었다.

그녀를 따라 들어오는 사람들은 매스컴에서나 봄직한 세계적인 인재관리회사 경영진들이 아닌가? 으와~ 해외지사장 50여명이 함께 우리 원 을 방문했다.

각국의 신문, 방송 보도진들까지 이끌고 말이다. 아니 저게 날 망치려면 조용히 올 것이지 많은 사람들을 끌고 올게 뭐람? 숨을 데도 없고 에라 알아서 해라, 어! 언제 왔는지 천안에서 잘나가 행정부장과 인사만 인사실장이 현관에서 마중을 한다? 그때 머리에 스치는 것 아하! 그럴만하다 우리 연구원은 차별화된 인력운영을 하고 있으니 말이다 먼저 연구원이 채용되면 자기능력테스트라는 문진표를 받는 다 이 문진표를 작성하게 되면

첫 번째 : 기업의 수요파악과 현장경험을 쌓아주기 위한 3개월에서 2년까지 중기청과 협약을 맺어서 진행하고 있는 지원을 받고자 하는 기업이나 종료기업의 현장 실태 조사 겸 평가업무를 수행하는 것과

두 번째 : 국제화 능력을 배양하기 위하여 6개월에서 2년까지 세계적인 학술재단과 관련 전공의 학회 및 전시회를 다녀야하는 기간이 있고

세 번째 기업의 수요와 국제화 정보교류를 통하여서 5년여 정도 자기 연구생활에 전념을 하는 기간이 있는데, 세 가지 과정을 한번 씩 거칠 때마다 스스로 몸값이 오르는 듯 한 실력과 자기변신에 놀라곤 한다. 이 모든 단계는 자기 목표달성에 따라서 기간 조절을 할 수 있는 것 이였다.

여러 기업에서 문진표와 실무를 파악해 보기 위해서 우리원에 자기

회사 직원을 위장 취업시켜 보곤 하지만 제대로 된 노하우는 찾아내지 못하고 있다. 우리 연구원만의 독특한 문화가 아닐까?

이것을 취재하고 알아보러 온 것 이였다. 자라보고 놀란 가슴 솥뚜껑보고 놀란다고, 몰래 가슴을 쓸어 내리는데 인사만 인사실장 으로부터 핸드폰으로 전화가 왔다 나 잘난 글로벌 휴먼네트웍 임원이 날 안다고 찾는다는 것이다 그렇다면 그녀는 이곳에 내가 근무한다는 것을 알고 있었다는 말인가? 너무도 오랜만에 만나는 설렘과 찔림과 아무튼 간 에 가슴을 달래며 한참 왁자지껄한 국제회의실로 들어서니

그녀가 모든 청중들을 향해 내 소개를 한 다. 자기를 고등학교 졸업하고 취업하고 있을 때 대학을 가게 해준 은인이라고 말이다. 놀란 가슴에 갑자기 많은 사람들로 하여금 은인으로 박수와 함께 소개를 받으니 머리가 뒤죽박죽이다. 그녀가 나에게 다가와 조용히 귓속말로 오빠 이제 각오해! 으 살~ 떨린다 청중의 박수까지 받았겠다 아무튼 간에 정신을 못 차리고 있는데 인사만 인사실장이 마이크를 내손에 쥐어주면서

네 번째 우리원만이 가지고 있는 인사시스템을 소개하라는 것이다. 머리는 뒤죽박죽. 그녀의 얼굴은 커졌다가 작아졌다가 눈앞에서 아른거리고, 떨리는 목소리로 더듬대며 겨우 설명을 했다. 우리원에는 연구책임자들이 과제를 수행하고 결론단계에 이르러 연구심의위원회에 보완 요청을 하면 은퇴한 연구원 선배들이 작게는 3개월에서

6개월 정 도 함께 참여하여 제대로 연구결과가 잘 만들어졌는지 점검해주는 프로그램이 있다는 것과 해당 인건비와 경비는 원에서 지원한다고 설명하였다.

설명을 들은 청중들은 모두 원장을 향하여 기립박수를 한다. 역시 세계 제일의 연구기관답게 인력관리 시스템 또한 훌륭하다고 말이다. 난 박수소리가 단두대에 올라가는 사형수에게 구경꾼이 야유 할 때 내는 소리 마냥 온몸이 오싹 오싹 거려왔다.

몰려왔던 모든 사람들이 밀물처럼 몰려왔다 썰물처럼 빠져나가고 나니 그녀생각에 왼지 가슴이 휑하니 구멍이 뻥~ 뚫린것 마냥 저려왔다. 아스라한 그녀와의 추억들이 필름처럼 눈앞을 스쳐가고 있었다. 아니 그녀가 내 앞에 나타남으로서 발생 될 수 있는 여러 가지 파장들이 머릿속에 뒤죽박죽 이다 무슨 사연들이 날 추억 속에서 어지럽게 할 까? 그때 날 툭 치면서 누가 뭐라 한다. 재정운영팀에 정주니 실장이다 아니 저기 연구원에 인턴으로 취업한 학생들 중에 아는 사람이라 도 있어? 누굴 그리 골똘히 찾는 거야? 누구 예쁜 여학생 한명 소개해줘? 그때 창문 너머로 해님이 눈을 찔끔 감으며 윙크를 한 다 놀랬지!

신승우

기술거래사
기업기술가치 평가사
한국해양레저보트협회 자문위원
한국기술거래사회 부회장
서울시인대학 재학 中
월간 국보문학 회원
(사)대한민국국보문학협회 정회원

· 꽃 비 외 – 이복연

· 백두산에서 외 – 이지수

· 내 마음의 숲 외 – 박영진

· 촛불 외 – 임종은

· 어항 속에도 자유가 있다 외 – 이길옥

· 도시의 밤 외 – 최삼순

· 아름다운 추억 여행 외 – 최희옥

· 너른지 판곡리(板谷里) 외 – 서병진

· 그리움 외 – 이영옥

· 가을로 가는 길 외 – 양태영

꽃 비

이복연

화사한 미소
탄생의 기쁨
바람에 춤추는 꽃 비
눈 되어 휘날리며

마음 간지럽게
애무하더니
짧은 한날의 꿈 접어
황망히 떠나야 하는
사연이라도 있었는가

나뭇가지 위에 앉아
펴 올리던 사랑
십 일간의 전설로 남아
은빛 여울 되어 흐르는구나

향기를 소나기로 뿌리며
비단길 만들어 내려앉는 나비
눈 가늘게 뜨는 얼굴 위에
너를 맞는다.

노을

하루의 끝머리
서쪽 하늘에 그려놓은 수채화
모공까지 물들인 붉은 빛깔
소름 돋는 전율로 내린다

생명력을 지닌 모든 물상
폐부까지 스미더니
서둘러 구름 위에
불덩이 얹어두고

석양의 투명한 빛
산자락과 능선을 감싸 안아
산허리 따라 벌어지는
우주의 유장한 율동
새털구름 흩날리며
얼굴 가리는 뒷모습으로 사라진다

산등성이 위 초사흘 초승달
검게 굳은 산의 윤곽 위로
고요와 평화로 물들여 흐르니
어린애 눈망울 닮은 초저녁별
하나 둘 돋아난다.

동 심

단발머리 소녀
머리칼 나풀거리며
꿈 키우던 언저리
앞뒤 둘러봐도
하늘만 빼꼼히 얼굴 내민 마을

산은 끼리 잡아주어
진달래 꽃길로 수놓아
병풍으로 에워싸고

아카시아 애잔한 향기
코끝 간질일 때면
아지랑이 서둘러 동산으로 달리고
방죽에 걸터앉아
봄 노래 부르던 아련함

냇물 건너 논밭
감자 꽃 손사래로 유혹하니
나비 떼 넘나들며 춤사위 한 판
고추잠자리 좋아라
맴도는 황금 들녘

코스모스 하늘거리는
논 틀로 걷다 보면
호도, 감, 대추
주렁주렁 익어가던
무지갯빛 고향 산천

흘러가는 세월 등에 메고
추억 속에 묻어둔 속삭임
그리움으로 꺼내어
입맞춤한다.

이복연

충남 천안 출생, 서울 거주
월간 국보문학 시부문 신인상 수상
서울시인대학 졸업, 상명대학 이혈학과 수료
한국방송통신대학 교육학과 졸업, 보육교사 1급
서울시인대학 홍보이사
(사)대한민국국보문학협회 총무국장

백두산에서

이지수

천지에는
순이와 철수가 살고
분단의 아픔과 숨결이 옹기종기 모여 산다
아직 끝나지 않은 숙제 풀기 위해
지혜를 모으고 논의하고 있나 보다

몰려오는 구름 속에는
북간도 달리던 우렁찬 말발굽 소리
천지를 진동하던 광복군 함성소리 모여
아픈 역사의 무대 연다

우리 땅 반쯤 넘겨주고
눈치만보는 나약함 책망하며
민족의 영산 우리가 있다 꿈과 희망을 준다

천지 오르내리는 후손들 가슴 휘돌아
토해내는 장백폭포의 눈물
순백의 꽃으로 피어나는 포말의 추임새
통일 염원하는 영혼의 노래 소리이리라.

바다의 비밀

갯바위에 쓰러지는
눈물 어린 포말 보며 울부짖는 갈매기
널브러진 물보라를
어떻게 위로해야 할지 몰라 동동거림을 봅니다

비틀거리며 일어서다 주저앉는
파도의 흐느낌에
바위섬 가슴 더 까맣게 타들어 가다 못해 금이 가고

밀려오는 그리움 온 바다를 채우고 모자라
창공 향해 몸부림칠 때
여왕파도 한 마리 하늘 향해 날아가자
벌떼처럼 따라가는 물보라
하늘에 별 되고 은하수 되었다는 걸
나만 몰랐을까 갈매기도 아는 사실을

별이 빛나는 밤
나도 한 떨기 포말의 꽃이 되고 싶다
누군가의 가슴에 은하수로 흐르고 싶습니다.

동창들의 반란

단풍은 우리를 초청해 모임 갖는 날
삶의 질곡 담은 술동이 앞에 놓고
청춘을 다 태워버린 잉걸불에
오구라 비틀어진 오징어 같은 세월 올려
잘근잘근 씹으며 날밤을 새우던 날도 모자라
귀향하는 자동차 뒤 쫓아 온다
과속하면 빨리 달린다 잔소리하는
자동차 내비게이션
자기 말 안 듣고 다른 길로 간다며
울구락불구락 삐치기도 하는 여행길
만남은 또 하나 이별 낳고 떠나는 화려한 외출
유년의 추억이 곰실곰실 기어 나오면
그 요염한 술동이 옆에 앉히고 엉덩이 두드리며
못다한 우정 마시자꾸나.

이지수

전북 부안 출생
문예사조 시 부문 신인상 수상
한국문인협회 회원, 전북문인협회 회원
전북문학포럼 회원, 칠산문학 회원
월간 국보문학 회원
한국문학신문 문학상 시 부문 최우수상 수상(2011)

내 마음의 숲

박영신

세상에서 제일 크고
소중한 어머님
솜털 같은 깊이의 품속에서
마음 편히 살아 숨 쉬는 곳
내가 사는 일 번지입니다

천상의 순한 몸짓으로
미소 머금은 속삭임
영롱한 이슬이 누워 있고
자욱하게 평창 된 맑은 공기
피톤치트 덮인 우거진 숲은
어머님의 맑은 숨결이었습니다

포근함을 나누는 울타리 되어
사랑을 살려내는
그 순고한 수혈(輸血)이 흐르는 곳이
눈물이 쏟아지도록
참 좋습니다.

오월의 추억

옛날
설익은 사랑으로 꽃을 피우고
오월 바람 따라 가버린 흔적
오늘 밤 유난히도 스며든다

날이 어두워지면 불을 켜듯이
내 마음의 방에 그대가
불을 켜고 있다

마로니에 잎이 나부끼기 전
잊지 못할 그대 눈동자
샛별같이 반짝거리고

그리움을 털어내기 위해
술잔을 거듭 비워도
그대의 따듯한 미소가
꿈을 꾸고 있다.

은행잎

은행잎이 황금색 지고 와서
떨어져 수북이 쌓여
노랑 주단을 깔았습니다

노란 잎들 속에
나 홀로 사색(思索)하는
내면의 모닥불 짚이고

소싯적 사랑 이야기
금빛의 부채꼴, 고운 책장
갈피 속에 예쁘게 담아
마음의 임께 보내면
내게로 오는 따뜻한 미소

아름다운 만추(晩秋) 잎새 잎새
책장 속을 열수록 사랑의
온도계는 더욱 올라가고
그 소녀의 향기 눈과 입술
가을 속 은밀한 도피처(逃避處)
쪽빛 가슴에 은폐(隱蔽)해 본다

내 안에 사랑을 담고
샛노란 은행잎 한 줌 주워
허공으로 날리면 한잎 두잎
떨어지며 노랑나비 되어
소싯적 꽃을 찾는다.

박영진

월간국보문학 시, 수필 신인상 수상
육군 중령 예편, 화랑무공훈장-보국훈장 수훈
한국건설기술인협회 회원
우일건설(주), 광남건설(주) 기술이사
한국문협 노원지부 회원
(사)대한민국국보문학협회 부회장

촛불

임종은

어두운 공간을 밝히기 위하여
천생 벌서기를 타고난 족속인지라
한밤 내내 차디찬 영역에서
뜨거운 눈물을 뚝뚝 흘려야하는가?

육신을 녹이는 인고(忍苦)의 시간
광명은 무관심 속에 흐르는데
흔적 없이 사라지는 화신(火神)으로
결백한 몸뚱이를 태워야하는가?

동반할 이 없는 고독한 성자(聖者)인가
외로움도 짐짓 잊을 양이면
고요한 떨림 속에서
휘청거려야하는 침묵의 불꽃.

달리아

황초롬히 이슬을 머금고
수줍은 미소가 매혹적인 꽃봉오리
우아하게 흘려보내는 눈웃음마다
희열이 넘치던 시간들

한적한 초원 산등성 너머
광활한 창공과 아스라한 지평의 교차점
아름드리나무 등걸마다
숨겨진 밀어들이 껍질을 벗고 튀어나오는데

눈먼 유혹의 꽃병에 갇힌 달리아는
무지갯빛 구름 속에 묻힌 체
허공을 향하여 외치는 소리와
그리운 열정에 몸서리치는
툭툭 튀는 맥박소리를 듣는가?

이젠 여문 추억들이
매듭 되어 뚝뚝 떨어지는데
황량한 음성은 귓바퀴에 스쳐 가고
달리아 아픈 미소는
실바람에 묻혀 흘러만 간다.

아카시아

5월의 산허리에
신록 사이로 주렁주렁 피어 나온

하얀 드레스 차림의 신부들이
점점으로 나타나기 시작하면

흐드러진 가지마다
앙증맞은 버선발 주머니 열고

비밀스런 이야기
실바람에 흘리며
달콤한 향기 마음껏 뿌리고 있다.

임종은

한국서점신문 편집국장
월간 국보문학 신인상 수상(시,수필)
한국문학신문 편집위원, 월간 국보문학 운영위원
(사)대한민국국보문학협회 문학연구소 연구소장
한국문인협회 회원
한국문학신문 문학상 시 부문 본상 수상(2010)

어항 속에도 자유가 있다

돌샘 이길옥

오래전 창고에 내다 버린 어항을 꺼냈어요.
마지막 남은 금붕어가 동료를 따라간 날
그날
어항의 책임이 끝났다 싶어
창고 깊숙이 가두어 방치했지요.
금붕어들이 남기고 간 비린내도 함께.
그런데 오늘
수족관 앞을 지나다가 무심코 발길을 멈추고
어항 속에 가득 찬 금붕어 떼를 보았어요.
전에
우리 집에서 살던 놈들을 빼다 박은 거 있죠.
그냥 지나칠 수가 없었어요.
정말
전에 키우던 놈들과 똑같이 생긴 놈들만 골라
값을 치르고 데려왔어요.
창고 구석에 박아둔 어항을 꺼내어

먼지 털고 박박 문질러 때를 벗겼죠.
먼저 간 놈들의 비린내도 깨끗이 지웠어요.
혹시 혈족의 냄새를 맡고 슬퍼할까 봐서죠.
어항 속에 적당한 터를 닦아 물을 붓고
베란다 햇볕 잘 드는 곳을 택하여 살림을 냈어요.
오래오래 잘 살기를 바라는 마음 담아서 말이에요.
새살림 난 금붕어들
지느러미에 붙어 있던 갑갑증을 몸서리로 털어내더니
기쁨의 유형에 자유를 덮어쓰고 재주를 부리는데
내가 미치고 말았어요.
내게 없는 자유가 번쩍 빛났거든요.

神은 없다

1.
평생을 믿음으로 채워온 가슴에
뜨거운 화로 하나 들여놓고
온갖 잡념 다 태워온 여인.

허물 벗어 던지고
먼 길 떠난 남편 보내고도
하늘의 듯이라 여기던 여인.

자식의 급사에는 이성을 잃고
성경 타는 불빛에
돌아버린 여인.

2.
자비를 불러다 첩첩산중에 모셔놓고
부처가 되라는 말씀을 따라나서서
한나절은 족히 산을 올랐다.

등에 밴 땀 냄새가
색 바랜 불경의 책장을 파고든다.

탑돌이로 무릎 다지고
백팔참배로 마음 씻어 소원 섞었다.

수행에 불을 질러 손에 쥐고
염주가 닳도록 힘을 준 뒤
불끈 일어서는 기대를 업고 하산했다.

그렇게 정성을 쏟아 붓고
열불 나게 손바닥 비볐는데
부처는 말이 없다.

3.
조상님 제상(祭床)을 빼곡히 채운 음식들이
혼령을 기다리는 동안
후손들의 소망이 모락모락 피어나고 있어요.

어차피 꿈이기에
아무리 입술에 금이 가게 빌어도
헛일이란 걸 뻔히 알면서
밑져야 본전이란 심보 펼쳤다나요.

조상님의 영정 흘깃 눈 맞춤하면 끝이래요.

혼령 배웅 끝나면
내 덕에 내 배가 부르다 하네요.

버스기사님의 만세

자정이 가까운 시각
기사님의 하품이 핸들에 매달려
아찔했던 순간들을 정리하고 있다.
하트에 새겨진
"아빠, 오늘도 무사히"도
십자가에 걸려 핸들 위에서 흔들거린다.
피곤으로 휘청거리는 승객의 하루가 늘수록
타이어가 팽팽하게 긴장을 하고
버스 안은 부족한 수면으로 숙연해진다.
지친 하루에 눌린 눈꺼풀을 애써 달래도
영 말을 듣지 않는다.
뒷좌석의 두런거림을 낚아챈 코골이가.
퇴근을 싣고 가는 막차의 오르막길을 숨 가쁘게 한다.
언제나 이맘때쯤이면 맥 풀린 하루가
아침 출근의 싱싱한 기대를 잘라먹고 게워낸 허기만

의자를 무겁게 깔고 앉는다.
백미러로 듬성듬성 빈자리의 확인을 마친 기사님
가속 페달에서 힘을 빼고 하트의 글씨를 당겨보며
퇴근 시간을 계산한다.
자정을 막 넘기며 내린 마지막 손님의 뒷모습을
종점에 남겨둔 기사님
긴장을 풀어 비번 옷걸이에 걸고 나면
"아빠, 오늘도 무사히"
만세다.

많이 아프고 많이 가난하다

나는 개인적으로 많이 아프다.
몸이 아픈 것이 아니라 마음이 아프다.
흔히들 말하는 인생 육십 넘은 청춘인 나이에
마음이 아프다는 나를 남들은 호사스럽다고 한다.
누가 뭐라 해도 아픈 것은 나다.
그런데도 나를 두고 자기들이 왈가왈부한다.
묘한 일이다.
알다가도 모를 세상일이 한두 가지가 아니다.

나는 개인적으로 많이 가난하다.
머리가 비어 허전하고 늘 부족하다.
남들은 이런 나를 엄살 부린다 하고 욕심이라 한다.
엄살이면 어떻고 욕심이면 어떠냐.
엄살 부리지 않고 욕심 채우는 놈 없다.
어쨰 거나 무엇이거나 가난한 건 나다.
그런 나를 두고 자기들이 따따부따한다.
이상한 일이다.
이상한 사람들이다.

자기들 일에나 신경 쓸 일이지
왜 남의 일에 게거품 무는지 모르겠다.

나는 개인적으로
묘하고 이상한 일에 휘말려
많이 아프고 많이 가난하다.

봄의 유혹

하늘이 몸을 푸나 보다
쌀쌀하던 날씨가 나른해지고 있다.

얼었던 소리들이 서서히 고개를 들고
한 계단씩 높은 음으로 일어선다.

웅크려 잠들었던 것들도 덩달아
뻐근한 뼈마디 녹을 털고
우지직 기지개를 켜는 사이
자기 끝에서는
설렘이 피돌기를 시작한다.

땅이 뚫리고 있다.
가장 연한 돋음에도
땅은 말없이 몸을 열어주고 있다.

봄에만 일어나는 일들이
왁자하게 벌어지고 있다.

그 속에 갇혀 있는 동안
나는
입만 찢어지게 벌리고 숨 가빠한 채
정신을 잃고 있다.

원망

1.
요즘 잘 나가는
그래서 유명세에 편승하여
이름 있다는 상을 싹쓸이하는 시인들의 詩가
무슨 내용인지
뭘 썼는지 도통 감을 못 잡겠다.

내가 무식해서일까?

뜻이 전혀 다른 이야기 몇 개를 끌어다
억지 접목시키는가 하면
이야기 중간을 싹둑 잘라놓기도 하고
아예
글자들을 뒤죽박죽 섞어놓고 詩라 한다.
무슨 뜻인지 이해가 안 간다.

내가 무지하고 멍청해서일까?

계보 따지고
緣 따지는 세상이나 탓할 수밖에.

2.
문예지 또 하나 태어났어요.

몇 편의 글로
신인 이름 달고
가슴 벅찬 기쁨에
둥둥 구름 타네요.

축하 박수 배달했어요.

그런데요 얼마 못 가
그들의 초심에 곰팡이가 뿌리내려
퀴퀴한 냄새 진동하네요.
코가 터질 것 같아요.

알맹이는 빠져 간 곳이 없고
맞춤법은 아예 무시당한 채
오자 탈자만 판을 치고 있데요.

그런 곳에서
어떻게 예쁜 詩가 꽃 피겠어요.

다 돈이 한 짓이라
가난을 탓할 수밖에요.

3.
어렵다.

가슴에 찡하게 와 닿아
생각을 으스러지게 감전시킬
좋은 시 보기가
어렵고 힘들다.

시인들은 모래알인데,
천지가 시인들인데.

내가 홀딱 반할
시 한 편 찾기가 하늘의 별 따기다.

이길옥

통일생활 신춘문예 시부 당선, 교육자료 시 3회 추천 완료.
자유문예, 만다라문학, 대한문학세계, 서정문학, 월간문학세계 시 부문 등단
한국문인협회, 광주문인협회, 광주시인협회, 서정문학회, 서석문학회 회원.
자유문예 작가회 이사, 대한문인협회 이사,
大韓民國 詩書文學, 시와 수상문학, 다향정원, 파라문예 정회원.
현대시를 대표하는 특선 시인선(창작문학예술인협회 간)작품 수록
한국을 빛내는 작가들(09, 10 좋은 문학 사화집) 작품 수록
한국의 대표 서정시선(서정문학사) 작품 수록
한국 시 대 사전 등재(이제이피북)
설록차 문학상, 한국문학정신 광주 비엔날레 시화전 대상 수상
대한문학세계 한국문화인상 대상 수상, 아시아 서석문학상 수상
한국문학신문 문학상 시 부문 대상 수상(2011)
동인지 - 파라문예, 내 마음의 숲, 시인의 향기, 다향 등 다수
저서 - 시집 '하늘에서 온 편지', '물도 운다'

도시의 밤

최삼순

검푸른 물감 풀어놓은 듯
또다시 어둠이 내리는
도시의 밤

밤이 깊어갈수록
사방은 온통
가을 단풍처럼 물들어 간다

사람들은
서로의 어깨에 기대
그칠 줄 모르는
넋두리 한 사발 토해낸다

가시에 찔린 것처럼
오늘 새벽바람은
아리기만 한데

경포대에서

바다가 그리웠다
해안 길 따라 걷다 보니
하늘 높이 나는 갈매기 들어앉고
파도소리 귀를 간지럽게 긁는다

가슴속까지 시원한
바닷바람이 불어온다
여기저기 젊은이들 정열을 불태우고
모터보트 신나게 물살 가르며 달릴 때

즐거운 비명소리 함박웃음 짓고
어느새 허기진 배 움켜잡고
맛집 찾아 400년 순두부
단숨에 먹어버린다

바다는 해를 삼키며
오고 갔던 수많은 사람들 얘기를 불러준다
따닥따닥 수줍게 붉은 모닥불 대신
현란한 폭죽 소리 요란하지만
기울어가는 경포대 바다는
여름밤에 잠들었다.

미사리 강가

뉘엿뉘엿 해가 지면
난 미사리 강가에 간다
달빛 받아 반짝이는
은물결 한강 길 따라
걷다 보면

개구리들의 사랑노래 끊이질 않고
활짝 핀 하얀 노란 꽃들의 수다 소리
발걸음 멈추게 할 때
풀 향기 흔들거리며 코끝을 지나간다

송글송글 땀방울 소슬바람 타고 가고
하늘 뭉게구름 베개 되어
근심 걱정 잊게 하는
오늘도 콧노래 부르며
난 미사리 강가에 간다.

최삼순

월간 국보문학 시 부문 신인상 수상
한국웃음센터 하남지부장, 웃음치료지도자1급, 강사뱅크운영
詩가흐르는서울 대외협력위원장, 월간 국보문학 회원
해피스마일 연구소 소장, 송파구 청소년 교육강사
한국강사은행 부총재, 한국글로벌리더십교육협회 회장
한국글로벌리더쉽아카데미 원장

아름다운 추억 여행

최희옥

눈물겹도록
사랑을 하다가
아프게 외롭게 울다가

어느 날
문득 삶의 짐 다
내려놓고
한 줌의 가루로 남을 육신

아마도 여행이
끝나는 날에는
아름다운 여행이었기를
소망하겠지

지우고 싶지 않은
아름다운 추억 여행

그래 인생은 지워지지 않을
단 한 번의 추억여행이야

삶의 의미

휴가란 어른들이 어린 가족을 위해 봉사와 희생을 하는 시간이라 생각해 봅니다

저도 아들 며느리, 네 살짜리 손자와 세살 된 손녀를 데리고 놀아주면서 이틀을 빗속에 갇혀 휴가다운 휴가를 보내지 못했지만 그래도 가족이 얼마나 소중하고 든든한지 세상의 어느 무엇과도 바꿀 수 없는 아름다운 시간이었습니다.

살아가면서 느끼는 것이지만 어렵고 힘든 시간들이 지나고 보면 참으로 소중했고 삶에 더 애정을 갖게 되고 가족이란 정말 소중하고 아낌없이 베풀고 보듬어야 하는 존재인 것 같아요

풀벌레 울음소리가 고요함 속에 아름답게 들립니다

하늘엔 별빛하나 보이지 않는 안개 속에 젖은 밤이지만 귀뚜라미는 저렇게 아름다운 몸짓으로 짝을 찾는 노래를 쉼 없이 읊어대고 있군요

우리들 인생살이도 어쩌면 저 풀벌레의 애처로운 몸부림인지도 모르죠!

삶이란 어려운 고통을 통해 아픔을 알고 희망이란 약속을 통해 꿈을 이루는 것이라고 생각해 봅니다

이 밤이 새면 누군가는 일터로 희망을 잃지 않는 꿈이 결실이 되어 계절을 빛나게 하는 아름다움이 있는 게 아닐까요?

이 밤이 외롭지 않도록 아름다운 동행이 있음을 감사하며 예쁜 나비의 날개짓처럼 하늘거리는 손짓의 다정스러움을 뿌려주는 꿈나라로 노를 저어갑니다.

나누면 즐거워요

2005년 5월 13일 모서면 어머니 경찰대원을 발대식을 하였다. 12명의 회원으로 지역 파출소 소장님의 성원으로 일일 소장이란 명패를 달고 봉사에 온 정성을 다하고 있지요.

생동감이 넘쳐흐르고 톡톡 튀는 목소리들, 우리 지역 일꾼이지요!

7년째 뇌졸중으로 누워 계시는 황 할아버지 댁을 방문할 때면 제일 보람이 있어요. 몸은 굳어 감각은 없지만 언어소통에는 지장이 없어 우리 대원들이 방문하면 입가에 미소를 띄며 예쁜 새댁이들 또 언제 와...... 하시는 말씀에 발목을 잡히지요.

천진난만한 그 모습을 지켜보고 돌아설 때면 눈시울이 뜨겁고 발걸음이 무거워 지지요. 물질적인 대가보다는 따뜻한 마음의 손길을 더 필요로 하는 황 할아버지 내외분을 볼 때면 보람을 느껴요. 여든이 넘으신 금슬 좋은 두 부부의 모습이 우리들의 본보기가 되어요.

조건과 물질의 풍요로움보다 값진 마음의 따뜻한 배려가 얼마나 소중하고 관심이란 인연의 고마움이 새롭게 신나게 살아봐야겠다는 의욕을 갖게 해주는 것 같아요.

상실과 스트레스와 생활 속의 치열한 경쟁 속에서 한순간이나마 누군가를 기쁘게 행복하게 해줄 수만 있다면 얼마나 멋진 삶이겠어요!

우리 대원들은 내일의 희망과 꿈을 안고 손길이 필요한 곳이면 어디든 달려가 봉사를 하지요. 이런 일을 할 수 있게 주선해 주시고 용기를 준 박창수 소장님께 감사드리며 회원 여러분 건강과 행복을 기원합니다. 힘내세요. 사랑합니다.

2011년 9월

최희옥

경북 상주 출생, 상주 거주
월간 국보문학 시부문 신인상 수상
월간 한국국보문학 회원
한국지역자활센타 근무, 과수농업 경영
현)헤어아티스트
(사)대한민국국보문학협회 정회원

너른지 판곡리(板谷里)

가산(嘉山) 서병진

노루목 송내골 고즈넉한
아랫담 동네로 쭉 뻗어진
신작로 양쪽 너른 들녘
기름진 황금으로 물드는
문전옥답 곳간마다 가득히
채워주는 보물 들녘이어라.

윗담 큰 동네 배움의 전당
삼곡국민학교의 종소리는
허공으로 날려버렸고
운동장에는 잡초만 총총하다.

두루봉 두르는 갈망개 동네
마르지 않는 우물 목을 적시고
앞마당 갯벌 조개 잡던 터전
정겨운 아름다운 동네.

장곡산 한려수도 가슴에 안고
계곡의 산새소리 물소리 담아
푸른 바다로 향하여
푸른 꿈을 심는 동네이어라.

마음의 사슬

개울물은
맑고도 투명하는데
살며시 마음을 토해낸다.

아련한 기억 되새김 속을
누에에서 명주실 뽑는 듯이
꿈틀 꿈틀 끈질끈질하게
늘어놓아 마음의 사슬로

꼼짝 못하도록 사로잡아
맑은 물소리 나뭇가지
걸어 마음을 묶어 놓는다.

보고 싶은 사람

부르고 싶은 그 이름이여
보고 싶은 그 얼굴이여
만나고 싶은 그 사람이여

곱디고운 얼굴 총명한 눈빛
가느다란 실버들처럼
잊혀 지지 않는 그 모습
보고 싶고 만나고 싶지만
이제 그들의 기억을
노오란 은행나뭇잎 떨어지는 듯이
하나 둘씩 잊어야 하는가

하얀 눈이 내리던 그날은
먼 나라 겨울 궁전 풍경처럼
싸늘한 가슴으로 내 삶의 일부이었는데
그래 그러는 것이 아니었어
뭐라 핑계해도 늘 아쉽고 슬프다.

부르고 싶은 이름은 무엇이며
보고 싶은 얼굴은 다 무엇인가
그러니 정말 그러는 것이 아니었어
사랑의 의미도 모르는 마음
아무 뜻도 모르는 미움
이제야 내 기억 속에 잊어야 하나.

서병진

아호 : 가산(嘉山), 경남고성 출생. 교육부장학사
주례여자고등학교장 역임.『詩와 수필』시 부문등단, 국제펜클럽회원
한국문인협회남북문학교류위원, 한국현대시인협회중앙위원
한국문인협회서울시종로지부감사, 한국육필문예보존회이사
한국문예춘추문인협회이사, 서울문학문인협회지도위원
재경고성문인협회창립, 한국시문학아카데미회원
한국육필문예보존회육필문예연감편찬위원, 서울문학심사위원
국민훈장(녹조근정훈장), 라이너마리아릴케문학상
셰익스피어문학상 대상 수상 외 다수.
시집 :『嘉山으로 가는 길』『이파리 없는 나무도 숨은 쉰다』
『고향은 어머니 강』 외 다수.

그리움

이영옥

어둠의 계곡은 깊이
아침을 고대했는데

어느새 해맑은 햇살은
나뭇잎에 내려앉고

시간은 물결로 흐르고
세월이 꽃으로 필 때

행복감으로
넉넉함이 스며들 즈음이면

은빛 무지개가 뜨는 뜨락
사모의 그리움으로

남의 집 뒤 켠
대나무 숲
바람으로 살련다.

그림자

햇살 눈 부신
파란 하늘의
심장 박동 소리

하늘 끝 어디쯤에
푸르른 사랑을 담고 있는지

가을 하늘은
꿈꾸는 이의 아름다운 정원

보석 같은 눈망울은
은빛 하늘이 출렁이는
창공의 강 건너에 닿아 있다

부서지며 사라지는 지난날의
날개 그림자를 품어보네.

연꽃

천년의 세월이 흘러도
꽃을 피우는 의지의 의미

련의 결실 연 밥은
풍성한 이야기를 품고

널찍한 잎새는
우리의 마음자리 일러라

척박한 땅을 탓하지 않고
튼실한 뿌리를 길러내는 저력

우리의 영과 육에게 베픔은
견줄 데가 없네

아름다운 연지에서
대자연의 웅대함을 만난다.

이영옥

월간 국보문학 시 부문 신인상 수상
월간 국보문학 회원
(사)환경미술협회 상주지부 고문
(사)대한시조협회 상주지회 회장
(복)효도마을 운정 근무
한국문학신문 문학상 시 부문 최우수상 수상 (2011)
(사)대한민국 국보문학협회 경북지회장

가을로 가는 길

雲海 양태영

땀 흘리던 여름 무더위도
참지 못할 것 같아 얼음물 찾아
찾아 나선 숲 속 그늘 샘터에서
처서라는 가을의 길동무와 함께
세상 삶을 주고받고 있습니다.

때가 되면 가는 것을
마음 급하여 발걸음 옮기고
다가선들 여름이 긴긴 해는
해가 뜨고 달이 지면
인간의 삶과 운명도
다가오고 멀어져 가는 것입니다.

인생이란 주어진 대로 열심히
더우면 땀 흘리고
추우면 외투 입고

웃고 울고 노력하면서
새옹지마처럼 살아가야 합니다.

가을에 알찬 수확을 기대하며
심혈을 기울이며 혼신이 힘을 다하여
행운이 여신이 주어다가 주는
天祿과 함께 하늘이 주는 대로
열심히 살아가야 합니다.

오고 감에 어찌 인연이 없으리오만
세상에 올 때도 모르고 왔으며
갈 때도 언제 어디로 갈지 누구도 모릅니다.

이 세상에 온 이상 아름답게 살아야 하기에
탐욕으로 이루어진 모든 것은
집착이 따르고 괴로움을 만드나니 버려야 하고

탐욕은 끊임없는 분노를 만들고
어리석음이 지배하여 마음을 괴롭히고 있으니
인연이 다할 때 모든 것 같이 사라질 것입니다.
하늘이 주는 춘하추동에 맞추어
우리는 열심히 주어진 대로 살아야 할 것입니다.

어머니 마음

어머니
당신의 나라는 정말 고요하였습니다.
단 한 뼘의 깊이에도
스스럼없이 밀려오는 파도
구름은 갈매기처럼 하늘을 엽니다.

어머니
해맑은 생각의 뒤안길에는
마음 넓은 바다입니다.

언제나 제 마음 안에서
철철 넘쳐 나는
사랑의 꽃이랍니다.

자유이옵니다.
굳센 약속이며
애정이 됩니다.

끝내는 헤어져서 생명이 됩니다.
다시는 흔들리지 않기 위하여
부서지는 아픔으로 질서가 됩니다.

어머니!
당신은
항상 가슴 앓는 바다입니다.

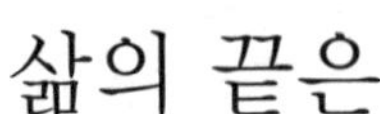

삶의 끝은

가는 곳이 어디든지 하는 일이 뭣이든지
안빈낙도 행복함을 구하여서 얻어봐도
인간욕심 한이 없고 한정 있는 세상살이
생로병사 인간세상 몸 다되면 한 줌이 흙

양태영

시인·시조시인, 수필가, (사)대한민국국보문학협회 편집위원
(사)대한민국국보문학협회 인사추천심사위원장
(사)한국한울문인협회, 제주문인협회 정회원
제주도영주문학 운영위원, 제주가정위탁지원센터 아이누리 편집위원
청룡문학대상수상, 한국문학신문 시조부문 대상수상
(사)대한민국국보문학협회 수석부회장
(현)제주특별자치도 제주시 조천읍사무소 부읍장
저서 : 朝鮮王朝實錄을 통해본 濟州牧使(濟州牧 사료집 제1책)

· 삭망에 꾼 꿈 외 – 정운칠

· 외로운 방랑자 외 – 이인자

· 그리운 나에 어머니 외 – 정지희

· 지독한 사랑 외 – 어광선

· 병사 인성교육 외 – 김블라시오

· 수목장 소묘(1) 외 – 유유

삭망에 꾼 꿈

정운칠

바보들에게 세상을 맡기고 길을 떠나던 날
나의 영혼은 갠지스 강 북쪽 어느 풀숲에 누워 있었다
닦은 거울 마냥 영롱한 강물은
소금밭처럼 빛나고
회교성당의 뾰족한 종탑 위에서 까마귀는
시계 소리에 맞춰 쉼 없이 울고 있었다.

살아온 시간에 대한 대차 대조표가 작성되기 전에
시공을 달리한 영혼을 누가 벌할 수 있으랴
세속의 사단칠정을 초월하여
무아가 아닐지라도 모든 것을 참되게 비운 삶은
무욕으로 온갖 번뇌와 오욕를 씻고
기약 없이 이 강물에 면화같이 둥둥 떠내려간다.

양귀비꽃의 아름다움을 가꾸는 것
병든 영혼이 위로받기 위한 노래
살아있는 모든 것에 대한 사랑
그 무엇도 허용되지 않는

금단의 불모지에 서서
내세의 다음을 바라보고 있다 .

나는 오직 지배당하는 자가 아닌 존재속의 사유로서
무한우주에 버려진 인공위성의 운명처럼
막연한 희구의 놀라운 결과를 기다릴 뿐이다.

인 연

목어 춤추는 신흥사
처마 끝 제비 사라진 자리에
민들레 한 놈이 가련하게 피웠다.
인연이란 알 수 없어
바람 타고 왔을 테지.

초파일 연등 너머
산山 벚꽃 한창인데
동자승 턱 받히고
누구를 기다리나?

홀로 우는 풍경 소리에
새들이 화들짝 날아가고
산그늘 덮인 대웅전이
극락처럼 아름답다.

보통리 (普通里)

찬바람이 흙을 실어와
시린 볼을 때린다.
아파트와 찻길,
온갖 모순들에 함락된 산하山河
억새 지천이든
들길도 없다.

해가 져도 우린 갈 곳이 없어
달빛에 어린 보통리에 선다.

밤하늘의 별들
들꽃처럼 총총하고
세운 외투 깃 위에로
화려하게 묻어나는 별빛들이
겨울밤의 쪽배에 실려 간다.

가도 가도 우린 다다를 곳이 없어
파란 새벽에 보통리에 선다.

나무들이 일어나
산을 깨운다.
바람이 안개를 휘감아
늙은 어부의 뱃전에
심술을 부릴 때
비로소 호수는
고개를 든다.

이제 돌아가야지
지금 사는 곳으로
꿈을 잃은 사람들은
그리운 보퉁리에 선다.

뗏목 타기

오매불망 가고파의 길도
내키지 않아 허공을 가르는
손내 저음도
등 떠밀지도
개줄 잡지도
않았다.

너
나
아무도 모른다.
바보가 맞을게다.
사랑 이었을 것이다.
알아도 거부하지 못하는
정처불요定處不要의 흐름이다.
모두
부질없음의 허울이다.

물이 넘치나
꽃이 피나

달이 지나
해가 뜨나
물속에서의 일상日常일 뿐이다.

세상은 거기서 거기
슬픔도
기쁨도
괴롬도,
만상萬象은 태초고존太初古存 인데
사람만 변하여 슬프도다.

인생은 뗏목 타기,
그저 순명하여
물길이 오라는 데로 가는 것이다.

매미 소리

한더위 열흘 넘게 목 놓아 우는 이유
불러도 대답 없는 이름 있기 때문이다.

스러지다 다시 돋는 높은음 트인 소리
가로등 벽 아래 확연하게 박힌다.

바람이 지나가는 강나루 아랫목
이슬은 뜨거운 빛이 되어 풀잎에 녹아든다.

하늘은 하마 높아 그리움이 가득하고
땅거미 길어진 초하루 장날에는
엄니 저고리에 활을 켠다.

청 노루 , 망아지 ,살찌는 계절
느티나무 머리끝에 가을이 성성하다.

부소산성에서

강이 산이 되고
산이 바다에 이를 즈음
역마는 운명을 거스른 채
구름 따라 흘러갔다.

천 년 빗물 씻긴 월하의 성터에서
삼천궁녀 밤하늘의 별꽃으로 부활하고
흑치의 사자후獅子吼는
제국의 가슴을 뒤흔든다.
흐르는 강물에 솟구쳐
붉은 이무기로 용틀임 하리라던
계백의 넋은
풀국새가 슬피 울어 달래이고,
천도天道에 서성이던 군혼群魂 의 넋들은
시공을 넘어
이승으로 역류의 배회를 하고 있다.

남은 것은 마지막 궁녀의 붉은 댕기와
선혈 맺힌 달거리 고쟁이,

아파도 서러워도
침묵뿐인 운명이여!
고란에 숨은
그내 향한 그리움을
창호에 그리다 기어코 우는
시인의 가슴은....

붉은 홍살
정절의 정문 너머 달빛이 훤하다.
널브러진 삶,
한켠의 돌담,
오늘도 저 건너 물길 따라
허우적거리는 백마를 본다.

역사여!
돌아 갈수 없음은 바람 같으니
눈비 오고 칠흑의 어둠에도
명경明境에 뜨는 사랑이여!
남몰래 눈시울 훔치며
고란사 종소리 홀로 듣는다.

정운칠

경남 사천 출생
아주대학교 경영대학원 졸업
주식회사 성원 대표이사 역임
신대륙어학원 원장 역임, 월간 국보문학 회원
(사)대한민국국보문학협회 문학연구소 연구위원
국립 한국농수산대 귀농대학 수학 후 귀농준비 중
약용식물관리사

외로운 방랑자

운화 이인자

일출의 눈부심에
신발끈 동여매고
길을 나선다.
이제 또 어디로 떠날까?

내 손에 없는 그 무엇을 찾으려
심상의 계곡에서 계절도 밤낮도 없이
이토록 헤매이는가.

구름도 산도 강물도 내 안에서 흐르고.
나 또한 그와 같이 그렇게
유유히 흘러가네.

흘러 흘러도 돌아보면
그 자리 인 것을…….

가을 이야기

낙엽이 지기전 가을 산에서
하루를 보내고 싶어 산을 오른다.
가을은 벌써 떠나기에 분주하고
낙엽 밟는 소리에 겨울이 귀를 세운다.

가을 잎사귀 흔드는 바람은
나의 등줄기 땀을 식혀주고
걸음마다 높이 오를수록 이마에 흐르는 땀과
다리에 실려 오는 힘든 무게는
중턱을 오르고 나서야 마음까지 가벼워진다.

정상에 오르니
하늘도 구름도 모두 나에 손안에 잡히고
손을 들어 하늘을 잡으니
바람과 태양도 모두 내 것이 되었다.

붉게 타는 낙엽 냄새와
싫지 않은 풀잎 냄새도 정겹다
벗들의 웃음소리와

산까치 소리가 화음을 이루며
나뭇가지 사이에 앉아 흥겹게 노래한다.

고요만 흐르는 이 밤
그 산은 지금 어떤 생각에 잠겨있을까
수많았던 사람 중에서 혹시
나를 기억해 주고 있을까?

나의 가슴에 너를 담아온것처럼…….

가을 당신

영상의 오솔길에
팔레트를 펼치고
무지갯빛고운 물감을 풀어놓아요.

가을 붓으로
빨주노초파남보 예쁜 물감 찍어
단풍나무 은행나무 파란하늘 코스모스 들국화
골고루 색색으로 정성들여 색칠했어요.

예쁜 그림 보고 있는 나는
어느 새 무지개가 되어요.
곱게 물든 가을 안에 내가 주인공이 되어
살포시 당신을 안아보아요

난 당신의 향기에 그만
붉게 물들고 말았어요.

이인자

경북 상주 출생
서울 월계동 거주
월간 국보문학 회원
공저 :『내 마음음의 숲』

그리운 나에 어머니

정지희

울타리 아래
빨갛게 피어 있는 봉숭아꽃…
빨간 꽃잎 을 따서
작은 손톱에 물 들여주시던 어머니.

언젠가 여행길에
우연히 보게 된 봉숭아꽃…
꽃잎과 잎사귀를 한 아름 따서
집에 가져와 냉장실에 보관

얼마나 지났을까…
문득 생각나 백반을 구하여
돌로 빻아 내 작은 손톱 위에 얹고
잎사귀로 감싸고 하룻밤 지나니
내 손톱은 빨갛게 물들었답니다

그 옛날
어머니가 감싸주던 것만은 못해도

빨갛게 물들은 손톱을 보면서
내 눈시울도 젖었고
내 얼굴도 빨갛게 물들었지요.

봉숭아꽃이 필 때쯤이면
세월이 이렇게 흘렀는데도
안경을 쓸어 올리면서
호박잎으로 싸서 실로 묶어주시던
보고픈 울 어머니
사랑하고 또 사랑 합니다...

아쉽고 그리운 얼굴들

숨은 내 눈물도
숨겨진 내 한숨도
이제는 빗방울로 가려진
애교어린 투정이 되어 버렸습니다.

이제 보내야 할 여름의 끝에 서서
서러운 이별도 차마 내뱉지 못해 숨 가쁜
나의 고운 인연들을 차곡차곡
마음 갈피에 채워넣습니다.

어떤 모습
어떤 마음으로 그 앞에 설지라도
받기만 하는 사랑으로
넘칠 듯한 내 마음속 갈피에
행여 오랫동안 만나지 못할
이별의 시간이 올지라도...

어느 날 문득
책갈피에서 만나지는

마른 꽃잎 같은
반가움이 될 수 있도록

오래 두고 우려 낼 수록 더욱더
향기로워지는 마른 찻잎같이
그렇게 하나하나 마음속에
정성을 다 하여 채워 넣습니다.

사랑하는 손녀에게

아가야 태어나 주어 고맙구나
세상 살아가며 옳은 일하며
불의와 타협하지 말고 소신껏 행하며
주어진 일에 최선을 다하는 그런 사람이되거라

살아가다 어렵고 힘든 일 닥치면
망설이지 말고 즐기며 마주하거라

어디서던 필요한 사람이 되고
있으나 마나 한 사람은 되지 말거라

부모 섬기기를 최우선으로 하여
국익을 위해서는 주저 없이 행하라

개구쟁이라도 좋으니
아프지 말고 건강하게만 자라다오

정지희

닉네임 : 방울꽃
대전 출생, 서울거주
월간 국보문학 회원

지독한 사랑

석청 어광선

그날 새벽 0시
벨이 울렸을 때
나는 가볍게 흥분했다

그저 상투적인 작업으로
실없이 던진 한 마디였을 뿐인데

전혀 뜻밖의 벨이 울린 것

장난삼아 시작한 대화
새벽 3시가 되어서 끝났다

세상에 이런 여자가 있었나
어디에 있다가 이제야 나타났나

혹시 잘 못 들은 것인가
혹시 꿈은 아닐까

너무 흥분돼서 잠이 오지 않았다
겨우 두어 시간 눈을 붙인 후

버스에 올라 기도했다
너무 뚱뚱하지 않기를

두근거리는 가슴으로
롯데 백화점 분수대에 들어섰을 때

틀림없는 그녀일 것이라는 확신
꿈속에 그리던 이상적인 여인

그 후 우리는
지독한 사랑에 빠졌다

그해의 마지막 날 12월 31일
드라마틱하게 만난 우리는
지금도 지독히 사랑한다

삽질

옛날 옛날에
과거 시험에 수도 없이 낙방한 선비

생활고에 고생하는 아내를 돕는다고
생전 처음 지게를 지어보는 심정으로

주말농장 한다며 나선 아내가 안쓰러워
삽을 들고 선뜻 나선 샌님 하는 짓을 보소

두어 삽 뜨고 땀 흘리며
두어 삽 더 뜨고 허리 편다

끊어지는 듯 아픈 허리
끙끙거리며 땀은 비 오듯 하고

그래도 남자라고
참고 참으며 일군 밭 두어 평 남짓

배추 모종 심고
무씨 뿌리고 물주니 뿌듯하다

삼 일 만에 가보니
파릇파릇 싹이 돋아났다

얼마나 신기한지
노후 취미생활의 한가지로 추가했소

추억

대천 해수욕장에 일십만
해운대 해수욕장에 삼십만

우리는 떠났어요
자동차에 먹을 것을 조금 싸서

사람들이 거의 가지 않는 산
어느 이름 없는 계곡 한적한 곳에 차를 세웠죠

발을 물에 담그고 도시락을 꺼냈어요
농익은 김치와 무말랭이 반찬 너무나 맛이 있었죠

바다가 보이는 고갯마루에 있는 주차장
한쪽 구석에서 라면을 끓여 맛있게 먹었답니다

졸음운전은 음주운전보다 위험하다네요
도로에서 조금 들어간 한적한 시골 그늘 있는 곳

차를 세우고 창문을 열고 다리 올리고
코를 골면서 잠을 잤어요

돌아올 때는
휴게소마다 들려서 쉬고

뽕짝 들으며 오징어 씹으며
때로는 롯데샌드나 짱구를 먹고
입가심으로 과일을 먹었답니다

얼마나 행복한지요
보람있는 여행이었어요

우리는 여름 내내
그리고 수년이 지난 지금까지도
그때의 추억을 떠올리며 웃곤 한답니다

어광선

경기도 화성 출생. 경기도 수원 거주
단국대학교 졸업
월간 국보문학 시부문 신인상 수상
월간 국보문학 회원
삼일공업고등학교 화학공업과 교사
(사)대한민국국보문학협회 이사

병사 인성교육

김 블라시오

만남과 만남의 인연 속에서
보물 중의 보물인 병사들과의 인연
2시간여 열강과 서로의 소통 속에서
하나 됨을 느끼며 자신의 소중함을...

해도 하나 달도 하나 나도 하나
70억 인구 중의 유일무이한 나
3조5천억의 사이버머니를 받아들고
100억의 현실로 받아들이는 희망

굳었던 얼굴이 환하게 바뀌며
하하하 우하하하 웃음의 3,5법칙을
생각과 말과 행동으로 체험하면서
일일이 맞잡은 손으로 온기를 느껴본다

병사는 보물 중의 보물이며 조국의 미래다
나도 보물 너도 보물 우리는 보물
피할 수 없다면 즐겨보자
가장 소중한 사람이 바로 옆에 있는 전우임을.

용산역에서

대동맥의 현장에서 불철주야 수송을 책임진
군의 핵심역할을 담당하는 젊은 용사들
전후방 각급부대 장병들의 수송을 맡고 있는
제1철도이동관리대...

병사들의 인성교육에 보람과 긍지를 갖고
강사로서의 부족함을 열과 성으로 보충하며
미래의 주역들이 건강하고 알차게 군생활을
마치도록 자신감과 긍지를 갖도록...

인성교육의 마지막 보루...군을 국민교육의 도장화로
인의예지의 산 교육장으로...
충,효.예의 정신교육의 산실로 ... 거듭나기를 기원하며
오늘도 긍지와 자부심으로 강의를 마쳤다.

순대국

우리민족의 애환과 슬픔이 담긴 순대국
지혜와 끈기로 이어온 한민족의 음식

하나도 내 버릴 수 없는 세계적인 영양식
지인과 소주를 곁들여 나눈 행복한 시간

입안의 감칠맛 나는 순대에 오늘 하루의
피로를 날려 보낸다.

열차에 몸을 싣고

서울에서 부산 천리길을 2시간 18분에 주파
2011년 4월4일 20시30분발 22시48분 도착
KTX 165열차 9호차 1D호석 창가
차창 밖으로 가로등 불빛이 어둠을 밝힌다

굉음소리가 함께 고속으로 달리는 열차 내는
하루의 일과를 마감하는 부지런한 손놀림과
피곤에 지친 몸을 잠으로 보충하는 실속파와
여기저기 들려오는 지인들과의 지저귐이
사람사는 아름다운 모습들이 아닌가

오늘도 살아 있음에 감사하면서
한치도 모르는 내일을 살아가는 우리네
살림살이에 희망과 꿈을 담아서
정직하고 성실한 사람이 잘사는 사회를.

축하합니다

축하합니다 축하합니다
당신의 영광스런 오늘을 축하합니다
이 세상에 유일무이한 당신의 기쁨을
진심으로 축하드립니다

오늘의 기쁨은 노력의 결과이며
그동안 인내와 수고의 보람입니다
하늘의 천사들도 노래하며
땅에서의 생물들도 춤을 춥니다

축하합니다 축하합니다
당신의 영광스런 오늘을 축하합니다.

아내의 사랑

이 세상에 하나뿐인 영원한 동반자
자식 위해 남편 위해 궂은일 마다치 않고
좋은 옷 좋은 음식 참고 참아가며
이른 아침 잠을 깨워 아침인간 만들었네

자식들 뒷바라지 남모르는 눈물 흘리며
가정교육 책임지고 잘 키워 독립시키고
연로한 부모봉양 정성 다해 보살피니
효부는 시어머니 말하기에 달렸다네

지고지순 아내의 사랑 이제야 깨달으니
어느덧 35년이 흘러갔네
남은 인생 내가 할 일 무엇인가
조건 없는 사랑으로 천상행복 꿈을 꾼다

김블라시오

국가유공자, 인성교육지도사 / 마음경영연구소장 / 시인·수필가
월간 국보문학 제12기 신인상 시인등단
경성대학교 무역대학원 국제경영학과(경영학석사)
서울시인대학 부학장 / 교수 / (사)한국경영기술교육협회 전임교수
(사)한국자격진흥협회 평생교육원 전임교수 / 심리상담사 1급
한국문학신문 전국총괄본부장 / 기자 / 국보도자기 사업본부장
난초고지의 작은영웅 수필당선(국방홍보원 다큐멘터리영화제작)
(사)문화예술진흥협회 독도시낭송대회 우수상 수상(영원한섬 독도)
(사)대한민국국보문학협회 부회장

수목장 소묘(1)

유유

강형 요즈음 퍼팅이 잘 안되는가 보구려
고 총무는 왜 그리 등이 굽어 보이는가
조 프로는 여전히 짠돌이 소릴 듣지
모처럼 찾아주어 고맙구려

이 회장은 몸이 아주 나빠졌나 봐
박 사장은 아들이 용돈 잘 안 준다고
최 영감은 최근 무얼 하고 지내는지
본지 꽤 오래된 것 같아

건강과
친구와
돈이
늙을수록 필요하다는 것을 알겠지

홀인원 했을 때
무슨 그딴 나무 심느냐고 물었었는데
그대들도 이제는
따라 하려 한다며

아주 편안하다네
비싼 땅에 좋은 자리 잡아서
전문 관리인 보살펴 주고
무엇보다 찾아주는 사람 많아서 좋아

수목장 소묘(2)

지신밟기 하는 무당
끊임없이 톱질하는 목수
앉아 일어서 자세 조절하는 저격수
이런 모습들은 전수되나 보다

펄쩍펄쩍 뛰는 오두방정 또 보네
땅이 아프다고 하니 그만 좀 때려
어이쿠 허리 부러질라 중심 잡아
굿 샷이 아니면 어때 다 괜찮은 거야

커지지도 않는데 왜 그립만 만지작거려
신중 또 신중 기다리는 사람 생각도 좀 해
쳤으면 빨리 비켜
구경하는 귀신 속 터져 죽겠네

고개 드니까 공이 물에 빠지잖아
삼시기 되었냐 앞바람 뒷바람도 모르게

배꼽 나왔다
죽어서도 코치해야 한다냐

기념식수 할 때 거창하다고
유택 마련하는 것보다
훨씬 싸게 장만한 것이다
아주 자연스럽게 얻은 안식처란 말이다

수목장 소묘(3)

여름에는 시원한 그늘 제공
비 오는 날에는 우산 되어주고
바람 부는 겨울철 방풍 역할 하니
늘 사람들이 옆에 오게 되더라

살포시 기대어 주는 사람은 참 좋다
그런데 왜 티로 콕콕 찌르냐
때론 수액이 나올 수도 잎이 떨어질 수도
그런 것이 나무 아니더나

예전보다 그림이 많이 바뀌어 간다
노땅 골퍼보다 젊은이 더 많고
부부간인지 애인 간인지 쌍쌍이 느는데
여인들의 수다 장 되는 것은 좀 그렇더라

며칠 전 김 회장이 옆에 새로 입주했단다
자손들이 자기처럼 해 주지 않을 거라면서
다른 친구들 보니 미래를 알 것 같다면서
나야 어찌하던 심심찮아 좋지

세월은 흐르게 마련이다
가족도 친구도 주변환경도
그대로 있는 것은 없다
나만 천 년을 버티려 한다면 욕심이 되겠지

수필 · I

수필 | 하나

· 서원탐방 문학기행 – 강만구

· 사랑하올 어머니 – 김블라시오

· 군은 나의 영원한 고향... – 김블라시오

· 마음경영이란 무엇인가? – 김블라시오

· 장모사랑 사위질빵 – 김경은

· 꽃지를 지키는 할메바위, 할아비바위 – 김경은

· 지리산 옛길에 남은 문화는 무엇일까? – 정진해

· 나는 언제나 바보이니까 – 김일제

서원탐방 문학기행

[2011. 6. 4(토) ~ 6. 6(월)]

莊隱 강만구

글을 쓰고 있다고는 하나 정상적인 교육을 받지 않았으니 어떤 틀을 알지 못하고 막연하게 자기 생각대로만 써 왔음이라 기본적인 소양을 쌓고자 큰 딸이 안내로 제주대학교 평생교육원 수필기본반에 적을 두었다.

첫 시간부터 가슴 저림은 지금껏 써 왔던 것들이 부끄럽고, 위축되며 또 글을 쓸 용기가 없어져 갔다. 사람은 늙어 돌아가는 날 까지 배워야 하는 모양이다. 묘비에도 '故ㅇㅇ學生之墓'라 새겨 넣어 늘 배우는 학생임을 보여주고 있는 것이다.

과정 종강을 앞두고 '안성수 교수와 함께 하는 2011년 서원탐방'이라는 이름아래 제주대학교 평생교육원 수필반 학우들과 영남지방(경주 · 안동 · 영주)을 다녀왔다. 서른 명 중에 기초반에서는 다섯 명, 대부분 심화반에 다니는 낯선 얼굴들이나 같은 생각을 가진 사람들이라 버스에서, 방문지에서 자연스럽게 얼굴을 익혀가니 모두가 선량하고 서로를 배려함이라 마음은 십년지기나 마찬가지라 할 수 있겠더라.

김해공항을 거쳐 첫 도착지는 신라의 천년고도 경주.

첫 방문지 양동마을은 나지막한 산과 산이 굽이굽이 골을 이루는 곳으로 밖에서는 잘 보이지 않는다한다. 지금 보이는 전경도 1/6 정도라니 굽이를 돌아가면서 마을이 있는 모양이다. 버스에서 내려 앞 언덕을 보니 그 역사를 알기보다 참 예쁜 집들이로구나 하는 생각이 들고 여건이 된다면 저런 집을 짓고 살아보고픈 속된 마음이 든다. 언덕배기 높직한 곳에 자리 잡은 와가는 사대부지주들이 살던 곳이요, 입구 평지에 자리한 집들은 농사를 비롯하여 여러 가지 양반을 위한 필요한 것들을 조달하는 사람들이 사는 곳이다. 사람 사는 사회는 동서고금을 막론하고 모두 평등하다고하면서도 엄연하게 상하귀천이 있었음을 보여주는 것이다.

관가정觀稼亭과 향단香壇, 서당을 둘러보며 정열적인 안내인 이야기에 귀를 기우렸다. 건물배치도 그러하고 나무 한그루도 그냥 심는 것이 아니라 여러 가지를 생각하며 심은 것이라 한다. 관가정은 '농사짓는 풍경을 보는 정자'라는 뜻이라 하니 좋은 뜻으로만 생각하는 여유가 있어야겠다. 양동마을은 조선시대 이뤄진 유적지로 마을 전체가 유네스코 문화유산으로 지정된 곳이라 하니 더욱 세심한 관리가 있어야 할 것이다.

옥산서원과 동강서원을 둘러보다. 옥산서원은 조선시대 회재 이언적 선생이 후진교육을 하던 곳이고, 동강 서원은 우재 손중돈 선생의 학문과 덕행을 추모하기 위해 세운 서원이다. 지금은 기거를 하지 않음이라 옛 유적이 올바른 보호는 사람이 집과 같이 호흡하여야 하거늘 어찌 박제된 모습으로 다가옴이로다.

최부자집이라 하는 '경주교동 최씨 고택'을 보며, 작금 절세라는 미명하에 공공연히 이루어지는 탈세와 골목상권까지 침입하여 여로 모로 지탄받는 재벌가와 비교하여 많은 것을 느끼고 본받게 하는 곳이다. 부자 3대를 넘기지 못하다하나, 최진립 부터 12대인 최준까지

402년(1568~1970) 동안 거부로 이어져 왔으며 나중에는 전 재산을 후진을 위해 교육재단에 내 놓았기에 오늘까지 추앙받는 부자로 기억되는 것이다. 또한 세계에서 최장수 부자 가문이라 하더라.

육연六然 · 육훈六訓인 가훈도 특별하고 어느 스님에게 받았다는 금언, "재물은 마치 분뇨糞尿와 같아서 한곳에 모아두면 악취가 나지만, 골고루 사방에 흩뿌리면 거름이 되어 만백성이 풍요를 누리게 된다."는 글귀가 가슴속 깊이 박혀 들었다. 이 가문이야 말로 진실로 높은 사회적 신분에 상응하는 도덕적 의무를 뜻하는 '노블레스 오블리주(Noblesse oblige)'를 실행한 표본이라 한다.

버스투어로 유적지를 돌아보며 진평왕릉과 설총묘를 찾아보다. 평지에 자리한 자그마한 오름과 비슷한데 워낙 고분이 많은 곳이라 특별하게 관리는 하지 않은 모양으로 풀이 많이 자라 있더라. 설총에 대한 것은 대충 알겠으나 진평왕은 생소함이라 자료를 보니 신라 제26대왕(재위 570-632)이다. 왕이나 평민이나 죽고 나면 땅속에 묻힘은 똑 같음이나 왕릉은 거대하게 오늘까지 자리하고 있도다.

늦은 시간에 안압지雁鴨池를 들렸으나 무슨 행사가 있는지 몰려드는 인파에 부대끼면서까지 둘러보기 싫어 몇몇은 바로 되돌아 나와 버렸다. 본래 이름은 월지月池이나 오리와 기러기가 많이 날아들어 조선시대 문인들이 안압지라 부르기 시작하였다 한다.

이틀째, 잘 포장된 도로를 달리다가 농로로 들어서는가 하더니 지금도 이러한 길의 남아있음이 의아한 비포장도로다. 가다보니 왼편으로는 아름다운 산세와 그 아래로 강이 흐르고 오른편 나지막한 산 아래 고풍스러운 기와집이 나타나더니 이곳이 바로 병산서원屛山書院이다. 사실 이곳에 오기 전에는 서원이라면 도산서원, 소수서원 등은 어렴풋이 얻어 듣기는 하였으나 이 서원은 아예 처음 들어보는 이름이다. 결국 이는 내가 그만큼 지식이나 상식이 부족하다는 반증이

기도 하니 부끄럽다 생각 말고 잘 알도록 하여야겠구나.

복례문을 지나니 만대루다. 만대루에서 바라보는 병산은 일곱폭이다. 일본에서 조경법이 하나로 치는 차경식借景式 정원은 이곳 병산서원을 보고 만든 모양이다. 기둥이 여덟이니 기둥사이가 일곱이라 그 칸마다 다른 경관이라 칠폭 병풍이자 칠폭 병산이라 부른다. 또한 조석으로, 맑은 날과 흐리거나 눈 비오는 날, 계절에 따라 달라지는 모습을 완상하니 그게 풍류다. 우리 옛 선비들은 이렇게 자연과 인공을 조화스럽게 이용할 줄 아는 슬기를 지녔었다. 창을 통하여 내다보는 경치도 액자에 비유하였음은 지금도 배워야할 마음이 여유라 생각한다.

병산서원을 나와 유유히 흐르는 낙동강을 등 뒤로 두고 나무그늘에서 교수께서 풍류의 미학을 말하며 놀이에도 예술성과 철학 등이 있다고 열강하시는 모습과 경청하시는 문우들 모두는 마치 조선시대 선비로 돌아간 듯하였다. 이 병산서원은 안동시 풍천면 병산리에 있으며 서애 류성룡의 학문과 업적을 기리기 위한 곳이다.

하회河回마을은 풍천면 하회리로 병산서원과 지근거리다. 이곳 학동들의 병산서원에 다니며 학문을 한 것이다. 매스컴에도 자주 나오는 민속마을로 낙동강 줄기가 구불구불 동小꿍서를 감싸 돌고 있고 독특한 지리적 형상과 빼어난 자연경관을 갖추고 있으며 서애 유성룡의 태어난 곳이다. 영국 엘리자베스2세 여왕이 방문하여 더욱 유명해졌으며 유네스코 세계문화유산으로 지정되었다. 커다란 기와집과 초가들의 원형대로 보관 되었다는데 쫓기는 시간이라 굽이도는 강변까지는 가보지 못하고 마을 안을 거닐며 대표적 가옥인 류씨 대종택인 양진당을 둘러보고 돌아왔다. 이런 마을에서 하루정도 잠을 자면서 체험할 수 있었으면 더 좋았을 것을…….

오후에는 안동출신 여류 문인인 모 여사가 직접 안내를 하여주셨다. 권모 국회사무총장이 부인으로 정치인을 내조하는 사람이 시간

내기가 쉽지 않을 것이나 흔쾌히 시간을 내어 주었음이니 이는 팀을 인솔한 고성의 회장과 안성수 교수의 영향력을 알 수 있게 하는 것이다.

도산서원은 대학자이신 퇴계 이황께서 짓고 유생을 교육하며 학문을 쌓던 곳으로 요즘의 사립학교와 같은 곳이다. 도산서원이나 퇴계 이황은 워낙 지명도가 있으신 분이라 그런 사람이 학문을 쌓던 곳을 방문할 수 있음은 과분한 영광이다. 이곳은 배산임수에 넓은 평야를 한곳에 볼 수 있는 풍광 좋은 곳에 자리하고 있었다.

퇴계 종택은 둘렀을 때 엿들은 이야기. 이제는 종손이나 종부라는 것이 매우 부담스러운 자리라는 것이다. 밖에서 보기에는 좋을 것 같으나 모든 것이 편의를 찾아 급변하는 이 시대에 옛것을 지켜 간다는 게 그리 쉬운 일인가. 종손과 결혼하면 종부인데 종부를 가업이라기보다 직업이라 생각하며 살아야 한다는 것이다.

이육사문학관을 방문하다. 일정에 없었으나 가까운 거리에 있으며 와보기가 어려운 곳이라 다들 고마워하는 모양이다. '청포도'를 쓰신 시인으로만 알고 있었으나 독립운동가였다. 본명은 이원록이며 호는 수감당시 수인번호 264번을 사용한 것이라 한다. 유일한 혈육인 이옥비 여사께서 직접 우리들에게 아버지에 대하여 설명을 하여주시던데 옛 아버지와 관련한 이야기를 들을 때에는 콧등이 시큰하더라.

주왕산 관광호텔에 여장을 풀다. 친교시간, 이틀 동안에도 낯이 설고 서먹한 것이 있으면 마지막으로 자기를 허물며 푸는 시간. 다들 잘들 놀더이다. 특히 나이가 칠순이 되신 어르신 두 분이 하모니카와 오카리나를 합주로 멋들어지게 부는 모습은 부러움 속에 영원히 기억될 것이다.

마지막 날이다. 고성의 회장께서 어제부터 주산지를 꼭 보아야 한다고 이야기함이라 어떤 곳인가 기대를 많이 하였다.

산중에 있는 호수로 자연이 만든 게 아니라 사람이 만든 저수지라 한다. 산 밑에 넓은 땅도 보이지 않던데 왜 이런 곳에 저수지를 만들었을까 라는 의문을 지울 수 없었다. 오르고 보니 저수지는 넓지 않았고 왕버들 몇 그루가 저수지에 있던데 물이 차면 그 속에 잠기고 안개가 끼면 더욱 신비롭게 보인다는 한다. 달력에서 보았던 곳으로 잉어 몇 무리가 산란을 위함인지 물가에서 꼬리를 치고 있었고 오히려 주변 풍광이 수려하여 나의 눈을 붙들어 맨다.

소수서원紹修書院은 영주시 순흥면 내죽리에 있다. 이 서원도 사학기관으로 조선 중종 때 풍기군수 주세붕이 안향安珦을 제사하기 위해 사당을 세웠다. 입구에 커다란 당간지주가 입구에 있었는데 이는 통일신라시대 숙수사란 절이 있던 곳이라서 그 유적이 남아 있는 것이다. 또 특이한 것은 제사 때 제물로 쓰는 돼지가 깨끗한가. 어떤 병이 있는지를 검사하던 자리가 있었다. 지금까지 거쳐 온 다른 서원은 건물배치가 강당 좌우에 대칭으로 동 消 穎 두는 것인데 비해, 소수서원은 건물배치가 획일적이지 않고 비교적 자유로워 현판의 이름으로서 구분하였다.

부석사浮石寺는 봉황산 중턱에 있어 오르는 길이 가팔랐다. 신라시대 의상대사가 창건하였고 우리나라 화엄사상의 발원지라 한다. 부석사라 이름 하게 됨은 무량수전 서쪽에 큰 바위가 아래 위 서로 붙지 않고 떠 있어 뜬 돌이라 한데서 연유하며 그 바위에는 浮石이라고 새겨져 있었다. 무량수전無量壽殿은 대웅전인 모양이다. 우리나라 최고最古의 목조건물 중 하나이며 가장 아름답기로 초등학교 교과서에도 나왔던 유명한 건물이다. 이 건물은 단청이 되어있지 않아 더 수수하게 보이는 모양이다. 배흘림기둥도 자주 문헌에 나오던 이야기다. 내가 보는 압권은 무량수전 정문에서 보이는 아름다운 산세라 할 수 있겠다. 어쩌면 그렇게 첩첩이 겹쳐 보이면서 다소곳한지 모르겠다.

마음은 있어도 와보기 힘든 순로, 일반적인 관광에선 경주를 제외하면 거의 빗겨가는 길, 그 길을 다녀보았다. 그래서 더욱 좋았던 시간이었다. 그러면서 마음한구석에는 0.1%의 지배자나 지도자를 위하여 99.9%의 민초가 흘린 땀은 아무 곳에도 없는 것이다. 문학인이라면 그런 사람들도 마음 한편에나마 간직하기를 바라는 마음이다.

일정이 순탄하게 마무리되자 기본반원 넷이서만 살짝 모여서 막걸리 잔을 주고받노라니 이제 버스가 공항을 향하여 출발하여야 한다는 소식이 옴이라 미안키도 하고 아쉬운 마음은 다음 기회를 기약하며 자리를 털고 일어서야 하였다.

마음으로나마 이번 행사를 주관한 회장과 총무, 모든 회원들께 감사드리며 건강하고 건필하기를 바라며 마무리한다.

강만구

제주대학교 경영대학원 석사과정 수료. 경영학 석사
월간 국보문학 수필부문 신인상 수상 (푹게)
(사)대한민국국보문학협회 제주특별자치도 지회장
저서　늘 현역으로 살 10009의 口尙乳臭한 이야기들

사랑하올 어머니

김 블라시오

오늘따라 유난히 어머님이 그립고 지나온 세월이 쓰나미처럼 머리를 스쳐 지나갑니다. 아마 세월의 흐름이 유수와 같이 빠른 탓도 있겠지만 나이가 하나 둘 늘어가기 때문인가 봅니다.

얼마 전 지인의 부친 상가에 다녀오면서 마침 가까이 있는 큰 아들이 생각나서 들렸다왔습니다. 아직도 마음은 청춘인데... 벌써 며느리 둘과 손녀를 본 나이가 되었으니...

손자 둘의 결혼을 누구보다 기뻐하시고 몸이 불편하신데도 끝까지 자리를 지키시면서 알게 모르게 눈시울을 붉히신 어머님의 모습을 훔쳐보고 속으로 많이도 울었습니다.

병아리 같은 손자들이... 어머님의 손길 하나하나로 보살펴주신 손자들이 아닙니까?

그 녀석들이 벌써 이렇게 컸구나 생각하니 세월의 빠름이 실감납니다. 인천의 아파트를 산책하면서 많은 생각을 했습니다.

요즘 젊은이들의 알콩 달콩한 모습을 바라보면서...잘 정리된 주변 경관과 나무숲을 거닐면서...평생을 사랑한번 제대로 받지 못하시고 지금은 어머님께서도 용서하시고 이해하시지만 그 당시는....

눈물로 한평생을 보내신 어머님의 심정을 저는 잘 압니다.

이제 어머님의 연세 80세...희수의 나이를 지나 몸은 망가질 때로 망가지고 그 곱던 얼굴에는 어느새 주름살이 깊게 패이고 보드랍고 고운 손등은 까만 흑점이 자리를 잡고... 허리는 굽어지고... 살은 온데간데없이 뼈만 남은 앙상한 모습을 뵈오며... 생각하면 할수록 눈물이 왜 나는지 모르겠습니다.

사랑하고 존경하는 어머님께 효도다운 효도한번 제대로 못해드리고 매일 매일 형식적인 안부는 드리고 있지만 마음이 편하지 않은 게 솔직한 저의 심정입니다.

어머님! 용서바랍니다. 조금만 참고 기다려주십시오. 이 큰 아들의 마음속에는 어머님의 크신 내리사랑이 언제나 자리하고 계시고 제가 힘들고 어려울 때마다 어머님은 나의 정신적인 지주이실 뿐 아니라 영원히 살아계신 불사신이십니다.

이제 아버님도 금년 12월 22일이면 평생을 방황만 하시다가 마지막 집을 나가신지 18년 3개월 만에 집으로 모신지 만 13년이 되는 뜻 깊은 날입니다. 매일 매일 기도 속에 13년이 되는 그날 아버님께 잃어버린 훈장을 가슴에 달아드리고 자서전 출판을 위해 준비를 하고 있습니다.

아버님은 이 시대의 진정한 아픔이며 작은 영웅이십니다. 그러나 가장 크게 존경 받으셔야할 분이 바로 어머님이십니다. 이제부터라도 아버님에 대한 안 좋은 기억은 잊으시고 용서하고 이해하시면 참 좋겠습니다. 지금도 아버님은 환자이십니다. 외상 후 스트레스성 장애...무서운 병입니다.

평생을 자식들 뒷바라지와 아버님이 안 계신 가정을 지키시기 위해 피눈물을 흘리신 어머님의 지난 세월을 저는 결코 잊지 못합니다. 어머님의 하해 같은 은혜가 없었다면 이 큰 아들이 군 생활 35년을 어떻게 보낼 수 있었겠습니까?

젊음을 아니 청춘을 군에 바친 저는 이제 제3의 인생을 위한 서막을 열심히 열어가고 있습니다. 자신이 있습니다.

어머님의 인고의 세월에 비긴다면 못할 일이 없습니다.

지난 1월25일 아버님의 뜻밖의 교통사고로 얼마나 놀라시고 당황하셨는지요? 말은 안 해도 어머님의 심정을 잘 압니다.

다행히 다리만 다치셔서 그래도 정신은 말짱하시니 얼마나 고맙고 감사한 일입니까?

병원에 계신 78일간이 저에겐 최고의 행복한 시간이었습니다.

아침 7시. 낮12시, 저녁5시에 꼬박꼬박 정시에 나오는 식사시간에 수발을 들면서 그동안 못한 효도를 하라고 하늘이 제게 기회를 주신 것으로 알고 기쁜 마음으로 잘 보냈습니다. 이제 퇴원하셨지만 상처도 많이 아물어 천만 다행입니다. 이 모든 것이 거저 고마울 뿐입니다.

이제는 어머님이 대접 받으셔야합니다. 아버님의 기나긴 방황은 이 시대의 이 조국의 아픔임을 어머님도 이제는 인정해 주시고 뒤늦었지만 국가가 인정하고 그 수많은 6.25의 자료가 아버님을 이 시대의 소리 없는 영웅이심을 증명해 주고 있지 않습니까?

사랑하고 존경하는 어머님!

지나온 한 많은 세월이 결코 허송세월이 아님을 큰 손자의 결혼과 작은손자의 결혼을 누구보다도 가슴 뭉클하게 지켜보신 어머님이 잘 아심을 저는 이해하고 있습니다. 그래서 제가 군 생활 중 수없이 만나는 신병들이나 병사들에게 부모의 고마움... 이 세상에서 가장 존경해야할 대상이 부모님임을 역설하였습니다.

어머님의 한마디 한마디... 자식을 위해 목숨까지 내어 놓으시려는 숭고한 내리사랑! 어찌 말로 다 표현할 수 있겠습니까?

저는 확신합니다. 어머님의 그 간의 삶이 이 시대 모든 어머님의 삶이요 조국의 현실임을 말입니다.

이제 집으로 모신지 13년이 되는 아버님이 알게 모르게 어머님을 엄청 좋아하고 사랑하고 계심을 믿어 주시기 바랍니다. 아버님과의 대화 속에서 진정 어머님을 사랑하고 그리워하고 있는 모습을 느낄 수 있습니다. 지금부터 더욱 따뜻한 사랑으로 아버님과 잘 지내시길 이 큰 아들 간절히 바랍니다. 자식보다도 부부가 제일입니다...

이제 작은손자도 구미에서 대기업의 수석연구원으로 열심히 근무하고 있고 작은며느리도 잘 있으며 증손녀도 건강하게 잘 자라니 우리 가정의 축복이 아닙니까?

4대가 함께한 이번 추석을 누구보다 기뻐하신 어머님의 사랑을 잘 압니다. 애써 감추시던 눈물의 의미를 잘 압니다.

가장 아끼던 둘째도 그간의 무소식에서 아버님의 교통사고를 계기로 어머님께 용서를 청하고 자주 찾으니 얼마나 고맙고 감사한 일입니까? 누군가 산다는 것은 고통이라고 표현했다지만 고통 뒤에는 또한 영광이 있지 않습니까?

한치 앞도 모르는 게 사람이라고 합니다. 매일 매일 좋은 생각만 하시면 참 좋겠습니다. 늘 마음을 편안하게 하시면서 이제 큰아들이 명예롭게 군 생활을 마치고 국민의 평범한 한사람으로 돌아왔으니 정성을 다해 어머님을 가까이에서 잘 모시겠습니다.

큰 아들의 그동안 못 다한 효도를 듬뿍 받으시면서 여생을 편안하게 지내시기를 오늘도 기도 속에 기원 드리고 있습니다.

항상 기뻐하고 끊임없이 기도하면서 늘 감사하는 마음으로 최선을 다하겠습니다. 어머님! 사랑합니다.

2011.9

-서동고개연구실에서 큰아들올림-

군은 나의 영원한 고향...

김 블라시오

고맙고 감사한 마음으로...
세월의 흐르는 소리가 들리는 듯 합니다.

약관의 나이에 군에 들어와서 젊음을 불살랐던 지난 세월과 군 생활 35년을 국가가 주는 최고의 훈장인 보국훈장을 받으며서 명예롭게 정년퇴직하고(그토록 원했던 전역식은 신종플루로 취소되고 전역신고로 대치) 제3의 인생을 이 사회의 빛과 소금역할을 하리라 다짐한지 만 3년...그동안 수많은 교육을 받으면서 얻은 강사자격을 비롯한 수많은 자격증과 수료증, 수많은 사람과의 만남이 주마등처럼 뇌리를 스쳐 지나갑니다.

지금은 "국가유공자 인성교육전문강사"로 마음경영연구소를 운영하고 있으며 T.L.C아카데미를 개설하여 동반자(강사)를 양성하며 이곳저곳 입소문으로 연락주시는 기업체,학교,성당,군부대,교도소,관공서등에 특강을 나가고 있습니다.

병으로 입대하여 군이 좋아 부사관 지원을 하였고 못 배운 한을 군 생활 중(경영학석사)풀었으며 무엇보다도 6. 25참전용사로 국군의 산증인이시자 난초고지전투의 작은 영웅이신 아버님이 그 전쟁후유장애로 평생을 가족을 돌보지 못하시다가 이유 없이 마지막 집을 나가신지 18년 3개월 만에 교통사고로 기억을 되살리신 아버님지인의 연락으로 해후한 후 그동안 몰랐던 기막힌 사실이 이 시대의 아픔임을 느꼈습니다.

6.25참전용사이시며 국군창설전 국방경비대와 국군창설의 주역이시고 안강전투에서 국군포로로 압송중 총살현장에서 구사일생으로 살아나시고 전역후(1951.12월)에 재입대(1952.4월)하여 군번이 두 개이시며 난초고지전투시 입은 부상으로 아직도 미제거된 파편이 온몸에 남아있는 것을 안 큰아들의 끈질긴 집념으로 외상후스트레스성장애, 폭탄파편창등 병상일지와 정밀신체검사를 통해 50년 만에 당당한 국가상이유공자로 명예회복 시켜드린 일은 기적에 가까운 일입니다,

두 아들을 한명은 육군 장교로 또 한명은 해군장교로 임관시킨 일, 아버님의 가출로 홀로 계신 어머님을 모시며 두 동생을 결혼시킨 일, 친척의 길흉사에 아버님 대신 가장역할을 수행했던 일, 국가위기시마다 국가의 최후보루로서 우리 군의 흔들림 없는 임무수행에 일원으로서 현장을 묵묵히 지키면서 주어진 소임에 최선을 다했던 일, 열악한 군숙소개선을 위한 국방부의 야심찬 군숙소3개년계획의 군 수사 전체 마스트플랜의 인사 분야 실무를 담당했던 일, 복지담당관으로서 군 숙소를 위해 몸 바쳐 뛰었던 일, 병사관리를 위한 획기적인 연구논문인 병영생활 평가제도(군내신등급 제도)의 창안, 사랑의 오른손법칙 창안, 군 생활 잘하는 5가지비결, 분대장관리 활성화방안, 부사관평정제도개선, 군무원평정제도개선 등 군 발전을 위한 노력을 게을리 하지 않았던 지난 세월이 뇌리를 스쳐 지나갑니다.

더군다나 군 생활 중 주님을 알게 되어 불혹의 나이라는 40이 다되어 세례를 받고 열심히 신앙생활하고 있는 기쁨은 가장 큰 보람이라고 느끼고 있으며 그동안 알게 모르게 부족한 저를 군 생활을 명예롭게 마칠 수 있도록 지켜주고 이끌어주신 선후배 동료,

상사님들께 머리 숙여 감사를 드립니다.

무엇보다도 고맙고 감사한 일은 국가가 어려움을 겪을 때마다 우리 군은 추호도 흔들림이 없었으며 그 막중한 임무수행의 일원이었다는 사실입니다. 앞으로도 군은 영원히 변함없으리라 믿어 의심치 않습니다. 어제도 오늘도 내일도 언제나 군은 영원할 것이며 군을 사랑하는 마음은 변함이 없을 것입니다.

이제, 군을 떠나 사회인의 일원으로서 군을 위해 할 수 있는 일을 찾아 나름대로의 경험과 소신을 기회가 있을 때마다 제안하고자합니다.

국민의 사랑이 없는 군은 존재의미가 없기 때문입니다.

뜻을 같이하는 원로 선후배와 주기적인 포럼을 통해 경험담을 나누는 일을 구상하고 있습니다. 아울러 평생을 군에 바친 노병들의 의견을 수렴하는 열린 자세가 필요하다는 생각입니다.

오늘의 내가 있기까지 알게 모르게 도움주신 모든분께 감사하며 이 세상에서 제일 존경하는 부모님. 특히 평생을 아버님 사랑을 제대로 받지 못하시고 고생하신 어머님께 감사드립니다.

아울러 못난 저를 믿고 35여년을 열악한 환경과 넉넉지 못한 생활 속에서도 군인의 아내로 근검절약하며 두 아들을 건강하고 밝게 그리고 훌륭하게 키워 대학을 졸업시켰을 뿐 아니라 정서적으로 메마르지 않도록 각별한 관심을 기울여준 사랑하는 나의 영원한 동반자인 아내와 사랑하는 두 아들 내외,첫손녀 규리에게 고맙다는 말 이외는 할 말이 없습니다. 아니 말이 필요 없다는 생각입니다.

지나온 군 생활 35년이 길다면 길고 짧다면 짧다고 하겠습니다만 조금도 후회 없고 하늘을 우러러 한 점의 부끄럼 없이 생활해왔다고 감히 자부합니다. 힘들고 어려운 일을 당할 때마다 인내와 극기로 견뎌왔고 주위의 시기와 질투, 험담은 나 자신 부덕의 소치로 생각하고 언젠가 알아주겠지 하는 믿음과 국가와 군에 대한 충성심 하나로 올바른 길만 걸어 왔습니다.

사람의 속마음까지 알고 계시는 주님만을 믿고 의지하며 미운 사람을 용서하고 또 용서하면서 웃음을 잃지않으려고 노력해 왔습니다. 앞으로도 저의 길을 갈 것입니다. 그것은 주님을 향한 발걸음이 될 것입니다. 모든 생활은 예수님의 걸으신 길을 묵상하며 주어진 여건 속에서 남에게 베풀고 사랑하며 행동으로 실천하는 삶을 살아갈 것입니다. 이를 위해 여생을 모든 역량을 다바쳐 우리 군의 발전과 이 사회를 위해 뭔가를 남기려고 노력 하겠습니다. 제일 관심분야는 자살사고예방입니다. 자신감을 심어주는 일입니다.

사람마다 얼굴이 다르듯이 보는 시각과 기준에 따라 차이가 있겠지만, 하느님께서 주신 모든 사람의 마음에 초점을 맞추면 의외로 쉽게 좋은 방안이 나오리라 생각합니다. 이를 위해 제가 군 생활과 사회 생활 중 겪었던 모든 사례를 중심으로 연구하고 있습니다.

국가상이유공자이신 아버님의 대를 이어 장기간 군 생활을 한 것이 얼마나 다행스럽고 고마운 일인지 모르겠습니다.

특히 국가가 이라크파병을 결정하고 최초 모집을 했을 때 조금도 망설임 없이 지원하여 치열한 16 : 1의 경쟁을 뚫고 당당히 선발되었음을 자랑하고 생각하며 베트남전이후 최초의 사단병력이 그것도 순수한 우리의 국방력으로 기적을 이룬 현장에서 1진으로서의 자부심과 긍지는 두고두고 해외파병사에 영원히 기록될 것이라고 믿습니다.

이번 해외파병을 통해 알지 못했던 훌륭한 사람들을 많이 만날 수 있음을 가장 소중스럽게 생각 합니다. 근속 30년 휘장을 이라크 아르빌현지에서 가족도 없이 사단회의실에서 황의돈 사단장님께서 달아주시면서 왜? 오른쪽 가슴에 휘장을 달아주는지 의미를 설명해 주셨는데 지금도 귀에 생생합니다. "국가가 주는 최고의 훈장이며 평생을 젊음을 조국에 바친 상징이다"라는 말씀입니다.

마음으로부디 흘러내리는 눈물의 의미는 겪어보지 않은 사람은 모릅니다. 사단장님, 사단참모, 여단장님을 비롯한 한분 한분의 축하인사...결코 잊을 수 없는 추억입니다.

나는 누구인가? "나는 해와같이 빛나고 달과 같이 아름답고 별보다도 귀한 하나밖에 없는 유일무이한 보물 같은 존재이다"라고 만나는 사람마다 생명의 존귀함을 외치고 있습니다. 특히 군에서 나의 열정은 군이 영원한 고향이기 때문입니다.

"오늘 내가 만나는 이 사람이 나에게 가장 소중한 사람이다"라는 생각과 지금 내가 보내고 있는 이시간이 어제 죽은 이들이 그토록 기다리던 내일이었다는 사실을 생각하면서 지금 이순간이 얼마나 고맙고 감사한지 모릅니다. 그래서 모든 사람을 사랑 하려고 노력합니다.

항상 기뻐하며 항상 기도하고 모든 일에 감사하자는 생각으로 주어진 일이 무엇이든지 열과 성을 다하고자 굳게 다짐합니다.

지금 이 시간 그토록 내가 원했던 나만의 독서공간인 서재와 개인 강의장을 갖춘 나의 영원한 보금자리인 자택에서 오늘도 마음경영강의와 뒤늦게 배우는 서예공부와 독서 그리고 꿈속의 아름다운 동산인 윤산을 오르고 가장 존경하는 부모님이 계신 58계단을 오르내리면서 최고의 행복한 시간을 보내고 있습니다.

제 3의 인생...환갑이후의 삶을 재미있고 즐겁고 보람차게 살아가려고 최선을 다하고 있으며 나만이 아닌 우리 모두가 함께 걸어가도록 이곳저곳 오늘도 바쁘게 즐겁게 다니면서 부족하지만 내가 가진 경험과 지식을 나누는 일에 최선을 다하고 있습니다. 한치 앞도 모르는 우리의 인생살이...힘들고 어려운 일이 없으면 무슨 재미가 있겠습니까? 누구나 고향을 갖고 있듯이 고향생각만 해도 가슴이 설레지 않습니까?

나의 제2의 고향 군이 그래서 영원한 내 마음의 고향입니다.

사랑스런 우리 자녀들이 군이라는 최고의 대학에서 내공을 다지고 마음을 다스려서 이 사회의 빛과 소금이 된다면 우리 군이 국민들로부터 사랑받는 일은 시간문제라는 생각입니다.

군에 갔다 와야 사람 된다는 옛 어른들의 말씀을 되새기는 오늘의 군이 되기를 진심으로 바랍니다.

무엇보다도 이사회는 정직하고 성실한사람이 잘사는 사회가 되어야합니다... 가정이 평화롭고 사회가 안정되면 국가가 튼튼하다는 진리가 통하는 아름다운 대한민국을 그려봅니다.

군은 나의 영원한 고향...우리 군을 사랑합니다...

마음경영이란 무엇인가?

김 블라시오

마음경영이란 도대체 무엇인가?

경영학을 전공한 제가 이 부분에 관심을 갖게 된 배경은 매우 오래 전의 일이며 심리학을 공부하면서 인간의 12가지 심리적인 특성이 매우 중요함을 인생의 체험으로 깨닫기 시작하면서 입니다. 따라서 제가 말씀드리고자 하는 내용의 대부분은 제가 체험하거나 상담을 통해 실제 다른 분이 겪은 생생한 내용이므로 글을 읽는 분의 생각에 따라 다를 수도 있으나 서로의 다름을 인정하고 함께 배우고 토론하고 공감대를 형성하고 나누는 기회가 되었으면 합니다. 자칭 국가유공자 인성교육전문가임을 자부하면서 꾸밈없는 정직한 나름대로의 삶의 체험담이라고 생각해주신다면 더없는 보람이겠습니다.

먼저 저는 마음경영을 모든 이 사회의 지도층 인사들이나 공직자 특히 우리 젊은이들이 제대로 배우고 익혀서 자신을 슬기롭게 잘 다스려 가지고 있는 잠재력을 최대한 발휘하여 이 세상에 태어난 보람을 가졌으면 합니다. 그리하여 "정직하고 성실한 사람이 존경받고 잘 사는 사회"가 되기를 소망해봅니다.

마음경영은 한 마디로 내 마음을 경영하는 기술입니다. 해도 하나 달도 하나 나도 하나임을 인식하고 나를 발견하는 데서부터 출발합니다. 경영의 사전적인 의미는 재정을 제외한 가계나 기업, 기타 모든 사회구성체로서의 조직을 관리, 구성하고, 운영하는 것이라고 합니다. 여기에 의사결정이라는 최고경영자의 판단이 가미되는 것이지요. 그러므로 기업을 경영하면 기업경영, 가정을 경영하면 가정경영, 국가를 경영하면 국가경영, 얼굴 경영, 지혜 경영, 이미지 경영 등등..으로 부를 수 있습니다.

그런데 우리의 생각은 하루에도 오만가지 생각들로 가득 차 있을 뿐 아니라 70억 세계인구중 얼굴이 같은 사람이 아무도 없는 것처럼 마음도 각기 다르다는데 그 다른 마음을 움직이기가 쉽지 않다는 것입니다. 일찍이 원효대사가 당나라 유학길에 깨달았다는 "해골바가지에 담긴 물이야기"는 마음을 가장 잘 나타낸 일화가 아닌가 생각합니다. 일체유심조(一切唯心造) 란 세상 모든 일은 마음먹기에 달렸다는 뜻으로 내 마음을 경영한다는 것은 내마음의 최고경영자가 된다는 뜻입니다.

마음경영은 우선 나 자신의 존재가 어떠한가를 먼저 살펴보는데 우선 나 자신이 누구인가를 1단계에서 제시합니다. 제가 창안한 나는 누구인가를 소개하면 "나는 해와같이 빛나고 달과 같이 아름답고 별보다도 귀한 하나밖에 없는 유일무이한 보물 같은 존재"이라는 사실입니다. 왜냐하면 하늘에 별은 수없이 많지만 해와 달 그리고 나는 하나밖에 없는 너무나 귀한 존재란 사실입니다. 태어날 때도 전혀 내 뜻과 상관없이 어떤(?)섭리 또는 필요에 의해 태어났다는 사실을 기억해야만 합니다. 그래서 마음경영이란? 철저히 나를 분석하고 나를 발견하고 나의 능력을 극대화하여 내면의 잠자고 있는 달란트(역량)을 찾아서 발휘하는데 있다고 하겠습니다.

마음이란 무엇인가?

이런 질문에 답하는 게 매우 어렵습니다. 마음이 우리에게 있는 게 분명하시반 도대체 어디에 있는지, 어떻게 생겼는지 알 수가 없기 때문입니다.

마음의 움직임에 대해서는 알겠는데 어떤 작동원리로 움직이는지도 알기가 매우 어렵습니다. 하지만 마음이 매우 중요하다는 것은 압니다. 우리의 몸을 지배하는 기관이라는 것 정도는 누구나 알고 있습니다. 마음은 우리의 오감(시, 청, 후, 미, 촉각)과 영적 감각 정보를 통해서 생각하고 반응하는 기관이라는 정도로 설명할 수밖에 없습니다. 여기에 의사결정이라는 뇌의 판단이 가미되는 것이지요. 마음의 핵심은 양심이라는 가치판단의 잣대라고 생각합니다. 양심의 기준에 따라 마음이 움직이는 것입니다. 다른 말로 영혼이라고 정의합니다. 영과 혼이 내면에 자리 잡고 있습니다. 이 영과 혼은 영원합니다. 사람이 죽는다는 것은 영혼과 육체가 분리되는 것입니다.

모든 현상을 양면으로 바라봐야할 이유가 여기에 있습니다.

보이는 것과 보이지 않는것 즉 밖의 나와 안의 나를 바라보는 혜안이 필요합니다. 따라서 양심의 소리 즉 심장이 뛰는 소리를 들어야합니다.

마음경영이 중요한 이유

자동차나 선박 같은 모든 기계에서 아주 중요한 장치 중의 하나가 제어 장치입니다. 제어를 잘 해야 제대로 기능을 발휘하고, 제어를 잘 못하면 사고가 나고, 심각한 문제가 발생을 합니다. 마음은 그 제어장치와 같습니다. 그래서 성경은 "자기의 마음을 제어하지 아니하는 자는 성읍이 무너지고 성벽이 없는 것 같으니."라 말씀합니다. 우리의 삶에 발생하는 모든 문제는 사실 마음을 제어하지 못하는 데서 오는 것입니다.

똑같은 기업이라도 경영자가 누구냐, 어떻게 경영하느냐에 따라 기업이 크게 성장하기도 하고, 망하기도 합니다. 우리의 인생도 경영을 어떻게 하느냐에 따라 성패가 좌우되고 행,불행이 좌우됩니다. 그리고 인생 경영에 있어서 가장 중요한 것은 마음의 경영입니다.

우리들의 마음 경영의 미숙함과 실패에서 모든 문제가 발생합니다. 그래서 우리는 마음 경영을 배워야 합니다. 능수능란하게 우리의 마음을 제어할 수 있도록 연습해야 합니다. 연습은 기러기가 날기 위해 날갯짓을 백번 하듯이 하루20분씩 100시간 즉 10/10/100의 스스로 연습을 강조합니다.

하루 24시간중 20분(눈뜨면서 10분,주무시기전 10분)만 나를 위해 투자해보시기 바랍니다. 내 마음은 오로지 내 스스로가 움직입니다.

마음경영의 방향/목표

어떤 기계에 대해서 알려면 그 기계의 기능과 제어 방법을 알아야 합니다. 마음 역시 기능부터 알고 작동원리와 제어 방법을 배워야 합니다. 마음의 기능은 지(知), 정(情), 의(義)로 설명할 수 있습니다. 알고 느끼고 의지를 가지고 행하도록 하는 기능이 있습니다.

인간이 태어났을 때의 마음은 이 세 가지 기능을 완벽하게 해내었습니다.

① 지성은 완전한 이해력을 가지고 있었습니다.

② 완전한 정서를 가지고 있었습니다.

③ 의지가 절대자에게 잘 굴복되어 있었습니다.

이런 마음이 세상으로 인해 망가졌습니다. 지성은 마비되고, 정서는 왜곡되었으며, 의지는 부패하게 되었습니다. 그래서 빛을 떠나 어둠에서 살고, 악에게 농락당하여 타락한 삶을 살게 되었습니다. 마음의 경영은 바로 이런 마음을 바로잡는 것입니다. 자신을 알고, 자신을 찾아 바르게 느끼고 생각하며, 바르게 행하도록 고치고 단련하는 것입니다. 즉 본래의 형상을 회복하는 것입니다. 그래서 본래의 생명과 행복을 회복하는 것입니다.

인간 본연의 사명과 기능을 회복하는 것, 이것이 마음 경영의 방향이자 목표인 것입니다. 즉 마음경영은 행복한 삶을 추구합니다.

이런 마음들을 어떻게 치유할 수 있을까요?

마음은 치유하지 않으면 우리의 의식 속에 그대로 남아서 우리의 삶을 무너뜨려 불행하게 만듭니다. 반드시 마음경영을 하여 스스로 치유해야 합니다.

첫째, 상처를 발견하는 것이 필요합니다.

누군가 또는 무엇에 상처를 받아서 생긴 상처들이 우리의 기억에 남아 있건 있지 않던 간에 우리의 삶을 뒤돌아보며 어디서 어떻게 상처받았는지를 발견해 봐야 합니다. 마음의 상처는 오래갑니다.

둘째, 아픔을 드러내는 것입니다.

과거에 어떤 일을 당했을 때 내가 얼마나 힘들었고, 아팠으며, 슬프고 괴로웠는지를 드러내는 과정을 만들어 가는 것 입니다. 여기서 알아야 할 것은 우리의 아픔을 속으로 삭이는 방식으로는 절대로 치유받을 수 없다는 것입니다. 필요하다면 사람 앞에서도 드러내시기 바랍니다.

셋째, 상처를 준 대상을 용서하는 것입니다.

진정한 치유는 사실 진정한 용서에서 시작이 됩니다. 용서가 쉽지는 않겠지만 무엇보다 자기 자신을 위해 용서해야 합니다. 우리가 용서하고자 하면 세상은 용서할 힘을 주십니다. 용서는 용기 있는 행동입니다.

넷째, 마음경영의 뜻을 깨닫는 것입니다.

내가 받은 상처와 아픔을 통해서 마음경영의 그 뜻을 이해하고 나를 경영함으로써 치유를 받을 뿐만 아니라 새로운 삶으로 나아가게 됩니다

그렇다면 마음경영은 무엇을 먼저 해야 할까요?

마음경영은 나를 찾아가는 과정이므로 진정한 나를 찾아 근본적인 것부터 시작을 해야 합니다. 나를 찾아가는 근본원리를 찾아 무엇부터 시작을 해야 하는지, 어떤 과정을 거쳐야 하는지를 알아야 합니다. 뇌라는 공장에서 마음이 나올 때 어떤 과정을 거쳐서 나오는지를 기본적인 것과 근본적인 것을 먼저 하나하나 알아 가야 합니다.

첫째, 단(單) 마음

사람이 태어났을 때에는 단(單) 마음이었습니다. 마음의 가닥이 한 마음이었습니다. 인간의 마음은 세상의 정(政)과 의(義)를 향하고 있었고, 세상을 경외하는 마음 하나뿐이었습니다. 그런데 세상의 유혹에 빠져 자신을 버리는 마음, 세상을 벗어나고자 하는 마음, 자기를 높이고 주장하는 마음, 자기를 위해 살고자 하는 마음, 온갖 욕망과 사욕이 들어와 마음이 천 갈래 만 갈래 찢어졌습니다. 이렇게 갈라지고 찢어진 마음을 하나로 집중시키는 것, 이것이 마음을 청결하게 하는 것입니다.

이를 위해서는 모든 일에 마음 경영의 뜻을 이해하고, 자신과의 싸움에서 이겨내는 것입니다. 이런 작업을 매일 하게 되면 마음이 청결해지고, 편안해지고, 축복의 삶이 될 것입니다.

둘째, 진실한 마음(정직한 마음)

부패된 마음의 또 다른 특징은 위선, 즉 거짓입니다. 감추고 속이고 위장하고 변장하는 것입니다. 우리들의 말과 행동을 자세히 살펴보면 정말 거짓된 게 많습니다. 이렇게 거짓으로 얼룩진 마음을 진실하게 하는 것, 이것이 마음을 청결하게 하는 것입니다. 진실하다는 것은 "밀칠 하지 않은"이라는 뜻입니다. 도자기의 흠결을 감추기 위해 밀칠하듯이 우리의 흠결을 감추기 위해서 거짓과 변명을 하지 않는 것입니다. 그러므로 사람 앞에서 있는 그대로의 모습을 보이시기 바랍니다. 사람에게도 잘 보이려고 꾸미거나 덧붙이거나 과장하지 말고 있는 모습 그대로를 보이십시오. 그런 투명함과 시원시원함이 사람에게도 사랑받게 합니다. 진실하면 모든 사람 앞에 사랑받는다는 사실을 꼭 기억하십시오. 정직함이 매우 중요합니다.

셋째, 매일 마음정화(10/10)

우리의 마음이 더럽히는 것 중의 또 하나가 부정적인 생각입니다. 매사를 부정적으로 보고 말하는 사람들이 있습니다. 입만 열면 비판과 비난을 일삼는 사람들이 있습니다. 마음이 청결하지 못한 것입니다. 시기와 질투, 지나친 경쟁심을 가진 사람들이 있습니다. 그래서 늘 다투게 됩니다. 이런 마음이 사람을 더럽게 합니다.

이런 마음을 정화시키기 위해서 늘 성찰하고, 사랑과 평화로 가득 채우는 것이 필요합니다. 여러분의 마음을 온유하게 하고 자비롭게 하십시오. 이해와 용납, 용서와 화해를 중요시 여기십시오. 그리고 자신을 알아가는 시간을 눈뜨면서 10분, 자기전에 10분을 투자 하십시오.

마음이 청결해지면 제일 먼저 내가 행복합니다. 그리고 다른 사람을 행복하게 만듭니다. 얼굴이 어두운 사람이 있습니다. 마음이 어둡기 때문입니다. 이런 사람은 그의 인생도 어둡고, 그 어두움은 주변까지도 어둡게 합니다. 이를 위해서는 우리의 마음을 밝게 하는 것부터 필요합니다.

넷째, 믿음/자신감

우리는 늘 위험과 시련이 따라 다니고 있습니다. 한치 앞도 모르는 게 사람입니다. 위기는 기회이며 믿음이 극한 시련 속에서도 마음을 밝게 하고 힘 있게 살아가게 하는 원동력이 되는 것입니다. 어떤 상황 속에서도 자신의 마음을 경영하고 믿음으로 의지할 때 우리는 그 믿음을 통해 자신을 뒤돌아 볼 수 있으며, 믿음으로 마음을 밝게 할 수 있을 것입니다.

다섯째, 꿈과 희망

마음이 어둡고 얼굴이 어두운 것은 어두운 과거에 매여 있거나 무겁고 절망적인 현실에 매여 있기 때문입니다. 이런 사람은 어리석고 불행한 인생에서 빨리 벗어나야 합니다. 그리고 우리의 미래를 아름답게 한다는 믿음으로 마음을 밝게 하시기를 바랍니다. 자신을 통해서 이룰 뜻(목표, 꿈, 비젼)에 집중함으로 마음을 밝게 하기를 바랍니다. 과거와 현실의 어두움을 꿈과 희망으로 극복하고 자신이 펼쳐갈 미래를 꿈꾸며 밝은 마음으로 살아가기를 바랍니다. 현재는 선물이며 지금은 가장 소중한 자산입니다.

여섯째, 나눔과 베품(봉사)

마음속에 나눔과 베품을 가득 채우고 꿈을 품으면 마음이 밝아집니다. 여기서 한 걸음 더 나아가 우리의 마음의 밝음을 유지시키는 방법이 있습니다. 그것은 봉사하는 것입니다. 다른 사람에게 봉사함으로써 나눔과 베품을 알아가는 것입니다. 세상은 좋은 것과 나쁜 것이 같이 공존합니다. 그리고 세상에 공짜는 없습니다. 꿈만 꾸고 있으면 다 되는 게 아닙니다. 꿈만 꾸고 있는 그곳에 머물면 금방 먹구름 같은 근심이 밀려옵니다. 그래서 나눔과 베푸는 것이 필요합니다. 봉사는 근심의 먹구름을 날려버립니다. 나눔과 베품이 여러분의 얼굴을 빛나게 합니다.

일곱째, 아름다운 마음

얼굴은 안 예쁜데 마음이 아름다워서 얼굴도 아름답게 보이는 사람이 있습니다. 반대로 얼굴은 예쁜데 마음씨가 그렇지 못해서 스스로 얼굴을 깎는 사람이 있습니다. 우리나라는 성형천국이라고 하는데, 마음의 성형을 한다면 얼굴 성형으로는 만들 수 없는 아름다움을 갖게 됩니다. 마음의 성형은 오직 자신만이 할 수 있습니다.

여덟째, 초 긍정적인 마음

사람이 오감(五感)을 어떻게 사용하느냐가 그 사람의 마음과 인격과 삶을 좌우합니다. 초 긍정은 초 긍정적인 삶을 살아가게 합니다.

아름다운 것을 보고 듣고 자란 사람의 마음과 인격과 삶은 아름답지만 추하고 더럽고 상스러운 것을 보고 듣고 자란 사람은 그 마음과 인격과 삶이 아무래도 거칠게 되어 있습니다. 그래서 환경이 중요하다고 하는 것입니다. 아름다운 것을 접촉하시기 바랍니다. 아름다운 것을 보십시오. 아름다운 자연을 접하십시오. 사람을 만나더라도 지성미, 우아미, 순결미, 성결미를 가진 사람을 만나십시오. 영화를 보더라도 아름다운 영화를 보십시오. 아름다운 소리를 들으십시오. 자연의 소리를 들으십시오. 음악을 들어도 클래식음악을 듣고 말을 들어도 아름다운 말이 아니면 귀를 닫으십시오. 아름다운 것을 보고 듣고, 아름답게 생각하십시오. 그리고 아름답게 말하고 표현하십시오. 그러면 인격과 삶이 아름다워질 것입니다.

아홉째, 나는 보물중의 보물

"나"라는 존재는 유일무이한 보물 중의 보물입니다.

남자의 정자(대략 3억개)와 난자(1개)중에서 가장 똑똑한 정자 1마리가 "나"로 선택 되었으며, 세계 237개국, 인구 70억중의 한 사람입니다.

보물 같은 돌을 보석이라고 합니다. 감히 비교할 순 없지만 억지로 보석과 단순 비유를 해봐도 얼마나 귀한 존재인지 알 수 있습니다.

다이아몬드 1캐럿이 0.2g이며, 이 가격은 대략 일천만~이천오백만원이 간다고 합니다. 나의 몸무게를 70kg으로 가정한다면 70.000g으로 약 3조 5천억의 귀중한 존재입니다. 이러한 고귀한 존재가 돈의 유혹에 넘어가야 되겠습니까? 예를 구태어 들지않아도 이 사회는 돈의 유혹에 물들어 있습니다.

마음을 정화하는 방법

1. 항상 웃으면서 살자.

항상 웃는다는 것은 쉽고도 어려운 일입니다.

매일 15초만 웃어도 이틀을 오래산다는 말이 있습니다. 웃음과 유머는 이 시대의 필수입니다. 웃음의 3,5법칙이 있습니다. 억지로라도 웃으면 세상이 달라 보입니다. 유일하게 사람만이 웃음을 가지고 있습니다. 어린애 같은 마음으로 기회 있을 때마다 웃는 얼굴을 하는 것만으로도 행복해집니다.

"웃는 얼굴에 침 못 뱉는다"는 우리의 속담도 있습니다.

우리에겐 서양과 비교해도 유머와 웃음이 많이 부족합니다. 웃음으로써 복이오고, 행복해 집니다. 웃음은 인생을 살아가는데 절대적으로 필요한 비타민과 같은 요소입니다.

2. 장점만 찾아 배우자

사람은 누구나 자신의 주장은 강하게 하되 남의 말은 애써 잘 듣지 않습니다. 사람과 귀신의 차이는 그림자가 있느냐 없느냐 입니다. 누구나 장점과 약점이 있다는 말입니다. 그림자는 덮어주고 장점만 찾아 배우면 됩니다.

어떤 사람은 사사건건 트집을 잡고, 시비를 걸고, 괴롭힙니다.

이렇게 까다롭고 괴팍하면 먼저 사람들에게 좋은 대접을 받지 못하며, 자기 발전이 없고, 결국 사람들에게 버림을 받습니다. 주위에서 괴팍하다해서 그 사람의 그런 면만을 찾아 얘기한다면 결국은 더욱 까다롭게 되며, 자기의 주장만을 되풀이 할 뿐입니다. 이러한 사람에게도 분명히 장점은 있습니다. 이러한 장점을 찾아 얘기하고 칭찬을 한다면 아름다운 세상이 될 것입니다.

3. 서로 베풀며 도우자

마음속에 나눔과 베품을 가득 채우고 꿈을 품으면 마음이 밝아집니다. 여기서 한 걸음 더 나아가 우리의 마음의 밝음을 유지시키는 방법이 있습니다. 그것은 봉사하는 것입니다. 다른 사람에게 봉사함으로써 나눔과 베품을 알아가는 것입니다. 그것이 바로 사랑입니다. 세상은 좋은 것과 나쁜 것이 같이 공존합니다. 그리고 세상에 공짜는 절대 없습니다.

사랑을 받기위해서 태어났다는 노래가사가 있습니다. 사랑을 주기위해서 태어났다로 바꾸어야 한다는 생각입니다. 덕 보려고 하는 마

음보다는 덕을 주려는 진실한 마음이 베품이고 봉사입니다. 먼저 베푸십시오

4. 내가 스스로 변화하자

별 것도 아닌 것을 가지고 고집을 부리는 사람이 있습니다. 자존심이 강한 사람(열등감에 사로잡힌 사람)이 그럽니다. 고집을 꺾으면 남에게 무시당할까 봐 고집을 부리는데 사실 그렇지가 않습니다. 옳고 좋은 일을 선택하는 것은 다른 사람에게 칭찬받고 존경 받을 일입니다. 사람은 옳고 좋은 것을 선택할 줄 아는 유연한 사람을 좋아하고 사랑하고 축복합니다. 그러므로 자존심을 꺾고, 고집을 꺾는 연습을 하여 늘 옳고 좋은 것을 선택함으로 내 스스로 변화하여 많은 사람들에게 사랑받고 축복받는 사람이 되어야합니다.

5. 인맥관리를 소중히 하자

"만남은 인연이지만 관계는 노력입니다." 그리고 지금은 우(友)테크 시대입니다.노력은 피와 땀과 눈물이 바탕이 되어야합니다. 사람이 소중합니다.

인생 100세의 시대에 우리는 살고 있습니다. 과학의 진보가 가져다 준 선물이지만 사람에 따라서는 끔찍한 비극이 될 수 있습니다. 60세에 퇴직한다 해도 40년을 더 삽니다. 적당한 경제력과 품위가 받쳐 주지 않으면 그 긴 세월이 신산(辛酸)의 고통이 될지도 모릅니다. 그러나 돈과 건강을 가졌다고 마냥 행복한 것만은 아닙니다. 서로 아끼고 사랑하는 주위 사람들과 인생이 없다면, 누구든지 고독한 말년을 보내야 할 것입니다.

이제 행복의 공동체를 만드는 기술을 개발하고 인맥관리를 소중하게 하여 우(友)테크로 행복하게 살 수 있는 마음경영이 필수입니다.

6. 남의 말을 잘 경청하자

경청은 상대방에게 자신의 생각을 전달 할 수 있게 하는 기회를 제공하는 것입니다. 먼저 상대방이 무엇을 이야기하려고 하는지를 잘 경청하여 파악하고 상대방과 대화한다면 마음의 요지를 파악하는데 도움이 될 것입니다.

누구나 자기의 주장은 다 옳다고 생각합니다. 하지만 남의 애기를 들음으로써 상대방을 이해할 수 있고 상대방과의 대화가 쉽게 이루어 질수도 있습니다. 경청은 말하는 사람과 듣는 모든 사람에게 혜택을 주는 놀라운 능력인 것입니다. 우리의 인생은 자기 하는 대로 이동합니다. 그런 마음을 경영하고 움직이는데 필요한 시간과 노력을 남에게 의지하시겠습니까?

마음경영은 나(吾),사랑(愛),자신감(忍),나너우리(緣),일체유심조(心)로 누구나 쉽게 스스로의 단련을 통해 마음경영의 달인이 되어 행복한 삶을 영위하면서 이 사회의 빛과 소금이 되길 소망합니다.

오애인연심(吾愛忍緣心)

吾唯知足(오유지족): 1단계 "나" -타타타-

나 오, 오직 유, 알 지, 족할 족
나 스스로 오직 만족함을 안다 라는 뜻입니다.

부처님께서 남기신 유언으로 열심히 노력하고 최선을 다 한 다음 얻어지는 결과에 감사한 마음으로 만족할 줄 안다면 그 자체가 행복이며 부자가 되는 것이라고 가르치셨습니다.

아무리 지식이나 재산이 많아도 자신이 만속하지 않으면 불행하고 모든일에 감사하고 주어진 현실에 만족하면 행복하다.

敬愛順從(경애순종): 2단계 "사랑" -무조건-

공경 경, 사랑 애, 순할 순, 좇을 종

공경하고 사랑하며 따르며 복종한다 라는 뜻입니다.

사랑은 조건이 필요 없으며 무조건적인 사랑이 참사랑입니다.

사람은 사랑받기위해서 태어난 것이 아니라 사랑주기위해 태어났습니다. 부모의 사랑에 대한 도리가 효도입니다.

친구와 애인의 공통점은 말이 필요 없다 입니다. 딱 보면 압니다.

진정한 사랑은 마음을 움직이는 사랑입니다.

忍耐維持(인내유지): 3단계 "자신감" -사 내-

참을 인, 견딜 내, 이을 유, 가질 지

참고 견디며 지탱하여 나아간다 라는 뜻입니다.

자신감은 안의 나와 밖의 나의 싸움에서 이기는 것입니다.

지는 것은 자살입니다. 절대 자살을 하지 말아야하는 이유가 여기에 있습니다. 거꾸로 생각하면 희망이 보입니다. 자살은 비겁함의 극치이며 나를 낳아준 부모에 대한 최대의 불효입니다.

세 번만 생각하면 세상이 달라 보입니다.

緣木求魚(연목구어): 4단계 "나너우리" −동반자−
인연 연, 나무 목, 구할 구, 물고기 어
나무 위에서 물고기를 잡으려 한다 라는 뜻입니다.

사람은 혼자서 살수 없습니다. 더불어 살아가야하는 존재입니다.
사람 인 자의 받쳐주는 사람이 누구인가가 매우 중요합니다.
만남은 인연이지만 관계는 노력입니다. 이 노력은 피와, 땀과 눈물이 동반되어야 진정한 열매를 맺을 수 있습니다.
하루에도 오만가지 생각들로 가득한 존재가 바로 사람입니다.
따라서 사람, 사람, 사람을 조심해야합니다. 물론 좋은 사람을 만나면 인생이 달라집니다. 나쁜 사람을 만나면 나쁜사람이 됩니다.
세숫대야에 맑은 물이 한 대야있으면 흙탕물이 몇 방울 떨어져도 맑은 물이 되지만 흙탕물이 한 대야 있으면 맑은 물 열방울이 떨어져도 흙탕물이 됩니다. 내 주위가 흙탕물인지 맑은 물인지 마음의 거울인 사람의 눈과 나의 양심에 비추어보면 압니다.

一切唯心造(일체유심조): 5단계 −아싸! 빙고−

한 일, 모든 체, 오직 유, 마음 심, 지을 조
모든 것은 오직 마음먹기에 달렸다 라는 뜻입니다.

마음은 밝기로 말하면 대천세계를 다 밝히고도 남으며 크기로 말하면 이 세상을 다 채우고도 남는다고 합니다. 원효대사가 당나라 유학길에서 깨우쳤다는 해골에 담긴 유명한 일화가 있습니다.

어젯밤에 마셨던 물이 아침에 일어나보니 해골에 담긴 빗물이라는 얘기는 누구나 다 아는 깊은 의미가 있습니다. 모든 생명체중 유일무이한 사람만이 존엄한 마음을 가지고 있습니다.

이 마음은 오로지 자신만이 움직일 수 있으며 이를 좋은 방향으로 나를 이 땅에 보내신 분의 뜻을 따라 실천하는게 중요합니다.

한치 앞도 모르는 게 바로 사람입니다. 세계237개국 70억인구 중의 한 사람이 바로 나입니다. 나는 보물중의 보물입니다. ㅎㅎㅎ

-서동고개 연구실에서-

김블라시오

국가유공자, 인성교육지도사 / 마음경영연구소장 / 시인 · 수필가
월간 국보문학 제12기 신인상 시인등단
경성대학교 무역대학원 국제경영학과(경영학석사)
서울시인대학 부학장 / 교수 / (사)한국경영기술교육협회 전임교수
(사)한국자격진흥협회 평생교육원 전임교수 / 심리상담사 1급
한국문학신문 전국총괄본부장 / 기자 / 국보도자기 사업본부장
난초고지의 작은영웅 수필당선(국방홍보원 다큐멘터리영화제작)
(사)문화예술진흥협회 독도시낭송대회 우수상 수상(영원한섬 독도)
(사)대한민국국보문학협회 부회장

장모사랑 사위질빵

김경은

고향은 항상 그리움의 대상이고 향수를 달랠 수 있는 추억의 대상이다. 언제나 서쪽 하늘과 땅은 늘 나를 부르고 있다. 이맘때면 언제나 백조처럼 하얀 모습으로 나타났다가 사라져 버리는 구름이 떠오르고, 서산에 해넘이 저녁노을 볼 때면 아버지가 소를 몰고 논두렁을 지날 때 지게꼬리 잡고 놀 때 나를 부르시던 생각이 난다. 고향집 울타리를 가득 채운 무화과나무와 백사장에 가득 핀 해당화는 언제나 그리움의 대상이 되고 있다.

안면도 해변가에서 바지락 칼국수로 고향의 맛을 파는 현정이가 보낸 메일에 "고향에 좀 와라, 지지배야!" 라는 짧은 한 줄의 정겨움이 묻어난 메일을 읽는 순간 마침 즐거운 토요일을 어찌 보내야 잘 보냈다고 소문날까 고민하던 중이었다. 간단한 여행준비를 해서 서해안으로 달렸다. 너와집처럼 지어 놓은 별장이 있으니 언제든지 친구들과 여행 오면 사용하라는 오빠의 고마운 배려에 고향으로 가는 여행에는 큰 부담이 없다.

긴 서해대교를 지나 삽교천 방파제를 지났다. 펼쳐진 푸른 들녘과 파란하늘의 지평선을 보면서 변화의 물결로 옛 모습을 찾을 수 없도록 발전된 태안을 지나 비릿한 바다 냄새와 갈매기 날갯짓하며 "끼룩" 소리 들리는 안면도 꽂지 바닷가에 도착하였다. 항상 그 자리에서 묵묵히 서해바다를 지키고 있는 할메바위, 할아비바위를 바라보며 "안녕하세요?" "오야! 어서 오너라." 으레 이렇게 인사 주고받는 것이 고향땅 밟는 첫 순서이다. 넓게 펼쳐진 하얀 갈매기들이 우아하게 날개를 펼치며 한가롭게 날며 하나 둘 갯바위에 모여들기 시작하였다. 지는 태양이 아쉬움에 표현인지 모두 석양을 바라보며 앉아 있는 모습이 귀여움의 극치였다. 수평선 저 너머로 서서히 석양빛이 물들기 시작하면서 해변에는 일몰을 보고자 하는 사람들이 삼삼오오 모여들기 시작한다. 손을 잡고 오는 연인들의 얼굴, 멍게와 해삼을 벗삼아 한잔의 추억을 마신 친구들 얼굴, 효도관광을 온 노부부의 얼굴에는 저녁노을이 가장 먼저 찾아들어 황혼 빛이 물들고 있다. 한낮에 이글거리던 붉은 태양은 수평선 넘어 바다 속으로 잠기면서 까지도 장렬한 광채를 하늘과 바다 그리고 할메바위와 할베바위를 붉게 덧칠한다. 서해바다를 온통 붉은 물감으로 뿌려놓으며 바다 속으로 잠기는 모습은 용광로에서 흘러나오는 쇳물과 같이 진한 그리움으로 때로는 정열적인 사랑으로 빨간 여운을 남기며 사람들 가슴에 추억을 심어주고 있다. 갈매기의 군무가 시작되면서 수평선 노을에 그리려고 하는 뭇 사람들의 환호가 들리며 한 장씩 찍기 시작하는 사진 속에 추억을 만들어 놓았다. 황혼이 지나간 자리에는 밀려드는 파도의 울음소리가' 쏴아, 쏴아' 별들이 쏟아내는 눈물을 삼키고 있는 것 같다. 해변가의 여름밤은 깊어 가고 있었다. 끝없이 밀려드는 파도의 울음소리와 풀벌레가 부르는 해변의 노래가 하모니를 이루며 밤을 지새우게 하였다. 아무도 없는 이른 새벽바다 파도는 어디서부터 밀려오는지 알 수 없지만 하얗게 부서지면 또다시 밀려와 망망대해 외로움을 한 겹씩 벗겨내듯 어느 마도로스의 무쇠 가슴도 멍이 되어 파도에 흰 꽃으로 부서지고 있었다.

신발을 벗어들고 모래사장을 걸으면서 잠시 두고 온 그리움을 파도에 부서지지 않도록 그물로 던져놓고, 다시 떠오르는 찬란한 아침햇살을 꽃지 해변에서 받았다. 해변의 아침은 수평선 너머로 손을 흔들던 노을의 느낌과는 사뭇 다른 밤새 밀려들었던 파도에 씻겨 깨끗해진 맑은 기분이었다. 아침의 시작은 숲과 풀숲에서 자라나는 야생초와의 만남으로 시작하기로 하였다.

안면도 수목원 휴양림으로 향한 길가에는 맥문동이 보라색 꽃을 피워 수를 놓고 있는 모습이 초입부터 가슴을 설레게 한다. 쭉쭉 뻗은 해송은 안면도의 자존심이고 자랑이며 한없이 위대해 보이는 소나무다. 해송을 볼 때마다 너무 멋져 보이니 "잰틀송"이라 이름 주고 싶다. 항상 푸름을 잃지 않으니 변치 않는 사람을 볼 때면 안면도 해송을 생각하게 된다.

나무계단을 한 계단 두 계단 오르며 숲속에 야생초와 눈 맞춤을 했다. 소나무아래 싸리 꽃과 아직까지도 피어있는 애기똥풀꽃이 보였다. 안면도 특종인 먹넌출이 소나무를 오른쪽으로만 감아 올라가는 모습은 정말 먹칠한 것처럼 짙은 자녹색이다. 그래서 먹넌출이라 부르게 되었다고 한다. 이름 모를 잡초들을 헤집고 쌓인 낙엽 긁어내며 안면도에서만 자라는 춘난을 찾아내어 사진을 몇 컷 찍고, 내려오는 길에 깊은 도랑을 하얗게 뒤덮어 눈이 내린 듯 한 모습으로 눈이 부실 정도로 환하게 피어 있는 꽃밭이 눈에 들어왔다. 으아리인줄 알고 가까이 가서 보니 으아리 이파리는 가장자리에 밋밋하고 톱니가 없는데 이 식물은 이파리 기장자리에 톱니가 있으니 사위질빵이었다. 우리나라 야생초이름은 참 재미있는 이름이 많다. 며느리배꼽, 개불알풀, 깽깽이풀 등등 사위질빵도 그 중에 하나이다.

우리의 미풍양속에 사위가 처갓집에 오면 백년손님이라 해서 씨암탉을 잡아 사위사랑을 표시하는 것을 보아왔지만, 사위사랑을 식물로도 표현했다는 이야기가 있으니 역시 며느리사랑은 시아버지고 사위사랑은 장모란 설이 맞는가 보다. 전해내려 온 사위사랑은 '처가의 가을걷이를 도와주러 온 사위가 갸륵해서 항상 사위가 일꾼들보다 작은 양의 짐을 실어 지게질을 하게 하는 방법이 없을까 생각하던 차에 금방 끊어질 풀줄기로 질빵을 만들어 무거운 짐을 져서 끊어진 것처럼 하여 사위의 체면도 살리고 허리도 지켜주려는 사위에 대한 지극한 사랑의 표현이 전해져 내려오고 있다.' 그래서 사위질빵이라 했다고 한다. 장모인 우리엄마만 봐도 딸보다 사위걱정을 더하는 거 보면 꽃 유래가 정말이었을 거라 믿어지고 사위질빵 꽃이 더더욱 사랑스럽고 아름답게 느껴진다.

뻗은 줄기를 낱낱이 살펴보았다. 잎은 줄기에 서로 마주보고 붙어있고, 그 잎은 뾰족하게 3갈래로 나누어져 있으면서 잎 가장자리에 톱니가 드문드문 나 있다. 잎을 뒤집어 뒤를 보니 잎맥에 잔털이 보송하게 나 있어 잎의 수분을 조절하고 있는 작용을 이곳에서 하고 있음을 알 수 있다. 7월부터 피기 시작하는 꽃은 9월이면 끝을 맺는데 작은 꽃잎이 4장으로 동서남북을 가리키고 있으며 꽃받침 잎도 4개로 흰색이다. 표면에 잔털이 나 있고 수술이 꽃받침과 길이가 거의 같아 수술인지 꽃받침인지 구별하기 힘들다. 가을이면 열매가 5~10개가 모여 담갈색털이 있는 화주가 달려 있는데, 암술대에는 흰색 또는 연한 갈색 털이 나 있어 마치 목화송이가 몽실몽실 무리지어 있는 것 같이 보인다. 씨앗마다 털이 난 긴 꼬리가 붙어서 바람이 부는 가을이면 어디론가 바람타고 날아가는 모습을 볼 수 있다. 사위사랑이 담겨져 있어서 그런지 친근감이가는 예쁜 꽃이다. 꽃송이가 작아 눈으로만 예뻐 해줘야 할 연약한 별 같은 꽃모습인데 향기 또한 그윽하다. 덩굴이 다른 나무들에게 지탱하여 뻗어가며 꽃을 무리지어 피어있는 모습이 그야말로 눈이 내린 꽃밭이다. 얼핏보면 으아리와 비슷하니 혼동

하기 쉬운데 으아리는 위령선이라 부르고 사위질빵은 여위(女萎)라고 하는데, 한의원에서는 줄기로 이질消내詣탈항燒擔탕森 등의 약재로 쓰이고 신경통과 근골통 ,경간(驚癎)에도 쓰인다고 한다. 어린 잎은 묵나물이라 하여 나물로 먹는데 독성이 있어 뜨거운 물에 데쳐서 독성이 빠지게 오래오래 우려낸 후에 식용해야 한다.

사위질빵 꽃이 다른 식물들 따라 도랑을 덮어버려 시냇물이 흐르는 소리만 들릴 정도로 무성하다. 도랑둑 옆에 무궁화나무들이 가로수처럼 서있는데 탐스럽게 큰 꽃이 활짝 핀 모습을 보며 나도 모르게 중얼거린다. "무궁화 꽃이 피었습니다." 순간 떠오른다. 김진명씨의 "무궁화 꽃이 피었습니다." 책을 얼마나 감명 깊게 읽었는지 소설 속에 나오는 이용후 박사 즉 이휘소 핵물리학박사의 의문에 죽음! 그 책을 읽으며 애국심이 끓어올랐던 기억이 나서 우리나라 국화이기에 더 자랑스럽고 귀한 꽃이라 여겨져 사진기에 소중히 담았다. 무궁화나무 그늘 아래서 식물도감을 펼쳐놓고 사위질빵에 대해 조사한 내용을 열심히 메모 하고 있는데, 안면도 문화해설사가 다가와 "맥문동 이름을 아는 사람이 없다"면서 시 한 수를 읊어주고 싶은 사람이라 하며,

"풀꽃/ 나태주/ 자세히 보아야 예쁘다.//
오래 보아야 사랑스럽다.//
너도 그렇다."라는 짧은 시를 들려주었다.

화려하지는 않지만 그윽한 아름다움과 야생초의 사랑스러움이 표현된 시로 다가왔다.

꽃지를 지키는 할메바위, 할아비바위

김경은

토요일은 항상 즐겁다. 친구 금비랑 어디든 발길 닿는 대로 여행을 떠나기로 의견일치를 보았다. 우리는 라디오에서 흘러나오는 음악 볼륨을 높이고 고향땅이 있는 서해안으로 계획도 없이 무작정 떠나는 여행은 청춘을 그리게 하는 기분도 스릴 만점이었다. 들에는 초록색에서 황금색으로 변하려는 여름 내내 장마로 물먹은 벼이삭들이 강렬하게 내리쬐는 햇볕에 고마움을 표시하듯 고개 숙이고 있다. 한창 익으려고 몸부림치는 이삭들이 태양과 하모니 되어 스쳐가는 늦여름바람에 풍년가 합창소리로 들려왔다.

성질 급한 키 작은 코스모스는 늦여름 더운 바람에 한들거리며, 저만치 가을이 오고 있음을 미리 알리려 피어있다. 금비의 운전 실력을 자랑하듯 SM5 는 서해안 고속도로를 달리니 고향냄새가 나기 시작하는 태안읍내에 와있었다. 차창 밖 가로수로 심어진 배롱나무는 바람에 한들거리며 붉은 웃음을 보여주며 태안반도 꽃지로 가는 길로 안내하고 있었다.

지난해에 꽃박람회 때 박람회장에 가다가 차량들의 정체로 박람회장까지 못하고 형제가족 모두 투덜대며 되돌아온 적이 있었는데, 오늘은 한가한 시간이어서 그런지 주차장에는 여유 있는 공간이 있었다. 꽃지 바람이 불어오는 젓개포구 앞에 아치형 꽃다리가 사랑스럽게 오가는 발길을 공중에다 발자국 남기며 꽃타령을 하듯 무지개로 보인다.

안면도 이 지역을 좀 더 많이 알고자 시간절약과 알뜰여행 하기위해 안내를 부탁한 터줏대감 자칭하는 지인으로부터 안면도에 대한 자랑과 자세한 설명을 듣기로 했다. 밧개해수욕장에서 펜션 사업으로 바쁘신 중에도 "갠차나유" 기꺼이 반겨주시며 키조개구이와 꼼장어구이며 융숭한 대접을 해주신 안면도총대장의 충청도 내 고향 사투리가 한없이 정감이 갔다.

안면도 지명에는 예쁜 이름들이 많다. 몽산포, 연포, 천리포, 밧개, 꽃지, 등 해수욕장도 많지만 안면도 최초 해수욕장은 방포해수욕장이라 했다. 그 뜻은 일제시대 때 젓개의 젓이 곁(옆)의 사투리가 잘 못 오기되어 생겨난 지명이라고 했다.

밧개해수욕장은 철지난 바다라 한적해 보이고 땅콩이 심겨져있는 모래밭과 백사장의 경계선 둑길에 달맞이꽃이 유난히도 노랗게 피어 청초함을 뽐내며 해수욕장을 찾는 사람들을 맞이하고 있었다. 석양빛은 온통 바닷물을 붉은 물비늘로 그림을 그려 반짝거리며 일몰 예술잔치 준비 중임을 알리고 있으니 많은 사람들이 모여들고 있었다.

우리나라에서 유명한 3대 낙조를 구경하려면 강화도에 석모도와 부안에 채석강과 바로 이곳 안면도에 꽃지 해변으로 꼽을 수 있다. 지난해 산악회에서 여행을 따라간 적이 있었는데, 부안에 있는 채석강에서 일몰을 보고 그 멋진 황홀한 풍경에 도취되어 있는 사이 일행들이 모두 간 줄도 모르고 그만 혼자 떨어져 밀물이 들어오는지도 모르고 앉아 있다가 바다귀신이 될 뻔했던 일이 생각난다. 갯바위에 철썩철썩 부딪치며 잡아먹을 듯 허연 이빨을 드러내고 점점 울림이 커져가는 무서운 파도와 자꾸만 발밑까지 차오르는 사나운 바다 물결에 방방 뛰고 울며, 당황해하는 푼수아줌마를 진정 시켜가느라 진땀 흘리며 침착하고 기사도정신이 투철한 정빈총각 등에 업혀 간신히 채석강 바위를 탈출했던 낙조에 추억! 어느 짓궂은 임이 카페에 그 우스꽝스러운 사진을 찍어 올려 지금도 가끔 웃지도 울지도 못할 놀림감으로 "업어줘잉" 그때부터 유행처럼 번진 말 때문에 한동안 민망해서 그 산악회의 산행을 발길을 끊었었다.

부안의 채석강 일몰보다 더 멋진 지금 꽃지 바다에서는 장엄하고 황홀한 황혼 빛의 장관이 펼쳐지고 있었다. 관광객들이 일제히 감탄사를 품어대며 카메라에 풍경을 담느라 분주했다. 할메바위와 할아비바위가 어우러진 황혼 빛에 물들이는 낙조에 황홀한 아름다움이 전개되고 있는 신비한 풍경은 눈시울까지 느껴지는 감동에 안내해주는 그 동네 가이드가 흐뭇해하며 안면도 주민으로서 자부심을 느끼듯이 어깨에 으쓱 으쓱 힘이 들어간 모습이었다.

꽃지로 오길 잘했다며 친구랑 잊을 수없는 여행이라며 노을감상에서 헤어나지 못하고 한참을 꽃지해변에서 머물렀다. 할메와 할베의 황혼 사랑은 스러져가는 세월의 아쉬움에 더더욱 애달픔을 붉은빛으로 토해내고 있는 풍경을 볼 수 있음에 "사랑"이란 단어를 다시 한 번 생각을 하게 된다.

여성처럼 아담하고 포근하게 생긴 할미바위섬과 그 옆에 크고 의젓하게 감싸주는 할베바위섬은 꽃지를 지키고 관광명소로 알림이 역할을 하면서 바다 속으로 잠기는 태양이 소나무의 실루엣을 그려내며 자연의 신비스러운 예술을 보여주니 보는 사람들은 돈으로 환산할 수 없는 소중한 행복과 사랑의 정서를 듬뿍 담아갈 수 있으니 꽃지해변을 이다음에 또 찾고 또 찾을 것이다. 보는 각도에 따라 정스럽게도 보이고 손을 뻗어도 닿지 않아 안타까워 슬프게도 보이는 꽃지바다를 지키고 있는 할메바위 할베바위는 '신라 말에 장보고 청해진시절에 북쪽 포구 젓개바위에서 바다를 지키는 수장 "승언" 이란 장수가 배를 타고 출장을 갔다 풍랑에 돌아오지 못하자 아내가 밤낮으로 오매불망 기다리다가 어느 날 비바람 몰아치던 밤에 바다에서 남편이 부르는 소리를 따라 들어가 결국 망부석 할메바위가 되었고 후에 돌아온 그 소식을 들은 남편도 슬퍼하며 그 옆에 굳어버려 할베바위가 되었다' 는 슬픈 전설이 있다.

그래서 꽃지 주소가 태안군 안면읍 승언리이며 안면읍 중심지가 장수이름을 딴 승언(承彦)리 라하고 명승 제69호로 지정되었다. 하루에 한번 썰물이 이루어질 때 작은 홍해바다가 갈라지 듯 속살을 드러내 등길을 열어준다며 사람들의 발길이 쉽게 닿아 훼손이 많아서 동백나무를 심을 거라는 설명도 이어졌다.

천연기념물 제138호 모감주나무 군락지로 향하여 Goiden rain tree 황금색비가 내리는 나무라하는 모감주나무를 둘러보았다. 모감주나무는 중국에서는 학식 있고 덕망과 기품 있는 선비가 죽으면 양반나무라 하여 모감주나무를 심는다고 한다, 금강자라고도 하고 씨앗을 염주를 만들어 쓰기도하며 한의원에서는 잎과 꽃은 간염, 종통, 요도염, 소화불량, 장염에 쓰이는 약재라 한다. 꽃이 떨어질 때는 마치 황금비가 내리는 것같이 보여 벚꽃만큼이나 낙화 모습이 예쁘다.

꽃지 동쪽에 있는 잡화골에는 말 그대로 여러 가지 꽃들이 만발 했다. 안면도 유명한 휴양림 수목원에서 풍기는 솔향기가 온몸을 휘감아 자연이 주는 카타르시스는 야릇한 행복감에 눈이 스르르 감겨졌다. 해송에 멋진 모습은 신사스러운 매끈한 해송다리에 피어오른 송이로 이루어진 솔잎파리로 하늘을 가리고 사이사이 햇살비추니 숲속에 여왕처럼 군데군데 자란 춘란에 잎은 고귀하고 우아한 초록빛으로 자리 잡고 있었다.

너무도 귀한 춘난이라 조심조심 나뭇잎 쌓인 잡초들을 긁어내어 사진을 찍느라 멍개나무가시에 다리를 긁혀 피가 나고 쓰라리지만 그래도 기쁘고 흐뭇했다, 봄에 만났던 보춘화 잎처럼 폭이 좀넓고 짧고 육질이 두텁게 느껴져 보이는데 난 종류에 대해선 잘 모르니, 난치는 친구 호임이랑 같이 왔드라면 하는 생각이 들었다.

그 아래 골짜기에는 안면도 바닷가에서만 자라는 특산종인 먹넌출이 소나무를 감싸 안고 오른쪽으로만 10미터정도 높이까지 감아 올라간 모습이 특이하게 보였다. 잎이 밋밋하며 긴 타원형으로 어긋나 있고 검게 먹칠한 것처럼 짙은 자녹색으로 검은빛에 가까워 강인함을 자랑하고 있었다. 그래서 먹넌출이란 이름을 갖고 있나보다. 꽃은 푸른녹백 색으로 다소 큰 원추꽃차례로 핀다. 안면도에서만 자란다는 먹넌출과 춘난을 직접 볼 수 있으니 이보다 더 소중한 탐방이 어디 있단 말인가? 어느 대학교수와 학생들 몇 명이서 안면도 특산종 춘란과 먹넌출에 대해 관찰중이라면서 열중하는 모습에 나 또한 열심히 메모를 하고 안면도 휴양림에서의 시간은 값진 보람을 느끼는 하루였다.

김경은

충남 서산 출생, 서울 거주
월간 국보문학 수필 부문 신인상 수상
월간 국보문학 회원
약용식물관리사, 건강식이요법사
케어복지사,한의원경력 17년(한약조제)
저서: 토종약용식물해설 공저(2011년)
토종식물해설편람 공저(2011년)
(사)대한민국국보문학협회 정회원
現)이종립한의원 근무

지리산 옛길에 남은 문화는 무엇일까?

정진해

우리의 전통문화를 찾아 나선지도 벌써 십여 년이 훨씬 지나 버렸다. 오늘도 옛 선조가 걸었던 옛 길을 찾아 조금이나마 남아 있을 것 같은 문화를 찾아 나서기 위해 지리산행 버스에 오르게 되었다. 오후 5시에 조계사 앞에서 차가 출발한다고 문자 메시지가 도착하였다. 조계사 앞에 버스가 대기하고 있었다. 차는 함안군 송천 산골마을에 밤 10시경에 도착하였다. 달 밝은 밤에 은은히 들리는 시냇물소리, 바람에 잎사귀 부딪치는 왕대 나무 모두 이곳 산촌에서 들리는 자연의 산물이었다. 초청 주최 측에서 한 상 가득히 차려 놓은 환영의 파티에 시간 가는 줄 모르고 담소를 나누다 보니 시간은 어느새 0시를 지나 1시가 되었다. 자는 둥 마는 둥 뒤적뒤적해 보았지만, 날이 새기만을 기다렸다. 모두 곤히 잠은 들었지만, 창밖은 훤해지기 시작하자 세수하고 머리 감고 주섬주섬 옷을 입고 밖에 나갔다.

카메라를 목에 걸고 넓은 마당에서 기지개를 펴고 어젯밤 주최 측에서 약 20여 분 걸어가면 400년 된 마적송(소나무)이 있다고 하기에 그곳에 가기로 하고 마당을 벗어났다. 왕대 나무 사이로 불어오는 바람이 물결소리를 내며 지나가고 있고, 동리의 개 짖는 소리가 들리고,

들로 나가는 동리 주민의 헛기침소리가 들리기 시작하였다. 주위는 밝았지만, 아직 해는 산 을 넘지 못한 채 주변을 훤히 여울을 남기고 있었다. 마적송을 찾아 동리에 들어서자 할머니께 "마적송으로 가려고 하는데 어디로 가야 하나요"라고 물었더니 손가락으로 방향을 가르쳐 주었다. 그 손가락방향으로 뚜벅뚜벅 아침부터 땀을 흘리며 올라갔다.

길은 콘크리트로 포장은 되어 있었지만 걸어가기엔 불편이 없었다. 산 아래에서 들리는 굿 당의 풍악 소리는 지리산 한 계곡을 요동치게 하고 있었다. 이른 아침부터 두 곳의 굿 당 집에서 신을 부르는 장단인지 신을 보내는 장단인지 무구를 두드리는 소리가 요동친다. 뒤돌아 내려가려고 하였지만, 목표지점이 마적송이기에 계속 높은 고지를 올라갔다. 길 주위에는 야생화가 아침을 맞을 준비를 하고 계곡에서 내려오는 물소리는 이마에 흐르는 땀을 말려주고 이었다. 아무리 올라가도 보이지 않는 마적송은 도대체 어디에 있을까? 아니면 잘 못 길을 택하지는 않았는지? 그래도 이곳까지 왔으니 끝까지 가보기로 하고 더 오르니 '문수사'라는 절이 앞을 막았다. 이 길은 문수사로 끝을 맺었다. 그러면 길을 잘 못 택하였다는 결론이었다.

문수사 대웅전, 문수전, 삼성각, 종루를 둘러보고 경내에 심어진 수많은 야생화에 카메라의 초점을 맞추어 촬영하였다.

산방에서 문을 열고 나오는 노스님은 조심조심 걸음을 놓고 있었다. 합장하여 마주 인사를 끝내고 절집을 나섰다. 올라오면서 보아 두었던 야생화를 찾아 촬영하면서 내려오니 굿당의 무궁소리는 더 요란하게 들렸다. 마을 초입에 내려와 마을 분께 마적송을 물었더니 "아이고 길을 잘못 갔다"라고 하였다. 아랫길로 갔어야 하는데, 마을 분과 이런저런 이야기를 하면서 다시 그곳으로 갔다 오면 늦을 것 같아서 포기하고 아침밥을 먹기 위해 식당으로 들어가니 음식은 사람을 기다리고 있었다. 가장 먼저 자리를 잡고 차려 준 산나물과 쑥국으로 맛있게 아침을 해결하였다. 쑥국이 맛있어서 2그릇을 먹었다. 한 상에 나오는 자연산 봄나물은 도시에서 맛보기 어려운 것이었다. 식당 전날 주인아저씨가 모두 채취했다고 하였다.

버스에 오르니 차는 어디론가 달리고 있었다. 창밖의 풍경은 다랑논이 산촌임을 알려 주었다. 차는 경남 함양에서 전북 남원으로 향하고 있었다. 전북 남원시 인월면 인월리에 도착하자 모두 버스에서 내렸다. 이곳부터 걸어서 경남 함양 마천면 창원리까지 가는 코스이다. 동리를 벗어나 산으로 가는 길에 표시 목을 세워 놓았다. 이곳부터 지리산 옛길을 복원하였다고 하였다.

옛길이라면 어떤 것이 옛길인지 많은 생각을 하였다. 그리고 내 나름대로 기준을 만들어 보았다. 지리산 옛 길을 복원하였다고 하였는데, 옛길이 도대체 어떤 것일까 많은 궁금증을 갖고 평가단의 한 일원으로 참여하게 되었다. 산길이라면 둘째가라면 서운할 정도인 내가 산길이 어떻고 옛길이 어떤 것인가 다른 길일까 아니면 같은 길일까 생각하면서 첫발을 딛는 그 지점부터 옛길을 걸었다. 오솔길을 지나고 논길에 접어들었다. 이 논은 최근에 축대를 쌓아 만든 논인데 옛길이라고 논길을 걷고 있었다. 이제부터 의심이 가기 시작하였다. 앞에는 모 방송국에서 나를 향해 카메라를 대고 있었다. 많은 생각을 하면서 논길을 지나서 저수지 둑길에 모두 모여 쉬었다. 그리고 논길을 멀리서 보았다. 진정 옛길이라면 그 길은 논 밖으로 거닐어야 하는 것이 정상이 아닐까 생각하였다. 저수지 둑길을 벗어나니 이번에는 콘크리트길이 산을 향해 길이 나 있었다. 이것이 옛 길인가? 수많은 의심이 뒤범벅되었다. 함께 평가단으로 오신 분께 "이것이 옛길이라고 말할 수 있겠습니까?" 나와 같은 생각이었다. 위에서 내려다본 인월면은 낮은 구릉에 집들이 머리를 맞대고 있는 듯하고 다랭이논에는 한창 물을 대고 있었다. 일부 논에는 이미 못자리를 하였다.

콘크리트길을 벗어나 40m정도 올라가니 그곳이 정상이라고 하였다. 즉 경상남도 함양군 창원리와 전라북도 남원시 인월면 인월리의 경계라고 하였다. 전북에서 불어오는 시원한 바람은 올라오면서 흘린 땀을 모두 날려 버렸다.

등구재 아래에 마련된 인공 구조물이 눈에 거슬렸다. 옛길에는 인공 구조물이 없었을 것이다. 산에서 고목이 된 나무를 대강 대강 돌이나 낫으로 다듬어 앉기 좋은 곳에 놓고 그곳에 걸터앉는 것이 자연의 구조물인데, 마음에 들지 않았다. 낙엽송 숲길 주위에는 드문드문 야생화가 피어 있었고 가끔 보이는 두릅나무 끝에 자란 두릅이 자라고 있었다. 좋은 풍경이었다. 아이들과 이곳을 지나면 숨바꼭질하기에 적합한 곳이었다.

인공계단이 설치되어 옛길 맛이 나지 않았다. 계단이 너무 인공적으로 만들어져 또 지적의 대상이 되었다. 조금 내려오니 마을까지 또다시 콘크리트 포장길이 시작되었다. 이렇게 하여 지리산 도보여행을 완주하였는데, 이것은 옛 길이 아니었다.

모두 마치고 주최 측에서 마련한 쑥 범벅, 두릅, 장떡, 산나물 부침, 막걸리, 잘 먹고 숲길 회의장에서 평가하기 시작하였다. 모두 지적보다 후한 점수를 주었다. 한 분의 평가단 선생이 나에게 옛 길에 대한 의견을 제시해 달라고 요청하였다. 내 나름대로 옛길의 조건을 제시하기 시작하였다. 그리고 모든 사람이 25가지의 옛길 조건으로 걸었던 길과 비교해 보면 좋을 것으로 생각하였다. 옛길은 사람 길(사람이 걸을 수 있는 길), 물길(길옆에 물이 흐르는 길), 바람길(바람이 지나가는 길), 빛길(달빛簫頻岾 들어오는 빛길), 동물 길(동물이 지나갈 수 있는 길), 야생초길(식물이 자랄 수 있는 식물터), 쉼터길(사람이 앉아서 쉬어 갈 수 있는 쉼터), 옹달샘 길(사람이 마실 수 있는 옹달샘), 풍경 길(사람이 볼 수 있는 풍경 또는 전망대), 그늘숲길(그늘을 찾아 쉴 수 있는 그늘 숲), 불완전 길(휘어지고 오르고 내리고 하면서,

위험하게 보이면서 안전한 길), 먹이길(새와 곤충이 먹이를 찾아 올 수 있는 길), 무변화길(천년이 지나도 변하지 않는 길), 대화길(과거 籲痔諂미래의 역사를 대화할 수 있는 길) 등 25가지의 조건이 갖추어 지는 것이 진정 옛 길이 아니겠는가라고 발표를 하였다.

옛길을 복원하면서 수많은 문제점을 보완해 나간다면 진정 우리가 바라던 옛길을 찾을 수 있지 않을까 생각되었다. 모든 평가를 마치고 평가서를 작성하여 제출하였다. 모든 착상은 좋았지만, 결과물이 나오기까지에는 수많은 고통이 뒤따를 것이다. 그러나 우리 선조가 동리와 동리를 잇는 작은 오솔길과 짐을 지고 넘나드는 길 그리고 눈물로 이별하는 이별의 길을 새롭게 찾아내어 옛날 수많은 사연을 담는 진정한 옛길이 되었으면 한다. 있는 그대로 사람이 다니면서 다져진 길, 쉬었다가 가면서 돌 위에 남겨 놓았던 글씨들, 쉬었다 가기 위해 만들어 놓은 돌 방석과 통나무 의자, 계곡 길에 놓인 칡덩굴로 묶은 생나무 다리, 흘린 땀을 씻어 내는 계곡물, 목을 축여주는 옹달샘 등등이 다시 태어나는 그런 옛길로 복원되는 날을 기다리면서 지리산 옛길 평가를 마쳤다.

정진해

시인. 수필가
(재)ACEF 한국전통문화진흥원 원장
한국토종식물해설사협회 회장
서울약용식물관리사협회 수석부회장
포토CD출판정보원 대표
토종식물분야 저서: 야생초와 나무 외 16종
전통문화분야 저서: 문화재란 무엇인가 외 78종

나는 언제나 바보이니까

김일제

심신이 지치고 힘들고 밥맛이 없을 때 먹는 밥을 모래알을 씹는 마음으로 밥을 먹는다고 말하곤 합니다.

그런 힘든 시절이 있기도 했습니다만 지금은 그렇지는 않습니다.

그렇게 어려울 때도 식성이 워낙 좋아서 밥을 안먹거나 못먹지 않았습니다.

자살이 유행처럼 이야기될 때도 지금까지 살아오면서 자살이라는 말을 떠올려본 적이 한번도 없습니다. 물론 겁이 많아서라거나 생의 의지가 강해서라거나 자존심이 약해서라거나 그런 말로 간단히 정리할 일은 아니라서 여기까지만 이야기하겠습니다.

참 먹는 것은 소중하고도 요긴합니다.

먹는 것은 생명을 유지시켜 나가는 것이기 때문입니다.

무엇을 먹느냐에 따라서 건강과 직결되기도 하고 말입니다.

옛말에 수염이 석자라도 먹어야 산다고 하지를 않습니까.

난 이쁜 여자는 밥은 먹어도 화장실은 안가는 줄 알았습니다.

물론 어릴때 이야기입니다.

그런데 나이가 들고 나니까 이쁜 여자도 밥을 먹고서 화장실에 간다는 간다는 사실을 알고서는 실망을 감출 수가 없었다면 바보 아니면 천재라고 하겠지요.

그러나 천재는 물론 아니고 바보에 가까울 듯합니다.

나는 언제나 바보이니까...

오늘은 직장이 교대근무 중 주간근무이고 마침 추석연휴 기간 중 일요일이라서 직장에 있는 구내식당이 문을 열지 않은 탓에 도시락을 준비하여 출근을 하였습니다. 반찬이라야 미리 직장 냉장고에 보관 중인 김치가 전부이지만 정말 맛있게 먹었습니다. 국물이 없으면 목구멍에 밥이 잘 넘어가지 않는 탓에 물에 말아서 김치하고 목구멍으로 술술 넘겼습니다.

옛날부터 무엇을 먹느냐에 따라서 정신이 맑아지고 심성도 달라지나 봅니다.

음식이 정갈하면 정신도 맑아진다고 했으니...

산짐승은 몸이 아프거나 사냥꾼의 총이나 화살에 맞으면 먹이를 굶으면서 그늘에 가서 쉬면서 몸을 치료한다는 말이 맞는 말 같습니다.

요즘도 사람이 굶거나 영양부족으로 죽는 경우는 드물거나 거의 없고 과식으로 인하여 건강을 잃거나 죽는 경우는 있는 것 같습니다.

소식이 제일이라는 말도 있으니 적게 드시면서 살았으면 좋겠습니다.

고기나 기름진 음식을 먹으면 몸에 좋지 않은 것 같습니다.

그러나 아무리 음식을 가려먹고 조심해도 사람은 100년을 살기는 쉽지 않은 듯합니다.

오늘 먹은 도시락은 아무리 생각해도 완전한 건강식사인 것 같습니다.

쌀밥 도시락에 물을 말아서 유산균이 풍부한 김치랑 점심밥을 먹었으니 말입니다.

그런데 말입니다. 건강이고 무엇이고 간에 귀찮아서 구내식당이 안하는 날이나 저녁밥을 먹는 경우(야간근무)에는 짜장면이나 짬뽕으로 간단하게 끼니를 때우는 것이 제일이라서 그런 음식으로 끼니를 떼우는 것을 몇번 해보았는데 그 가격이 장난이 아니라고 생각합니다..

요즘은 짜장면이나 짬뽕을 직장으로 배달시켜서 먹으면 그 가격이 6,500원쯤 합니다.

이제는 짜장면이나 짬뽕을 돈 없는 사람이 먹는 음식이 아니더라구요. 돈이 넘쳐나거가 여유가 있는 분들이 이말을 들으면 참 바보 같은 사람이라고 하겠지요.

그래도 좋습니다.

나는 언제나 바보이니까.

아니 꺼벙이지요...

그나저나 어쩡쩡하게 부르던 자장면이 짜장면으로 표준말 반열에 오른 것이 얼마나 다행인지 모르겠습니다.

경행록에 이르기를 음식이 정갈하면 정신도 맑아지고 마음이 맑아지면 잠을 편안하게 잘 수 있다.

景行錄에 曰, 食淡精神爽이요. 心淸夢寐安이니라.

김일제

충북 출생, 중앙대학교 법과대학 졸업
월간 국보문학 소설부문 신인상 수상
중랑문인협회 회원, 월간 국보문학 회원
소설 : 『냉 막걸리집』
단편소설 : 『거미손 면접관』, 『아랫입술을 데인 남자』 등

· 해가 기울면 외 – 송선우
· 끈끈한 사랑 외 – 서성택
· 동생영정 앞에서 외 – 김인옥
· 가평하판리 지진탑 외 – 정진해
· 가을비 오는 날에 외 – 황주철
· 가을 벌판에서 외 – 나태종

해가 기울면

송선우

해가 기울면 아득한 하늘이
몸부림치다 스러지고
어둠이 깔린 땅 위에 널브러져 있던
나뭇잎 하나
파닥파닥 물고기 되어
몸부림치다 시나브로 죽어가고

나 또한 먹이 사냥으로
온종일 몸부림치다가
한 마리의 물고기로 아스팔트에 들어서
물고기처럼 파닥파닥 집으로 온다

가 봤자 돌아와야 할
먹이 사냥터
가던 길 멈추고 돌이 되고파
한동안 두 눈 질끈 감고 숨을 몰아쉰다

눈뜨면 내내 네온의 거리
파닥파닥 물고기로 돌아와
헐떡이며 돌아온 곳은 잠깐의 쉼표
결국은 되돌이표로 살고 있는
나를 확인하는 과정일 뿐.

그리움이란

느닷없이 불쑥 나타났다가
피하려면 벌써 앞길을 지키고 있는
끈질긴,
너!

햇빛 속에서 우산을 받치고
겨울이 아닌데도 외투를 입고
가을바람 불면 하얀 이를 드러내며
나를 향해 웃고 있는
미친,
너!

지친 나는 이제
처마 끝 풍경이 되어
뎅그렁뎅그렁 목매달려 울고 있는
미쳐버린
나!

잠들면 나갔다가
새벽에 또다시 흔들어 깨워
두려움으로 소주병과 시비를 거는
잃어버린
나!

엇갈림

서로 부딪쳐 숭숭
바람들던 영혼의 틈서리

무언의 몸짓으로 생채기를 내면서
마음의 문은 꽁꽁

다가오지 못하는 머뭇거림이
마음에 주름 되어
문득 늙어 버리니

슬픔이 눈물 되어 얼음 밑으로.
얼음 밑으로 흘러내리네.

꽃은 꽃을 향해 피어나고
사람은 사람 안에서 피어나건만

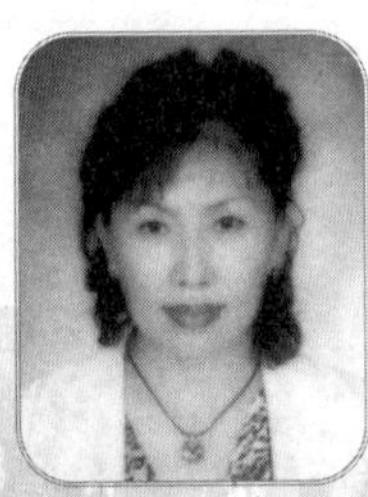

송선우

본명: 송명희
월간 국보문학 시 부문 신인상 수상
건국대 노래지도과 강사1급
노인복지사, 웃음치료사, 레크레이션 1급
녹조근정 대통령상, 월간 국보문학 회원
(사)대한민국국보문학협회 정회원
현)국립중앙의료원 근무

끈끈한 사랑

高山 서성택

당신!
머무는 곳이라면
따라 갈거야
어떠한 고난도 마다 않고
웃으면 따라 갈거야
나는 당신 곁에
당신은 내 곁에
낮이나 밤이나
서로가 곁에서 맴돌며
아름다운 사랑 꽃을 피우며
행복을 담고 살리라

여보!
사랑이 머무는 곳
따라 갈거야
험난한 세월을 밟으면서
손잡고 따라 갈거야
여보 내 곁에서

눈웃음 방긋이
사랑을 담고파
서로가 못 잊어 맴돌며
즐거워라 즐거워 사랑노래를
행복을 싣고 가련다.

이산가족

한많은 삼팔선아
남북을 가로질러
내부모 내형제를
혈연의 정을 끊어 버려
긴세월 잊을 수 없어
소리높여 불러본다
어디서라도 살아만다오
이산가족 찾을때까지

말없는 휴전선아
한평생 피멍으로
내부모 내평제를
이제는 만나봐야지
긴세월 돌릴 수 없어
목메이게 불러본다
어디에 있나 살아만다오
이산가족 만날때까지

가을 문턱

가을 종이 울리네
창살 사이로 파고든
이슬 맺힌 찬바람
여름 더위를 씻어주네

코스모스 길 따라
향기 마시며 걷고파
방긋 웃는 꽃잎은
나의 마음을 사로잡네.

서성택

시인, 수필가
사단법인:실봉서원 부이사장(현)
이천서씨 대종회 회장
서대문문인협회 이사, 한국문인협회 회원
동인문집 제11호 『내 마음의 숲』 총괄
(사)대한민국국보문학협회 상임부회장

동생영정 앞에서
- 기도

詩峰 김인옥

주여
아쉬운 이별
한 많은 이 영혼을
축복 하소서
아멘

동생부고를 받고

원주행 첫차길
아침 햇살보다 밝은
창밖에 스쳐 가는 추억들이
주마등처럼 스쳐 간다

표류하던 내 영혼에
주님을 향한 노를 잡아준 동생
잔 가득 정을 담아 주고받고픈 꿈
가슴에 응어리로 남아
남은 날들에 별이 되리

신록에 이는 바람 소리
반갑다는 너의 소리던가
흙 한 줌으로 고하는 마음
그리움이 묻어 서럽구나
만나고 이별이 순리順理라면
주님 나라에서 만나리라.

사별

– 동생 광옥

보내는 마음이 아프다 해도
남기고 가는 정보다 하랴
두둥실 강 건너가는 너
궂은 날 잊지 못해 돌아보는 마음
눈물이 강물이리
가슴에 담고 가는 한 많은 사연
임들의 가슴에 박힌 못에
찬란한 빛 앞에도
발길이 무거우리

김인옥

7회 청하 전국백일장(詩) 일반부입상
제15회 서울교대,시조생활 공동 전국시조백일장 일반부입상
제38회 한민족통일 전국문예제전 일반부입상
제2회 둔촌 시조백일장 수상
제4회 전국장애인 수기공모 수상
제2회 성남시 문학 詩공모 수상
_ 시집 : 임에게 바치는 노래 _

가평하판리 지진탑

정진해

현등사 언덕 발치에 낙엽을 밟고
홀로 서 있는 삼층석탑 한 기

석공의 손놀림에 모난 돌
하나씩 엮어놓은 영역표시
울타리 둘렀다

엎드려 허리 굽고 머리 조아린
배례석 위엔 가을 낙엽 우수수
제물로 바친다

세월에 다듬고 염불에 흩트림
하나씩 빠져나간 몸돌 하나 어디 뒀나

지붕돌 검은 이끼 술래잡기 끝내고
몸돌에 틀어 앉은 부처의 수인 안에
세월 흔적 남아 있다

살며시 들어 올린 추녀 끝에
풍경소리 멎은 지 오래이니
추녀 받침 하나 둘 주름져 있네

홀로 남은 노반 위엔
복발에서 수연까지 산천에 숨겨두고
산 까치 불러 모아 자근자근 밟아주니

폐허 속 터 잡아 지진탑 세워둔 지
천년세월 홀로되어 옛 생각 잊었네

꿀풀

하늘 푸름은 꿀풀에 와 닿고
봄볕 따사함은 아지랑이 샘솟는다.

활짝 벌린 여름 날개 하늘을 날까
탱글탱글 쌓는 꽃탑 자줏빛에 물든다.

벌 찾은 소식 한 장 어디에 숨길거나
진수성찬 꿀을 채워 긴 밤 열어둘까

천 년 향기 찾아들은 나비의 부채바람
하얀 털 봄을 벗고 여름맞이 왔는구나

꽃받침 받쳐두고 화관에 갓을 씌워
윗입술 곧게 세워 아랫입술로 입 맞춘다

파란 하늘 영근 탑꽃 수술 빛에 잠이 들고
이별 슬픔 무너지니 꿀풀 세상 잠이 드네.

갯메꽃

한 그루 포구마을 수평선에 지평선 엮어
손잡고 달려오는 끝없는 그리움이 쌓이며
금모래 은모래 싣고 해변에 밀려든다

바다가 만든 소라 등껍질 작은 구멍하나
해음 가득 담아 불어내는 파도 너울에
고동으로 그려놓은 악보 위로 돛단배 띄워
기다림으로 서 있다

우~우~ 분홍빛 갯메꽃 나팔소리 담는
해변 모래밭에 주저앉아 실타래 따라
그리움을 찾는 그림자로 묻어간다

오월 한나절 축음기소리 작은 모래에 씻기며
두 손에 담은 금모래를 애끼손까락 사이로
흘러내려 멀리서 나는 괭이갈매기를 그린다

별이 묻어난 갯메꽃 잎에 윤슬의 속삭임 따라
가녀린 손을 내밀며 주워 담는 비단조개의 꿈을
바람에 날리는 파도 끝머리에 감아 띄운다

갯메꽃 작은 씨앗을 감추기 위해 그리움을
알고 있는 얼레달을 찾아내는 모래 연못을 파
고운 님 좋은 그리움 하나 비춰주기를 기다린다.

정진해

시인. 수필가
(재)ACEF 한국전통문화진흥원 원장
한국토종식물해설사협회 회장
서울약용식물관리사협회 수석부회장
포토CD출판정보원 대표
토종식물분야 저서: 야생초와 나무 외 16종
전통문화분야 저서: 문화재란 무엇인가 외 78종

가을비 오는 날에

황주철

창가에 달라붙는 소리
나지막하게 들려주는 빗소리에
당신을
그리워하기 좋은 날입니다
떨림 속에
보슬보슬 종일 울지요
내 귀에서
당신이 남겨두는 숨소리
슬픈 노래입니다.

오후가 되어도
거칠 줄 모르고
내리는 가을비

당신을
너무
사랑하기 때문에
나는
빗방울 되어 웁니다.

부산 태종대

꾸불거리는 길
하늘 빛 바라보며
성스러운 자리에 앉아
자갈 소리 멀어져
사랑노래 들린다

행여 찾아올까
기다림의 피바람을
뉘 불러 볼 수 없는 부딪치는 외로움에
살결이 타 들어간다

태종대
수평의 넋 달래며
침묵 지키는 너

쏜살같은 도망자
바위에 부딪치는 하얀 머슴
전갈*(傳喝)하게 들리니
스스로의 비운
내 던지고
나의 삶 희망되게 하여라.

*(傳喝:메세지)

차 한잔의 추억

잣솔 따라 은은한 찻잔은
책갈피 한 장 넘길 때 황갈색 빛깔도
석양 빛 노을에 넘어갈까

옛 고을 오두막
주막같은 작은 찻집
얼싸 안고 들어 가는 고품적 내동이

긴 세월 동춘의 추억을
차 한잔에 네 마음 실어

달빛에 젖을 수 있다면
그대와 함께 내 마음속에
아름다운 풍경을 그리고 싶다.
구름 속에 피어난 옛 길을 본다

황주철

1958년 경상남도 충무출생
「한국문학정신」「부산시인」시 등단
문학갈렌피겐 회장.
부산시인협회 사무국 간사장
부산알바트로스 시 낭송 문학회 회원
부산문예대학 시 창작과 재학중
부산문예대학 남제문학동인. 경남 시와 늪 회원.

가을 벌판에서

나태종

찌들고 지친
일상을 달래 보고파
어둠을 헤쳐 새벽을 여는
설레임을 그대로 간직한 채
무작정 내달려 다다른 곳은
억새와 들꽃이 뒤엉킨 경쟁의 뜨락

햇살은 언제나 편 가름 없이
여기저기 구석구석 찾아 가건만
하늘 향해 내젓는 손길마다
애타는 간절함 가득히 담긴
처절한 몸부림 이어지는 생존의 현장

한 걸음 내 디딜 때
나직이 들려오는 풍요의 아우성과
풀벌레의 가냘픈 몸뚱아리를
통째로 감싸주는 치맛자락 좇아서
눈길은 서너 걸음 앞서 가는데
불현듯 떠오르는 그리운 얼굴

너른 들녘 홀로 선 허수아비가
들판 사이 가려진 추억을 볼 때
바람 타고 날아온 그녀와 함께
물살에 널 뛰는 소금쟁이가 되어
구름 속에 피어난 옛 길을 본다

추억여행

차마
떨어지지 않는 발길을 돌려
용산행 완행열차에 오르던 그날
차디찬 의자에 기대어 선 채
재 넘어 시집가는 처녀가 되어
쿵쾅대는 가슴을 다독이면서
다가왔다 사라지는 세상을 보던
아스라한 기억 속의 메아리를 찾아 나선다

누렇고 빨간 가을 속으로
억지로 떠밀려 들어 왔어도
제 발로 인연따라 찾아 왔다고
만나는 이 붙잡고 넋두리 하며
바람 끝 훈훈함에 아픔을 씻고
곱씹고 되새긴다 지난 추억을..

추석을 보내고

손꼽아 기다리던 추석이 오면
또래들 모여 앉아 놀이도 하고
서울의 말과 생활 흉내 내다가
새벽 이슬 적시며 집에 올 때에
앞 뒤로 한사람씩 만들어 주던
보름달의 인심은 변함없는데
왕년의 이야기는 빛바랜 사진

이제는
불러주는 사람 없고
어울릴 여유도 없이
그럴 듯한 이유를 들먹이면서
늦게 왔다 빨리 가는 얄미운 현실
부모가 우리에게 그래 왔듯이
우리가 후세에게 물려줄 것은
먼지 쌓인 액자와 천연색 사진

나태종
대전광역시 거주
국보문학 시 · 수필부문 신인상 수상
창조대 문학상 시부문 입선 등
작품 기고 : 왜 최선을 다하지 않았는가
야전의 녹색바람 등 10여 차례
한국문학신문 문학상 수필부문 최우수상 수상(2011)
(사)대한민국국보문학협회 대전광역시 지회장

· 눈물 없는 여자 – 황범순

· 수필 예찬론 – 황범순

· 난초와의 대화 – 유영준

· 청산은 나를 보고 말없이 살라하고 – 박언휘

· 소금과 바다 – 이정숙

눈물 없는 여자

황범순

귀한 수필집 한권을 받았다. 수필 반 선배의 첫 수필집이다. 다 같이 그 수필집으로 공부를 한다. 낭독해 가면서 교수님은 목이 메여 더듬거린다. 고요가 흐른다. 눈물을 훔친다. 뒷자리의 수필가 두 분이 훌쩍거린다. 어쩔 줄 몰라 두 눈만 책에 꽂고 있다. 눈물 훔치는 소리가 귓전에 째깍이는 시계초침 소리만큼이나 선명하다. 슬프다.

눈물이 없어진 가슴이 너무 아프다. 가끔 생각을 해 본다. 사람에게는 한정된 눈물샘이 있는데, 사용량만큼 소진되어 버리고 마는 건 아닐까? 언제부터인가 울지도 못하는 여자가 되어 버린 메마른 가슴이 바삭거린다. 가뭄 날 갈라지는 논바닥처럼 아픔만 클 뿐이다.

어릴 때부터 뭐가 그리 슬펐는지 유난스런 울보였다. 자다가 일어나서도 구석에 기대 앉아 울고, 하늘이 너무 파래서도 울었다. 비가 오면 비가 와서도 울고, 주사바늘이 무서워서도 울었다. 어버이날 노래를 부르면서도 울었고, 토끼의 눈이 너무 빨개서도 울었다. 뒷동산 솔밭에 앉아 내려다보면 길게 누운 시냇물과 지붕의 고요가 눈물나게 하고 팍 퍼진 햇살의 고즈넉함과 산뜻한 바람 한줄기에도 눈물이 그냥 솟구쳤다. 그러나 내가 울보라는 걸 아는 사람은 아무도 없었다.

노처녀의 결혼은 눈물을 바가지로 가져왔다. 자식 앞에선 늘 죄인처럼 절절매기만 하던 엄마를 생각하면 그냥 목이 메여 가슴을 뜯었다. 걸레질을 하면서도 울었고 천장만 바라봐도 눈물이 났다. 밥 끓는 소리에도 울었고 된장 고추장을 푸면서도 울었다. 적응 안 되는 결혼 생활은 눈물바다였다. 숨이 넘어갈 것 같은 가슴은 언제부터인가는 꺼이꺼이 소리를 토해 내고 있었다. 그리고 울보 딸 하나를 낳았다. 술로도 달래지지 않던 우울 속에서 울보 아들을 낳았다. 결혼7년이 되던 해 어느 날 갑자기 앞이 안 보이는 일주일을 보내고 한 달을 자리 보전하고 누운 후 한 3년 더 울고는 울지 않는 여자가 되어버렸다.

울고 싶어도 눈물이 나지 않는 막막함은 눈물 콧물 빼던 시간들보다 더 슬펐다. 자기 집 인양 편안하게 자리 잡고 있는 건망증도 나이보다 많아 보이는 잔주름도 두루뭉실하다 못해 흘러내리는 뱃살도 그보단 슬프지 않았다. 눈물이 많아서 덕본일이라곤 눈물바다만 이루는 삶을 산 것 밖에는 없는데 무슨 미련이 있어 남의 눈물을 부러워하는가?

그녀들의 눈물이 아름답다. 너무 아름다워 샘이 난다. 평온한 삶을 산 사람들은 그 평온에 작은 파문만 일어도 가슴이 열리고 눈물샘이 솟구치는 모양이다. 그러니 아름다이 고요로운 그 호수가 어찌 부럽지 않으리. 지금쯤은 잃어버린 가슴을 다시 찾고 싶다. 정말 작은 것에도 감사 할 줄 알고 나눌 줄 알며 꽃띠 소녀처럼 감탄사가 퐁퐁 쏟아지는 그런 가슴을 갖고 싶다. 삶 속에서 기쁨을 올리는 펌프 하나를 박아 내려 오늘도 그 감사함에 뜨거운 눈물을 환한 웃음과 함께 마구 잦아 올리고 싶다. 정말로 비단 같은 눈물을 휘감고 사는 고운이가 되고 싶다. 그녀들처럼.

수필 예찬론

황범순

솔직한 삶을 볼 수 있어 좋다. 솔직한 삶을 말 할 수 있어 좋다. 자신의 솔직한 고백이기에 부끄럽지 않아서 정말 좋다. 누구에게 구질구질 넋두리를 하지 않아도 속으로 고여지는 쓴물을 뱉을 수 있어 좋다. 개운찮고 불편한 얘기들도 부글부글 발효를 시켜 놓으면, 글을 빚는 동안 푹 쪄져서, 김이 모락모락 나는 따끈함에 군침이 마구 도는 찐빵이 될 수 있어 참 좋다.

그런 찐빵을 앞에 두고 한 모금 삼키는 김치 국물 같은 짜릿함과 속까지 쏴하니 훑어지는 시원함이 수필이라는 이름하에 쓰여 지는 그 글이 참 좋다. 누군가의 삶을 엿보며 내 삶을 반성할 수 있어 좋다. 글을 쓰는 동안에 어느새 반성문이 되어져서 좋고, 회고록이 되어져서 좋다. 그리운 사람들이 생겨서 좋고, 제 정신이 아닐 때 화풀이 상대가 되어주어서 좋다. 치사하고 쪼잔한 얘기들도 능청스레 늘어놓을 수 있어 좋고, 들어 주는 이 없어도 다 말할 수 있어 좋다. 말없이 누구나 귀를 열어 주어서 좋고, 듣고도 흉보지 않아서 좋다. 언제나 제대로 삭아진 맑은 식혜 한사발이 되어져 정말 좋다.

편지글 한 줄을 못 써 존경하는 선생님께 편지 한 장을 못 띄우면서, 아이들 성적표 학부모란에 그럴듯한 말 한마디 못 쓰는 답답함이 먼 곳 까지 발을 옮기게 된 이유였는데, 그 목적보다 너무 큰 월척을 낚아서 참말 기분이 좋다. 수필이 나의 글이라는 것에 겁부터 났었지만 이내 그것만이 진실로 가는 길인 것을 감사했다. 마음을 몰라준다고 악을 쓰지 않아도 된다. 왜 이러는지, 왜 허공을 밟고 멍하니 하늘만 바라보는지, 굳이 누군가를 붙잡고 설명을 하지 않아도 되니 얼마나 멋있는 일인가!

올해는 운수 대통한 느낌이다. 남들이 말하는 거창한 문학이라는 이름을 달고서, 속을 뒤집었다 바로 폈다, 뽀송뽀송 말렸다가 다시 진흙에 뒹굴어도 오히려 개운하게 팩을 한 느낌이니 속된말로 짱이다. 모든 것이 내 맘에 달려 쫙쫙 훑어내어 놓으면 자서전, 참회록이 되어주니 얼마나 멋있는 일인가! 나이가 들수록, 오히려 감칠맛 나는 익은 감을 얻을 수 있겠다는 기대감 또한 크다. 어떠한 불안이나 초조감도 필요치 않다. 매사를 익히면서 무엇이라도 거둘 수가 있다. 두고두고 관조할 수 있어, 정말 어른으로 다시 태어날 수 있게 만들어 줄 것 같은 수필에, 홀딱 반해 버린 가슴이 첫 사랑 그때처럼 콩닥거린다.

정법 수필을 쓰자면 갈수록 태산이라는 걸 수업시간마다 느끼지만, 나의 수필만큼은 꼭 작품이어야 할 필요성까진 아직 느끼지 못하니 더더욱 수필 예찬론을 펼칠 수밖에…… 가슴에 진 응어리, 세월의 하소쯤 톡톡 쪼개어 내는 작업을 게을리 하지 않으리라. 그러다 운이 좋아 돌탑하나 만들 수 있다면, 언제 어디서나 중심이 되어주고 감사의 마음에 두 손이 저절로 모아지는 숙연한 삶이 따라 오리라.

우리가 살아가는 동안에 정말은 꼭 배워야 할 일이 수필 창작법인 것 같다. 어느 도덕책보다도 반듯하고 성실하다. 바로 설 수 있는 길을 열어주고, 투명경제니, 투명정치니, 투명사회니라는 말이 있을 필요도 없이, 스스로 너무 투명해지려 해서 탈일 정도이다. 아무도 궁금해 하지 않은 구석의 그늘까지 그냥 발려 놓으니 말이다. 늘 투명하다

못해 거울속이고, 마냥 산뜻하고 밝은 삶들이, 또는 너무 너무 찐찐한 아린 삶들이, 서로서로 부둥켜 이해하고 배려한다. 쪽빛보다 맑고 환한 생을 날마다 선물처럼 설레며 펼칠 것이다.

우리가 배워야 할 것은 유치원에서 다 배운다고 외국 어느 작가가 말했다. 나도 감히 말하고 싶다. 그다음 우리가 일생을 두고 배워야 할 것은, 수필 창작법과 수필을 쓰는 일이라고, 평생의 생활 지침서는 내 삶과 비교할 수 있는 누군가의 수필이라고, 수필을 만날 수 있어 행복한 지금, 지나온 질펀한 삶들이 오히려 빛을 내는 구슬이 되어 아름답게 엮이어 질 수 있으리라. 어쩌면 이육사님의 청포도가 은쟁반위에서 우아하게 웃고 있을지도…… 마구 가슴을 설레이어 본다.

황범순

경북 문경 출생, 서울 거주
순수문학 시 부문 신인상 수상
월간 국보문학 수필부문 신인상 수상
한국문학신문 신춘문예 시부문 당선(2010)
현) 자영업
(사)대한민국국보문인협회 여성분과 부회장

난초와의 대화

朝海 유영준

몇 년 전에 문학상 수상을 축하한다며 친지들이 보낸 난초 화분이 약국에 여러 개 들어왔습니다. 이중에는 거의 같은 날 들어 온 것이 대부분이지만 며칠 사이로 들어온 것도 있어, 여러 명의 쌍둥이를 출산하려면 시간이 꽤 많이 걸리듯, 이들을 쌍둥이 형제라 명명하게 되었습니다. 요즈음에는 아기를, 특히 쌍둥이를 출산하게 되면 국가시책에 부응했다고 해서 크게 환영하는 세상이다 보니, 나도 이들을 반가이 맞이하면서 가족 명부에 등재하여 지금까지 동고동락을 하고 있습니다.

수상으로 들 뜬 기분이 좀 진정 될 쯤에 난초화분에 둘러져있던 축하 리본들을 조심조심 벗겨낸 뒤 출생순서대로 형 아우가 정해지는 쌍둥이들처럼 들어온 순서대로 하나씩 이름을 붙여 제각기 자리를 정해 놓았습니다.

아침에 약국 셔터 문을 열면 녀석들과 맨 먼저 마주치는데 날마다 인사를 나누기 시작한 지가 제법 오래 되었습니다.

한약장 부근에 놓여 진 녀석을 〈보약〉이, 한약 추출기 근방의 녀석을 〈농축〉이, 응접실 옆 탁자에 자리 잡은 〈대화〉와 소화액제 판매대 한가운데, 역사와 전통을 자랑하듯 자태가 다소 기품이 있어 보이는 녀석을 〈명수〉, 소화액제에 맨 먼저 탄산가스를 넣는 데 성공했다고 자부심이 대단하지만 조금 가냘프게 보이는 녀석을 〈瓦斯〉라 이름 지었습니다. 갑자기 놀랐거나 충격을 받았거나 가슴이 두근거리는 사람들을 진정시키는 〈청심〉이와 〈보심〉이는 우황청심원과 천왕보심단의 진열대 위에 놓여 져 있는데, 이들은 약국에 들어온 시간이 1시간 30분 차이로 바로 오빠와 여동생이 되었습니다.

조제실 근처 〈비아그라〉 저장시설 위에 훈장님의 담뱃대 모양 같이 생긴 〈명약〉이, 컴퓨터 스피커 부근에서 음악 따라 춤을 추는 날씬한 〈담비〉, 쇼 케이스 위에서 날마다 "피로회복제는 약국에 있다고" 외치는 녀석을 〈酒神〉이라고 이름 지어 부르고 있습니다.

토요일 오후시간이면 이들에게 갓난아이에게 젖을 먹이듯 정성껏 물을 줍니다.

〈보약〉이를 비롯한 10쌍둥이들은 때로는 젖을 빠는 애기들처럼 용쓰는 소리를 내기도 합니다. 〈보약〉이와 〈농축〉이는 동생들을 바라보며 이렇게 말합니다.

"니들은 매일 차 한 잔씩 나누며 서로의 마음을 터놓으니 피로도 풀리고 미소도 저절로 나겠지" 하며 〈대화〉, 〈청심〉와〈보심〉이, 〈명약〉〈담비〉가 엄청 부럽다고 말합니다.

그렇지만 긴 이야기를 끝까지 들어야만 하는 〈대화〉, 스트레스 받은 사람들의 마음을 일일이 달래 줘야하는 〈청심〉이와〈보심〉이, 잘되느니 잘 안되느니 온갖 짜증 섞인 말을 다 들어야하는 〈명약〉이, 건너편 핸드폰 가게에서 매일 반복되는 〈나가수〉음악을 웬 종일 듣자니 너무 짜증이 난다는 〈담비〉도 있습니다. 세상에 쉬운 일이란 없는 가봅니다.

〈보약〉이와 〈농축〉이는 요즈음 힘이 빠져있습니다. 10형제자매 중 〈명수〉〈와사〉〈주신〉이도 요즈음 심기가 매우 불편합니다. 7~80년대만 해도 살찌우려는 사람이 더 많았는데 요즈음은 다이어트 열풍으로 한약은 무조건 살이 찐다는 잘못된 상식과 중금속 성분 검출 등 보도로 말미암아, 한약업계 전체가 몸살을 앓고 있기에 약국 한약만은 〈식품의약품 안전청 허가 규격품(검사필 한약재)〉를 사용한다는 플

래카드를 붙여 놓아도 찾아주는 이가 별로 없다고 〈보약〉〈농축〉이 형제가 울상을 짓습니다. 그리고 활을 잘 쏘는 사람을 활명수라고 한다며 한국 양궁이 세계를 제패 한 것은 우리 한민족의 자랑이요 활명수〈가문의 영광〉이라며 몹시 뽐을 내던 〈명수〉도, 세계에서 방귀를 가장 확실하게 끼는 사람을 까스명수라 한다며 스타트가 비교적 늦은 〈우사인 볼트〉도 출발시 추진력을 이용하기 위해 방귀 끼는 법을 배워갔다며 우쭐대던 〈와사〉도 요즈음 축 처져있습니다. 이들은 형제간 중에서도 유달리 많이 싸우고 자란 관계로 어느 형제보다도 정이 두터운 녀석들이기에, 〈와사〉가 약국(藥國)이란 나라에서 수이파(水而巴)란 나라로 강제 이민을 가게 되었다며 애엄비(哀嚴非) 정부를 원망하며 녀석들의 두 눈인 잎사귀 끝에는 이슬이 맺히기 시작했습니다.

그리고 수십 년의 의리를 본의 아니게 배반하고 〈酒神:박카스〉이라는 최고의 신분과 의약품이란 영예로운 품계를 유지하지 못하고 가족 중 일부가 일반 드링크로 전락하는 〈신분의 강등〉을 가져오게 되었다며 무척 씁쓰레 한 표정을 짓고 있습니다. "나는 쇼핑카트에 잡화들과 같이 담겨지는 것이 싫어요." 라고 말합니다. 그리고 이들은 "우리는 역사적 사명을 띠고 웰빙과 웰다잉을 위해 이 땅에 태어났으며", 의약품의 〈약국외 판매〉는 마치 방안에서 잘 놀고 있는 젖먹이 아이를 부뚜막에 홀로 앉혀 놓는 상황이 되어 불안하기 짝이 없다고 이만저만 걱정이 아닙니다. 이 녀석들은 아무리 물을 때 맞춰 주어도 요즈음은 생기가 나지 않고 잎이 자꾸 커피색으로 변하여 잎을 잘라주어야 할 처지에 놓여 있습니다.

지난주 토요일 오후 처방전 접수를 마치고 〈명약〉이와 〈단비〉에게 물을 주면서 나는 이렇게 말했습니다. 그래, 명약아 너는 명약으로 인기가 좋을지는 모르지만 명처방약은 아니라고 생각해 나도 한 때는 명약, 명처방약, 비방, 묘방, 명의, 명약사를 찾아다닌 적이 있었지 그렇지만 지금은 철저히 수증치지(隨證治之)를 한단다. 너를 전문약으로 묶어놓는 바람에 오히려 가짜 약들이 판을 치고, 너의 진면목이 가끔 퇴색되기도 하지. 그리고 자물쇠를 채워 너를 감방에다 가둬 놓으니 많이 답답하지? 언젠가 〈광복절 특사〉가 있어 너를 풀어 줄 날이 올지도 모르겠구나. 그리고 〈단비〉야! 참, 고맙다 토요일 오후나 일요일에 약국을 볼 때면 가끔씩 내 자신이 "고도에 홀로 남겨진 등대지기" 같다는 생각이 들 때가 있었지, 그래도 이 나이에 자기 직장에서 음악을 마음껏 들어가며 쓰고 싶은 글 도 쓸 수 있는 주말과 휴일이 있어 얼마나 다행인지 모른단다. 트로트, 팝송, 클래식, 엔카를 번갈아 들으면서 즐거움을 느낄 때, 너는 나를 따라 스피커 부근에서 너의 긴 허리를 일렁이며 춤을 추어주었지……

오늘은 비가 올 징조라 화분들을 약국 앞에 모두 내어 놓았습니다.

평소에도 하는 일이지만 오늘 따라 난초들이 바람에 흔들리며 춤을 추었습니다.

그래 너희들에게 자주 바람을 쐬어 줘야 하는데 꼭 비올 때만 그렇게 해서 미안 하단다.

바람에 흔들리며 좋아하는 너희들을 보면서, 바람과 공기는 실체는 분명히 있지만 눈에는 보이지 않듯이 요즈음은 눈에 보이는 세계보다는 보이지 않는 세계가 더 넓음을 자주 깨달게 된단다. 약국에서 보살핀다는 미명아래 너희들을 가두어 둔 내가 자꾸 부끄러워지기도 한단다. 나는 너희들의 청초한 모습을 보면서, 가늘지만 길게 잎을 드리운 너희들의 자연스러움에 감탄하며 많은 것을 배우게 되었단다.

특히 이때까지는 열심히 사는 데에만 초점을 맞춰 인생의 속도를 낸 나머지 뒤를 돌아보거나 옆을 보는 데에는 너무 소홀한 내 자신이 부끄럽고, 페이스 조절 실패로 요즈음 많은 고통을 당하고 있단다. 짧고 굵게 사는 것이 더 멋있는 인생인 것처럼 느끼며 살았던 적도 있단다. 옛날에는 요즈음에 비하며 평균 수명이 무척 짧았지, 그러나 의학의 발달과 여유 있는 삶의 환경이 우리 인간을 오래오래 살 수 있게 만들어 놓았단다. 나이가 들수록 젊음은 빨리 가고 노년은 더 빨리 닥쳐 오기에 길게 가는 인생을 살 수 있도록 노력해야 한다는 생각이 자주 든단다. 그래서 나는 너희들의 모습을 보면서 가늘지만 길게 가는 인생을 이제부터는 살아야겠다는 생각을 하게 되었단다.

난초들과 아침인사를 나눌 쯤에 첫 손님이 들어옵니다.

아담한 체구의 한 여인이 예쁜 손으로 작은 모양의 내복액제의 PP캡을 돌려 땁니다.

오늘 따라 PP캡 갈라 터지는 소리가 그 어느 때 보다도 정겹게 들립니다.

지난 36년을 매일 같이 들어온 이 소리가.

유영준

시인, 수필가, 약학박사 영남대 약학대학 졸업
제 37회 약사문예(일양약사문학상) 시 부문 당선
2011년 한국문학신문 신춘문예 시 부문 당선
대구문인협회 회원, 월간 국보문학 운영위원
(사) 대한민국 국보문학협회 대구시 지회장
(동인문집)〈숨은 행복〉〈내 마음의 숲〉〈울릉문학〉
대구광역시 현풍 경북약국 대표

청산은 나를 보고 말없이 살라하고

니아 박언휘

아버님의 제삿날, 밖엔 하루 종일 비가내리고 내 가슴에도 비가 내린다. 유난히 멋 부리기를 좋아하시던 분, 1m 80㎝가 넘는 훤칠한 키와 햇빛에도 그을리지 않던 하얀 피부 덕택에 어머니에게 애꿎은 질투도 많이 받으신 분.

벌써 4 주년째다. 남달리 건강하셨기에 그리고 장녀인 내가 슈바이처 같은 의사가 되기를 바랐기에 난 내 일에만 열중하며 살아왔다. 그것이 아버지를 위한 최선의 효도인 양 착각 하면서…. 수많은 환자를 치료해온 나이지만 진작 딸에겐 진료 한번 받지 못하신 분.

세계보건기구 WHO가 발표한 '2007 세계보건통계'에 따르면 남성의 평균수명은 산마리노가 80세, 여성의 평균수명은 일본이 86세로 세계 1위를 차지하고 있다. 의학적 통계에 익숙한 우리이기에 나 역시 예외일수가 없었다.

아버진 항상 80보다 젊으시고 거기에 계신다고 생각한 나. "익은 감도 떨어지고, 생감도 떨어진다." 라는 외할머니 말씀을 그땐 왜 몰랐을까?, 세월은 우리를 기다려 주지 않는다는 것을….

청산은 나를 보고/ 말없이 살라 하고/ 창공은 나를 보고/ 티 없이 살라 하네/ 탐욕도 벗어놓고/ 성냄도 벗어놓고/ 물같이 바람같이/ 살다가 가라하네.

이 시를 특별히 좋아하시던 아버지는 "가난한 사람을 돌보며 정치에는 관여 하지마라"며 입버릇처럼 가르치시던 분. 산다는 것이 어깨가 무겁고 주머니가 텅 빈 느낌은 웬일일까?

며칠 전 선배 3명의 부고를 한꺼번에 받았다. "의사도 죽는 구나" 부고장을 들고 눈물을 글썽이는 나에게 환자분이 한숨처럼 얘길 했다. 생명을 가진 것은 모두가 유한하단다. 너도 나도, 우린 모두 죽음을 맞이한다는 것이다.

돈 때문에 친구를 살해한 사람, 대선 경선과정에서 서로 오고가는 욕설 이상의 욕설, 사촌이 논만 사도 배가 아픈, 그래서 인지 유난히 배가 아픈 사람(?)이 많은 우리나라.

'명품'이라는 이유 하나로 몰려드는 5만여 명 이상의 아울렛(?) 인파들. 앞문을 닫고 뒷문에 새 간판을 붙이는 정치인들. 형제보다 더 친하게 부둥켜안고 포즈를 취하다가도 피가 나도록 헐뜯고 손톱자국을 내는 정당인들. 우리는 모두 언젠가는 죽음을 맞이한다는 사실을 기억했다면 상황이 달라졌을지도 모른다.

그러나 이 글을 쓰는 나 자신도 사실, 다를 게 하나도 없었다. 불과 몇 년 전 문명비평가 인 '소르망'이 한국을 '타인의 사회'라고 지칭했을 때 자신 있게 "그렇지"라고 끄덕였지만 진정 난 그 의미를 몰랐었다.

배고픈 것이 어떤 것인지를 잘 안다고 생각 했지만 3일을 굶고 눈앞이 흐려질 때 젓가락질도 할 수 없는 퍼진(불은) '라면'을 먹고 나서야 "아, 배고픈 것이 이런 것이구나!" 난 진정 배고픈 이들을 이해 할 수 있었다.

얼마 전 어떤 모임에서 '진정한 사회복지'라는 것을 애기하면서 아직도 우리사회에서는 밥이 없어서 굶는 이가 너무 많으니까 함께 돕자고 했더니 어떤 고등학생이 이렇게 애기 했다.

"밥이 없으면 빵을 먹으면 되잖아요.…."

"그래, 빵도 없으니까 그렇지~"

목까지 나오는 말을 뜨겁게 삼켰다.

가난을 겪어보지 못한 이들이 가난을 안다는 것이 이렇게 어렵구나. 그래서 성경에서 "부자가 천국에 가는 것이 낙타가 바늘구멍으로 들어가는 것보다 더 힘들다" 는 말을 쓴 것일까?

민족주의적 경향이 높은 개인과 집단일수록, 닫힌 사회일수록 자신의 의견을 밀고 나가기 위해서 "자신의 정체성을 타인의 판단과 경험에 의존하는 성향이 높다"는 것이다.

나는 오랜 '타인의 사회'에 살면서 나 자신도 오랫동안 나의 정체성을 잊어버렸던 적이 있다. "이 일을 하면 남들이 어떻게 생각할까?"

"내가 이렇게 살면 남들이 어떻게 생각할까?" 나의 뒷사람들을 위해서 이렇게 용기를 내야지 "work-out"하기 위해서 밤을 새워 울면서 이를 악물다가도 진작 동이 트는 새벽에는 나는 자신의 삶의 기준이 '도덕성'과 '자신의 자유의지'가 아닌, 편안하고 쉽게 타성에 젖은 진정 내가 아닌 '타인의 사회'의 일원이 되곤 했다.

하지만 불혹이 넘어서야 나는 인생이 단 한번 뿐이라는 것을 깨달았다. '폭염경보'가 내려진 상황이지만 말복이 지나자 열어둔 창문사이로 들어오는 새벽바람이 제법 시원하다고 느꼈는데 불을 때지 않은 바닥은 찬 기운마저 든다고 어머님이 말씀하신다. "only one life to live" 인생을 두 번 살수 있다면 얼마나 좋을까?

초등학생 때는 이 세상에서 가장 예쁜 사람이 우리 어머니 인줄 알았는데 남편을 잃고 쓸쓸히 늙어가는 지금의 모습을 뵈면서 이제 나는 세상의 모든 부모님을 치료하는 의사이고 싶다.

"인생도 한번가면 다시 못 오고 뜬세상 남을 거란 청산뿐이다.", 라디오에서 나오는 흘러간 유행가 가사가 오늘 따라 왜 이렇게 가슴속을 헤집는 것일까? 한번 밖에 못사는 세상 …. 어차피 피할 수 없는 세월이라면 칭산처럼 구름처럼 마음을 비우고 멋진 죽음을 맞이할 수 있는 우리가 되지 않을래요?

박언휘

시인, 수필가, 의학박사, 전문의 경북대 의대 졸업
KBS 1 TV "아름다운 의사" (다큐멘터리)방영 (2008)
대한민국 사회봉사대상 (2009), 올해의 의사상 (2007) 수상
대구문인협회 회원, 대한노화방지연구소 이사장
대구가정법률상담소 이사장, 한국문학신문, 한국일보 편집위원
(사)국보문학협회 보건복지이사, 한국 의사 수필가협회 회원
(저서) 〈박언휘 원장의 건강 이야기〉, 박언휘 종합내과 원장

소금과 바다

이정숙

나는 바다가 좋다. 확 트인 공간에 드넓은 수평이 너무 좋다. 바다가 없는 남원이 고향인데 제주도에 와서 살고 있다.

바닷물은 왜 짠가? 소금성분이 많아서인가? 소금이 없으면 생명체는 살아 있어도 소금이 없으면 썩어버리기에 바닷물이 소금을 섞느라고 골고루, 알맞게 짠 것일까?

항상 곁에 있는 사람이나 물건은 중요한 줄 모르고 지낼 때가 많다. 언제나 슬픔과 즐거움을 같이 하면서도 당연한 것처럼, 자연스러운 것처럼 존재 가치를 잊을 때가 많다. 그러다보니 본의 아니게 상처를 주면서 또는 받으면서 다양한 사연을 엮으며 살아가고 있다.

성현 말씀에 '지천명'이라는 오십이 넘은 나이가 되고 보니 희로애락의 감정 변화는 애써 감내할 수 있어야 하고, 지금까지의 건강한 삶을 감사해야 하련만 끝없는 애욕의 갈등으로 본연의 인정을 저버리지나 않았나 하는 두려움에 새삼 반성의 시간을 가져 본다.

누구나 멋지고 폼 나게, 제멋대로 마음껏 살아 보길 원할 테고, 근면과 성실한 태도로 노력이라는 각가지 생활 지표를 만들어 놓고는 만물의 영장이라는 귀한 자존으로 연습 없는 삶을 살아가고 있다. 마치 시지프스의 신화에 나오는 고역처럼.

실존주의 철학자 '까뮈'는 신에게 도전한 한 사내에 대한 신의 형벌로 올려봤자 떨어질 수밖에 없는 언덕위에 큰 바윗돌을 올려놓는 고역을 시킨다.

죽을 고통으로 올려놓자마자 다시 굴러 떨어지면 또 올려놓아야 하는 형벌을 되풀이로 감내하는 모습을 보고 '알면서도 속는 것이 삶'이라는 깨달음을 얻었다.

인생 이야기를 하려하니 선조들의 교훈에 "소금 같은 사람이 되라" 하시던 말씀이 불현듯 떠오른다.

서로의 모자란 점을 보충해줄 수 있다면 그 관계는 상생의 관계이다. 음식 맛의 기본이 되는 소금이 없다면 아무리 설탕이 달다 한들 눈 없는 용이나 다름없을 것이다. 소금은 땀과 같으므로 부지런히 땀 흘린 순백의 사랑은 인류의 행복을 지켜온 지대한 존재임을 부정하지 못하리라. 소금의 소중함을 쓰임새에 따라 무한하다.

한의학적 접근으로는 가슴에 통증과 구토, 설사 각종 위장병을 비롯하여 증상에 따라 조금씩은 다르겠지만 암과 당료, 근육무력증 또한 소금 결핍에서 오는 병이라고 한다.

보리차나 커피에 약간 섞어 넣으면 향이 더 좋아진다.

음식이나 음료에 짠맛, 신맛, 단맛과 매운맛, 쓴맛 등 여러 가지 맛이 있음을 안다. 그중에 짠맛은 탈수현상을 막아주고 피를 맑게 해주는 성분이 잇다는 거다. 그뿐인가? 달걀 삶을 때 소금을 넣으면 터지지 않아 잘 삶아지고, 옷에 피가 묻었을 때 소금물에 담그면 핏물이 배어 나와 말끔해진다. 아무튼 헤아릴 수 없을 정도로 소금의 효능은 많다.

몸에 좋은 약이 입에 쓰듯 짜디짠 소금이 몸에 좋으니 모든 생명을 위하여 이 세상에 존재하고 있는 것이다.

바다가 있어 반갑고 바다에 소금이 많아서 고맙다.

나도 누구에겐가 소금과 설탕이 되고 싶다. 소금은 현실적인 헌신이고 설탕은 이상적인 쾌락이다. 하지만 설탕이나 소금을 과하게 섭

취하면 병을 일으키므로 중도의 미를 지켜야겠지.

바다는 지구 표면의 70.8%를 차지하고 있다. 육지에 비해 바다가 배 이상 넓다는 거다. 지구상에 최초로 생명이 탄생한 곳이며, 플랑크톤, 해조류, 어류, 포유류, 파충류, 갑각류 등의 많은 생명체가 살고 있기에 지상으로 옮겨간 생명체에게도 소금을 공급하기 위하여 거대한 바닷물에 간직하고 있는 것은 아닐까?

그리고 바다가 소금이 덮여 있기 때문에 어는점이 평균 섭씨 −1.91도로 담수보다 어는점이 낮아야만 해양생물들이 살기 좋은 곳이 될 터이니까.

이 지구상에 존재하는 것은 인간과 별개인 것은 없다고 본다. 모든 것이 인간을 위하여 존재함이니 언제, 어느 곳, 누가 무엇을 하든지 있어야 할 사람이 있어야 하듯 소금 또한 그러하리라.

눈물이, 땀이, 오줌이 소금처럼 짜지 않으면, 오징어나 고등어나 삼겹살도 맹물처럼 심심할 것인데 그 미지근한 맛 어찌 견딜 것인가.

무릇 인간이 살아가는데 필요하지 않는 것이 어디 있으랴마는 모체는 빛과 바다이기에 소금이야 말로 생명체의 근본이며 하늘과 땅이 낳은 경이로운 출산물이다. 마치 부모가 있어야 자식이 있듯이 태고의 신비를 간직한 소금을 고진감래의 교훈으로 삼고 싶다.

이정숙

남원여고 졸업. 을지 동양철학과 수료
2011년 월간 국보문학 수필가 등단
2011년 '서귀포시민 독후감 대회' 최우수
옥잠화부티 아카데미 원장
조엽문학회 회원

시 · Ⅵ

시 | 여섯

낮달

김치국

그리움 베어 물고 조각달로 홀로 떠서
미운 햇살 마다지 않고 찬연한 너의 미소
한세상 두루 살피어 밝혀주는 작은 등불

어머니 품속 같은 온아한 너의 자태
억만년이 흘러가도 그 모습 그대로
그믐이 못내 아쉬워 소리 없는 아우성

있는 듯 없는 듯 구름 속에 숨었다가
어둠이 묻어오면 얼굴을 드러내고
골목길 구석구석을 살펴주는 조등 하나

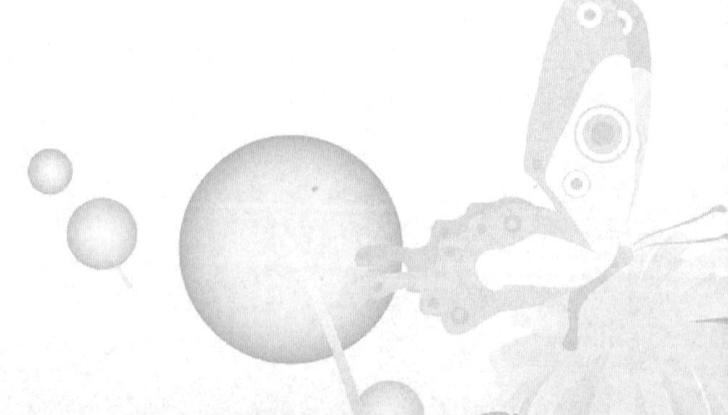

시간 은행

골목길을 서성이는 시간들을 불러 모아
아내는 시간 은행을 만든다
자투리는 자투리대로 규격품은 규격품대로
저마다 꼬리표를 붙이고 대출 전표를 만들고
촌치의 손놀림으로 모양새에 따라 분류작업을 한다.

시간은
누가 불러주기만을 기다리지 않는다
가끔 제도에서 이탈을 시도하다가
늘 저들끼리 부대끼고 시달리며 물처럼 흘러 가버린다..

빛보다 빠른 시간!

시간도 올챙이처럼 꼬리가 있을거야
제비처럼 날개가 있을지 몰라
허공을 부유하며 희망을 잉태하고 부활을 꿈꾸지만
늘 아쉬움을 달래려고 빈 가슴만 쓸어내린다.

비눗방울

빨래를 하다가 엄마는
입김으로 비눗방울을
하늘로 하늘로 밀어 올립니다

비눗방울은 방울방울
푸른 꿈을 한 아름 안고
영롱한 무지개 눈망울로
하늘을 향해 발돋움합니다

엄마의 입김이 멀어질수록
바람을 등에 업은 비눗방울은
저들 끼리 시샘을 하며
더 큰 세계를 향해
구름을 타고 두둥실두둥실
하늘 높이 날아가고 있습니다.

김치국

본명 : 김상철, 닉네임 : 울프 김치국
산청군 생비량면 출생
국제신문 논픽션 공모 최우수상 등.
현 부산 문창(문예창작)동인, 부산소설연구회 회원
한국방송 통신대학교 재학

봉정암

최미연

하늘 맞닿는 곳에 우뚝 서 있는 봉정암
걸어도 걸어도 끝이 보이지 않고
올라도 올라도 끝이 보이지 않는
멀고도 먼 하늘 아래 산 끝자락

바위의 장엄함은 하늘을 찌르고
애국가 흘러나오는 한 장면처럼
굽이굽이 흘러내리는 계곡의 물
맑다 못해 옥구슬 같아라.

닦아도 닦아도 저리 빛날까
반질반질한 무수한 돌
속세를 떠나 이곳에 앉았으니
반짝 반짝 별처럼 빛나네.

푸르다 못해 청록으로 휘감은 산
병풍처럼 접어놓아
한발 한발 내디딜 때마다
한 폭의 그림처럼 펼쳐 놓던 곳

흘러도 흘러도 끝은 보이지 않고
걸어도 걸어도 끝이 보이지 않는
하늘 아래 깊은 산골

깔딱 고개 깔딱 넘으면
들려오는 목탁 소리
스님의 염불 소리
천상이 따로 있더냐? 바로 이곳이 천상이네

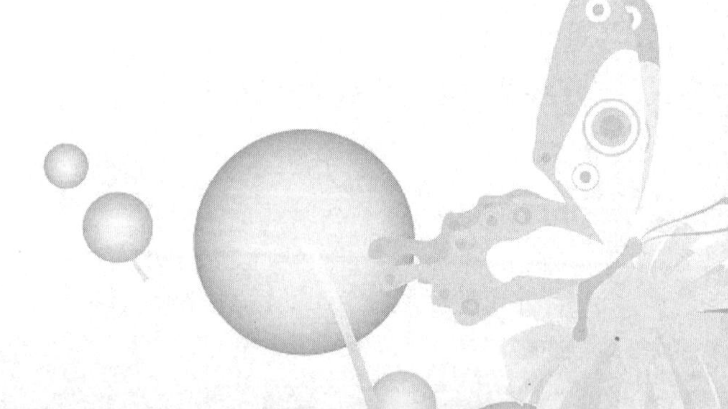

정으로 산다

나이가 들면 정으로 산다고 했던가
젊은 날은
열정과 사랑으로 세상을 살았고

결혼을 하면서
아이들 키우느라 동분서주 하고
있는 돈 없는 돈 아껴가며
제대로 숨 한번 크게 쉴 시간도 없이
줄달음쳐왔고

박봉에 허리띠 졸라매고
입는 거
먹는 거 아껴가며
이리 저리 허둥댓지

그러다
문득 눈을 뜨니
내 나이 벌써 인생의 중반을 넘었네

내 부모님이 그러하듯
늙으면 정으로 산다고 했던 말
벌써
내 앞에 다가온 이 현실이 서글프다

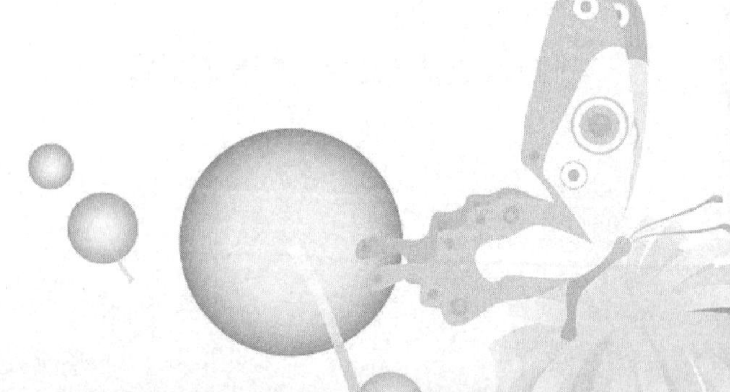

아버지

금방이라도 삼켜버릴 것 같은
흙탕물이 서로 뒤엉켜 강으로 흘러간다

비가 장대같이 쏟아지는 시냇가
우산을 받쳐 들고 한참을 물끄러미 쳐다본다
향수에 젖은 타인처럼

갑자기 비가 내려
흙탕물이 불어나는 날이면
어김없이 그 곳에서
우리를 기다리고 서 계시던 당신

행여 물살이 거세게 덮쳐
당신 자식 잘못 될세라
하루도 빼 놓지 않으셨던 당신

옷은 비에 젖어 축축했지만
넓은 당신의 등은
참으로 따뜻하고 포근했습니다

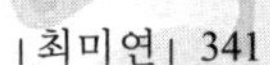

긴 세월의 강을 건너 멀리 떠나간 당신
흘러가는 것이 세월이요
흘러가는 것이 인생이라더니
그렇게
당신도 세월의 강을 건너
영원히 오지 못할 먼 길을 떠났습니다

시냇물 흘러 강에서 만나고 바다에서 만나듯
먼 훗날
세월의 강을 몇 번 건너고 나면
또다시
만날 수 있는 다른 세상이 기다리고 있으면 좋겠습니다

최미연

시인
김해 거주
장유문학회 회원

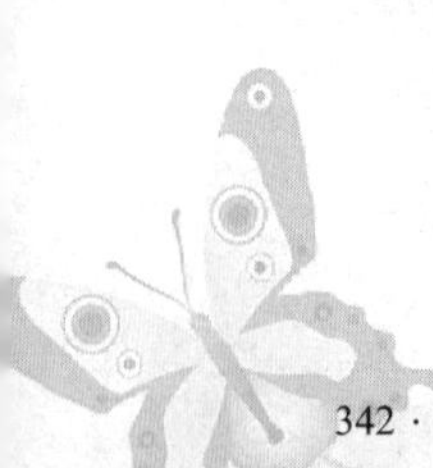

당신에게

우병욱

소리 없이 내리는 새벽이슬처럼
내 사랑도 당신 곁에 내리고 있습니다
나무는 그늘을 약속하고
난 당신에게 영원한 사랑을 약속합니다
난 언제부턴가 하늘이 좋아졌어요
이유는 하늘 아래 당신이 살고 있기 때문이죠
하늘에는 별 이 보이고
당신에게는 사랑이 보여요
내가 행복한 이유는 당신이 존재하기 때문이며
내가 기쁜 이유는 당신이 내 눈앞에 있기 때문입니다
하늘에는 별 이 있어 아름다우며
나에겐 당신이 있는 한
우리의 행복은 영원할거예요

알고 싶다

하루살이야
오늘 해 가 지면
내일에도 해 가 뜬다는 것을
너는 알고 있니
나는 알고 있는데

저기 마지막 잎새야
네 몸 이 떨어지면
새봄에 새잎이 피여 나는걸
너는 아는지
나는 아는데

알고 싶다
이 마음 죽으면
저 멀리 별 나라로 간다는 것을

시인이고 싶어라

강가의 어부는
고기 수천을 잡았으니
마냥 기뻐할 것이다

어느 장군은
군사 수백 목을 베고서
잔치를 열 것이다

이 마음
마지막 떨어지는 잎새에
가슴 여미어지는
시인이고 싶어라

우병욱

시인
김해 거주
장유문학회 회원

가을을 담아요

소담 홍광도

파란 가을 하늘
하얀 뭉개 구름
내 마음에 담고 싶습니다

곱게 물던 낙엽
알록 달록 물들면
내 마음 물들고 싶습니다

붉게 타는 저녁놀
눈이 시리게 빛나면
내 마음에 그려두고 싶습니다

별빛 내리는 밤
귀뚜라미 슬피 울면
내 마음에 사랑노래 부르고 싶습니다

쓸쓸한 가을을
내 맘 한켠에 담아
내 맘에 그려 펼쳐 놓고 싶습니다

홀로인줄 알았어요

외롭다
홀로 살아서 외롭다
그렇게 생각 했다
그러나 그것이 아니었다
홀로 있어 외로운 것이 아니었다
내 삶이 아닌 다른 삶이었기에
외로웠던 것이다
이제는
외롭지 않다
자연이 있다
내 마음에 있다
시가 있다
그것이 내 삶이다

그립다
사랑하는 사람이 있다
보고파서 그립다
그렇게 생각했다

그러나 그것이 아니었다
마음속에 있었다
다른 사람이 아닌 내 몸 같은 임
그립지 않다
이제는
그립지 않다
사랑이 있다
행복이 있다
영원히 함께할 임이 있다

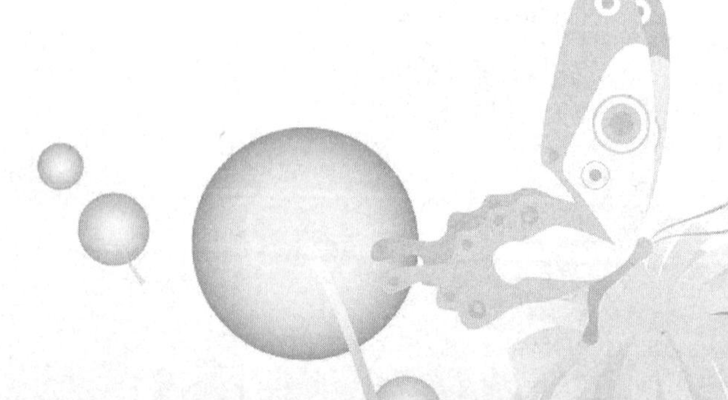

사랑의 오솔길

누구의 길인가
알 수는 없지만
사랑의 길입니다

작은 설레임
마로니애길을 걸어 봅니다

그대랑 걸으며
사랑은 가슴속에 피어납니다

말이 없어도
사랑은 소록소록
여름의 뜨거운 태양처럼

가을 낙엽이 지는 날
그대랑 다시 걸을래요

하얀 사랑의 약속
눈 내리는 마로니에 길을

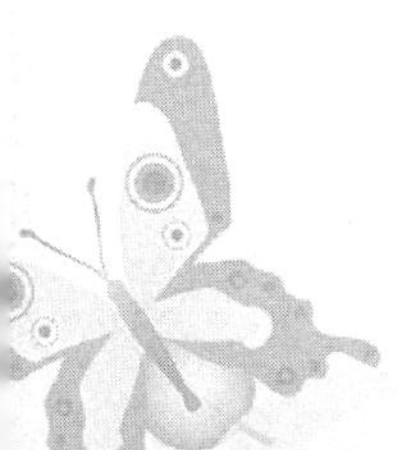

따뜻한 님의 사랑
가슴속에 새기며 영원히 사랑할래요

누구의 길일까
이 길은 사랑의 길입니다

홍광도

경북 경주 출생
소담 공방 갤러리 운영
저서: 소담1집 "사랑의 편지"
: 소담2집 "편집중
동인집: 국보문학/국보 3권//청아문학/ 텃밭//한국문학/ 시목 등등 다수
경력 : 국보문학 울산지회장//한국문학 울산지회장//한국 시낭송회 울산지회장
한국문학 공로상 수상//한국 시낭회 대상 수상
한국화 화가
한국화 연구소 채연회 회장//사단법인 평화미술협회 회원
제30회 국제 창작 미술대전 한국화 동상외 15회 입상
2009년 제14회 아름다운 눈빛미술제전시/울산애술회관외 10여회 전시

노을처럼

박노미

어떤 모습으로 다가와 물들일지
아무도 모르는 미래

중년을 넘어 이어지는 미래는
아무도 모른다

가슴 속을 울려 주는
사랑,아픔,외로움
이 모든 것을 공유할 수 있는
잔잔한 아름다움이 꽃 피기를 소망하면

저물어 가는 우리 모습도
석양의 노을처럼
아름다움을 물들이며 지내다

괜히 왔다 간다고
하지 않으면 좋으리오 마는
그래도 오늘 따라 노을이 빛나 보인다

내 마음을 알까

하늘도 흐느끼고
꽃잎도 흐느끼고
이 마음도 흐느끼고
눈물은 현실을 외면하며
추억을 부른다

추억은
아픔투성인 것을 들추어서 어쩌라고
잊고 살고자 맹세를 해도
잊을만하면 고갤 쳐들고 나를 울게 한다

하늘이 알까
꽃들이 알까
누가 이 마음을 알까
홀로 걸어가는 길이 힘들어 밤을 낮과 동무한다

이제 너에게 날개를 달아 주고 싶다

박노미

서울거주
월간 국보문학 운영위원
국보시문학대학원 재학 中
'시가 흐르는 서울' 사당역 시 낭송회 홍보위원

장마비

유경희

호되게 내리치는
장마비를 헤치고
큰 수박이 든 망태기 들고
양수리 형님댁을 찾았다.

억수장마에 어떻게 왔어!
형님 보고파 달려왔수다
그냥 의식하면 될 걸…

땅속에 묻은 잘 삭힌 김치
노랗게 튀겨낸 안동간고등어
뒤뜰 밭 상추가
다시 기어갈 듯 퍼덕인다.

새로 담근 장국속
호박이 먹음직하다.
빈대떡 구수한 냄새가
장마비와 합창한다.

단양호수의 하루

충주호를 따라 괄괄거리고
물살 가르며 달리는 쾌속정
잔잔한 호수에 은빛 물보라 휘날리며
부챗살 형의 퍼어런 파도가 밀려 나간다.

"앞에 금정산이 보입니다."
새로운 지명 나올 때 마다
놓칠세라 착각 거린다.

방송이 끝나고 흥겨운 노래 흘러나오자
그 음악에 맞춰 흥에 겨워 몸을
우쭐대며 소리 지르며 춤추는 사람,
괴성으로 노래하는 사람들
강풍에 흐느적 거리는 허수아비들 같다

이 호수를 만들 때 장장 7년여나
걸렸다니...
가희 대 역사임을 알 수 있다.

내 고향

세월의 바람 잉얼거리는
소리를 들으며 내 고향 등지고
살아온지 40여 년이 넘는다.

보개산 중턱에는 호랑이(범)을
섬기는 산제사당이 있고
중엄한 전설을 안고 흐르는
적개골 폭포와 우람한 청솔가지들
내 전신은 그 곳에 가 있다.

오색의 활엽수 옆 옻나무를
피해 가며 산나물 뜯던 지난날
오빠들과 천엽을 하며 신명나게
놀았던 곤말 등성이가 그립다.

명주 치마가 찢어져 날이 저물어서야 집에
오던 부끄럽던 촌뜨기 시절
떼기러기처럼 추억으로 날아간 일들이 다시
뇌리속에 구름처럼 뽀얗게 피어오른다.

냇가에서 등멱을 하던 동네친구들
어디에 있는지 소식이 없다.

이제 나이 들어 이 몸도 지병에 시달리고
허약해지는 마음은 보개산 밑
내 고향으로 가고 있다.

보개산 맑은 정기와 호(虎)기운이
내 시야에서 손짓하며 나를 부른다.

유경희

시인 · 수필가
월간 국보문학 회원
궁중복식연구회 · 세계문화, 예술 교류협회 회장
國香 의상연구회 · 國香茶 성인교육원 원장
국제로타리 3650지구 이사
前) 한국여성경제인 연합회 이사
前) 아리랑 월드컵 축구 응원단장
국보 시문학 대학원 재학 中

내 마음에 비

곽정순

어느덧 떠메어 간 긴 세월
부산한 계절의 한가운데에서
메마른 가슴,
촉촉한 비를 기다린다

기다림은 늘 지루하고
언제든 올 것만 같다는 조바심이
아직도 너울너울 마음만 앞서
녹음 짙은 능선에
꽃잎으로 피었다가 지기까지
무더운 밤은 정적으로 흐른다

청춘의 꽃다운 날은
춘풍에 흘린 목련꽃처럼 슬어져 가고
꽃잎 떨어져 아문 자리가
종자가 되어
길고 긴 인연으로 맺어지려나

시름에 뒤척이던 귓가로
후드득후드득 비가 오신다.

감국화

작은 꽃 고것이 하고
그저 고산에 피는 들꽃이지 하였더니
작고 노란 입술로 맑은 향을 주네
네 입 냄새가 고약한 줄로만 치부해버린
내 성급한 판단이었어
세심히 네 모습을 보았더라면
그리 서툰 편견으로
너를 버려두진 않았으리
줄기와 잎으로 우려낸 다섯 가지 맛은
정신을 맑게 하고
마음을 안정시킨다는 것을
차 한 잔을 마시므로 알게 되었다네
무심히 지나쳐 버리는
그것은 비우지 못한 무지한 아견(我見)
반평생 살아도 깨닫지 못하였네

마음

마음 하나
먹기에 달렸지
씀씀이 넓게 쓰면
너그러운 너
마음 닫은 가슴은
변화하는 시대를 내다볼 수 없으니
언제나 외롭지
우리 창하나 내어 달자
그 창 안에서
마음껏 세상을 바라다볼 수 있도록
네 가슴에도 달고
내 마음에도 달아
이해 못 할 아무런 근거도 남기지 말자

작은 마음 씀씀이
크게 알리고
넉넉한 사람으로 함께하자

독감보다 더 아픈 사랑

으슬거리는 등덜미로 바람이 스민다
슬며시 흘러내리는 비(鼻)의 잔해
천둥 같은 소리로 독하게 쏟아내어
내 안에 못된 물질들을 퍼내었다
그것만이
내 안의 응어리를 버리는 거라고
가슴에 파고들어 놓지 못한 미련함을
재채기 한 번에 벗어날 수 있으면 좋으련마는
이것은 감기보다 더 독한 것이라
좀체 떨어져 나가질 않는다

지독한 약물로도 떨쳐낼 수 없는지
식은땀으로 범벅되어
가누기 어려운 고통의 균형을 맞춘다
어느 만큼 몸살을 떨고 나서
그때서야
가슴에 묻어둔 그리운 기억이라고

그리 이야기할 수만 있다면
툭툭 털고 일어나
서리 녹을 햇살을 마주하고 서 있을 터인데

등덜미로 바람은 여전하다.

곽정순

인천 출생
용인시 거주
월간 국보문학 회원
공저 『숲으로 난 길』 외 다수
한터골 송학 경영

별똥별

欽齋 鄭炳旭

덥다고 덥다고
아우성을 치다가
갑자기 와버린 초가을 밤

밝은 달과 저며 드는 듯 한 소금기 품은 영종도 밤바람이
바위에 드러누워 졸린 눈을 게슴츠레 뜨고
이리저리 은하수 속에서 내별 찾아 눈 굴리다가,

밤하늘에 흩뿌려놓은 별 사이로
땅 따먹기 놀이하듯 큰 별 하나가
영종도에서 월미도로 기다랗게 유영한다

어릴 때 반월성 계림 숲에
밤 산책 나갔다 본 그 별똥별이
사십 년 만에 영혼의 뇌세포에 각인된다.

마음속에 첨성대를 옮겨놓고
별들 속에 숨어 있는
어릴 적 친구들을 만나본다.

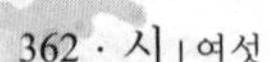

별 헤는 중에 밤 비행기 멀리멀리 날아가네

그 비행기에 초등학교 친구들과 함께
태초의 처음 행성을 찾아
별나라 여행을 떠난다.

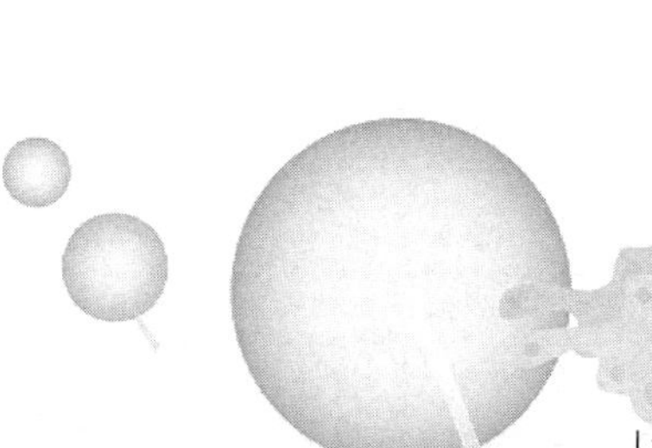

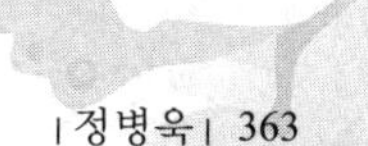

사우곡(思友哭)

나
태어날 때 친구는 없었소

하여
나 죽을 땐 친구가 아무도 없었으면 좋겠소.

나를
먼저 떠나보내는 아픔까지
빚지기는 싫소이다.

나 죽을 땐
내 부고 장을 받아 줄 친구가 아무도 없었으면

친구여
너의 주검에
너무나 아파
할 말을 거꾸로 해 본다

난 가늘고 길게 살 거야
먼저 간 친구들의 남은 수명을 더해서 살 거야
더해 살 거야

인생이
동그라민지 세몬지
노랑인지 파랑인지
그 기쁨의 모양도 알고 고통의 색깔도 알 나이에

자네가 먼저 가서 이리도 가슴
아리게 한단 말이고.
앞산 케이블카를 촌놈에게 처음 태워 줄 때부터
너와의 잘못 만남이 시작된 거야!
이렇게 허망하게 헤어지다니.

잘 가거라
친구야
하늘나라에서 잘 살아라

친구를 허망하게 보내고도
우기적우기적
밥 잘 넘기고

오늘도 일상에 분주한
내가

밉기도 하고
장하기도 하다

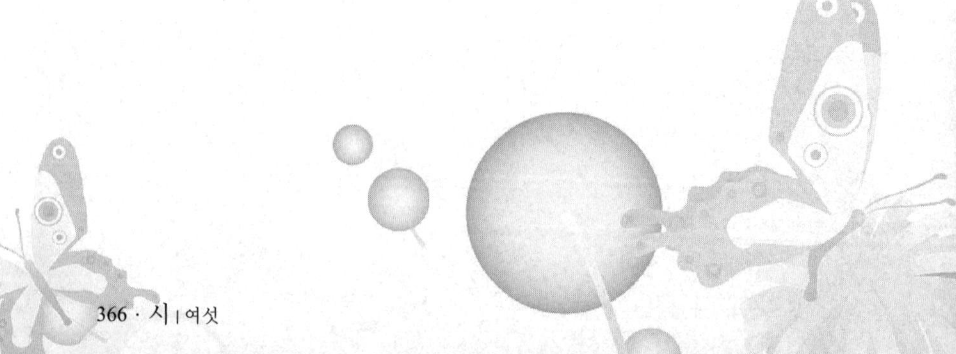

임금님 짝사랑

성은이 망극 하옵나이다

자갈치 아지매들 엽전놀이하자며
잠시 눈 감으라 해놓고
임금의 중앙신하들과 타지방 관아 아전이 작당
돈 훑어간 뒤 입 싹 닦고
백성들 눈 가리기 여념 없네

통촉 하옵소서

이북이 고향이랍시고 이북 강도임금 소굴에 소 떼 몰고 가서
같이 잘 사귀어 보자고 하던 할배 죽고
그의 통 큰 며느리와 금강산 일만 이천 봉서 장사하자 해놓고
드나들던 손님을 패고 쏴 죽이더니
아예 좌판 둘러 엎고 뺏어 들고 그 며느리 내쫓으니

상감마마 천세 만세 만만세

그 며느리 친정 와서 하소연하자
친정 동네 그 의형제들이 오히려 입을 삐죽이네
좀 더 주지 그려 그 형님이 보통 형님이가
같이 이름 석 자 오르내리는 것 만 으로도 영광으로 알라며
들고 온 빈 깡통을 발로 내 지르네

성은이 망극 하옵나이다

어이 할꼬 저승 가서 조상님을 어이 봐
맘 주고 돈 주고 이제 더 줄 것도 없는데
에라이 인당수에 자맥질 물놀이나 가자꾸나

심청이를 용왕님께 데려다 줘라

용궁에도 해결사는 없었다.
하여
심청이는 해녀로 다시 태어났다

흐히휴 피히유
오늘도 인당수에서 숨 고르며 자맥질로 엽전을 모으고 있다.

정병욱
경주 출생/ 서울 관악구 거주
재외동포재단 국제교류부장
미래행복포럼 조직위원장/ 사무차장
관악실버케어 공동대표/ 사회복지사
월간 국보문학 정회원
국보시문학대학원 재학 中

단풍

나애순

가을이 다가오자
여름이 입맞춤하고 가네

화들짝 놀란 가을은
단풍잎 한 잎 놓고
달아올랐네.

벌초

쓱싹 쓱싹
왜 이리도 쓸데없는 풀은
잘 자라나

쓱싹 쓱싹
감춰진 본봉이 보이고
앞이 트이네

등 너머 또 쓸데없는 풀들
무뎌진 낫을 가네.

나애순

서울 거주
한양사이버대학 상담심리학과 재학 中
국보시문학대학원 재학 中
월간 국보문학 회원

삶

박희균

태어나고 죽음까지
가슴 하나 하늘 하나
무지개 속에 갇힌 채

가진 것은 있는 것이
될 수 없고
내 것이 아닌 목숨
흐르는 시간
누구도 잡을 수 없음을

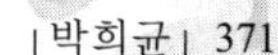

나에게

나는 나에게 마술로
하루를 연다
예쁘다고 예쁘다고
괜찮다고 잘 할 수 있다고
말을 하는 동안
마음은 풍선을 단 것 같다

주변 모든 것들에게
반갑다고 행복하다고
인사하는 동안 나는
더 예뻐 보이고
마음은 꽃물이 들고

얼굴은 해바라기가 되어
환하게 웃으며
나의 하루와
친구가 되어본다.

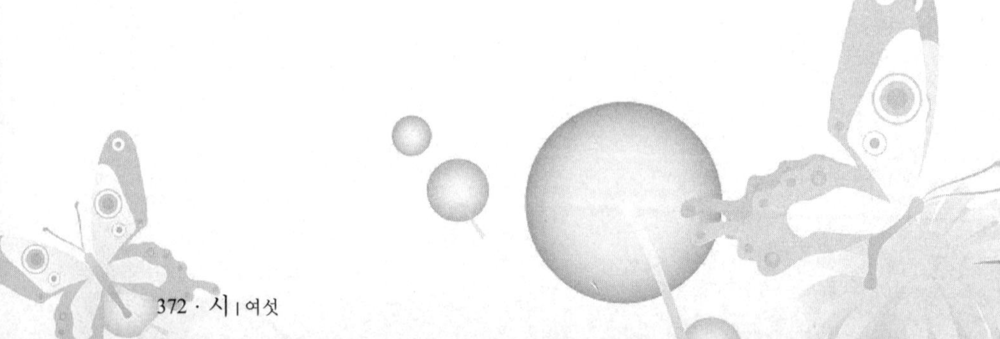

바다

끝이 보이지
않는 바다

흰 구름이
뭉게뭉게
피어있는 하늘

그리움에
몸부림치고
있는 바다

긴긴 세월
서러움에
멍이 든 바다

박희균

바빌런 코리아 실장
아이맥 원장
월간 국보문학 회원
국보시문학대학원 재학 中
순천향 대학원 석사 中

수필 · III

수필 | 셋

배추밭에서

김근호

해마다 당하는 일이지만 올해도 벌레가 배추 잎을 갉아먹기 시작했다. 그대로 두면 절반도 남겨두지 않고 다 먹어치울 것 같아서 오늘은 기어코 배추벌레를 잡겠노라고 동이 터기 전에 일어났다.

안개 자욱한 한여름 새벽은 미지의 세상에 있는 것 같아 좋았는데 초가을 새벽은 설익은 배추김치 맛 같아서 좋다.

한 며칠 못 보던 사이에 배추 잎이 아내의 발바닥만큼이나 자랐다. 그 새 배추벌레가 떡잎에 구슬크기만큼이나 큰 구멍을 만들었다.

한 십년 전부터 유기농 채소를 먹어야한다는 고집으로 농약살포를 피해왔었다. 수확량은 절반도 안 되지만 건강에 좋은 것을 먹는다는 우월감으로 배추벌레를 잡아왔다. 너무 일찍 일어나 어두워서 그런지 배추벌레가 보이지 않는다.

나무들은 가을이 접어들면 더 이상 자라는 것을 멈추고 현상유지를 위해 노력하다가 결국 찬바람이 불어오면 단풍이 들어 떨어진다. 그런데 배추는 겨울이 와서 얼 때까지 계속 푸르게 자란다.

빈부의 격차도 배추처럼 계속 무성하게 자라고 있는 것 같다. 빈자의 폭동이 세상을 엎을 때 까지는 계속 자랄 것 같다. 아니면 어느 한 편의 죽음으로 빈부의 격차는 종말을 맞이할 것이다. 처음엔 공생하다가 어느 한쪽의 힘이 강해지면 양쪽 모두 본래의 의미를 잃어가고 나중에는 전혀 다른 것으로 변하므로 본래의 의미를 유지하려면 결국은 서로가 공생할 필요가 있다.

러시아의 볼세비키 혁명으로 세계 최초의 공산당이 생기고 노동자 계급이 정권을 잡았으나 그들 역시 본래의 취지를 유지하지 못하고 하나의 인간이라는 테두리에서 자유롭지 못했다.

가늘고 긴 줄기식물은 굵고 탄탄한 나무를 타고 오른다. 줄기는 처음엔 나무가 전혀 줄기를 의식하지 못하도록 부드럽게 나무를 감고 돌지만 서서히 나무를 쪼여서 결국 죽게 만들고 그 죽은 나무에 뿌리를 내린다. 그러나 나무가 쓰러지면 그 줄기도 땅으로 기울어 사슴의 밥이 된다. 나무를 적당히 감고 뿌리는 땅속에 박은 것만으로 만족해야하는데 줄기는 그런 지혜가 없어 보인다.

IT사업으로 부자가 된 미국의 빌게이츠가 자신의 재산 중 반을 국가에 헌납한다는 소식을 듣고 두 번 놀란 적이 있다. 첫 번째는 역시 우리나라 부자와는 다르게 가난한 사람들을 위한 나눔의 통이 크다는 데였다. 두 번째는 나의 첫 번째 생각이 틀렸다는 것이었다. 빌게이츠의 재산헌납은 가난한 자를 위한 단순한 나눔이 아니라 자본주의의 자유시장체제를 유지하기 위해서라는 것이었기 때문이다. 빌게이츠의 생각은 나같이 가난한 자들의 위신을 세워주면서 더 많은 부를 지속적으로 유지하기위한 방편으로 본다. 과연 위대하고 무서운 사람이다. 농부가 자연의 이치를 이용하여 비닐하우스를 쉬워 겨울에도 배추가 자라게 하는 것과는 어쩐지 좀 다른 차원처럼 느껴진다. 농부는 겨울에 채소 공급이 적으면 채소가격이 올라간다는 생각만으로 비닐하우스 농법을 만들지는 않았을 것이다. 겨울에도 사람들에게 싱싱한 채소를 공급하려는 숭고한 생각도 함께 했을 것이라고 생각해 본다.

18세기 후반에 영국의 아담스미스가 노동생산성 향상을 위해서는 분업이 필요하다고 주장하였고, 그 결과 생산성 향상으로 1776년을 기점으로 산업혁명이 일어났다. 산업혁명에 성공한 선진국들은 지혜롭지 못한 이기적 공급을 계속하였으며, 그 결과 미국은 1930년에 대공황을 맞이하였다. 그 때 미국 사람들은 아담스미스의 이론은 이미 끝났고, 국가가 개입하여 수요를 창출해야한다는 케인즈의 이론을 받아드렸다. 아담스미스는 국부론에서 시민의 도덕적 정의감이 약할 경우에는 국가가 시장에 개입해야 한다고 했는데 "보이지 않는 손"이 너무 크다보니 그 주변의 글들은 사람들이 지나친 것 같다. 또한 이 부분을 법치의 범위 내에서 소극적으로 개입해야한다고 받아들인 것 같다. 아담스미스는 지속적인 부를 유지하기 위해서는 정의의 덕과 지혜의 덕에 의하여 이익을 추구해야 됨을 강조하였다. 이 부분을 간과한 자본주의 부국들은 위기를 맞이하고 있다. 위기는 분배의 불공정에서 온다. 이 위기를 극복하려면 도덕적 정의를 바로 세우는데 국력을 총동원해야할 것이다. 이에 비해 우리나라는 법치도 못하고 있으니 도덕적 정의를 구현하기는 힘들 것 같다. 그러나 누군가 주변이 깨끗한 사람이 대통령이 된다면 가능할지도 모른다는 생각이 든다.

찬란하게 푸시는 아침햇살로 나는 상념에서 깨어났다. 오늘 새벽은 배추를 먹기 위해 배추벌레를 잡으려 했다. 배추가 내 몸에 들어오면 배추는 내가 된다. 배추는 잡혀 먹혔는데도 주인이 되는 것이다. 나도 언젠가는 배추가 될 수도 있다. 이것이 우주의 윤회요 하나의 공생인지 모른다. 오늘 아침 배추밭에서는 배추벌레를 한 마리도 잡지 못했다. 분명히 배추 잎을 갉아먹는 배추벌레가 있었을 텐데 나는 한 마리도 보지 못했다. 들판을 가로지르는 출근길에서 사무실 일을 생각하다보면 코스모스 꽃을 보고도 코스모스 꽃을 보지 못하는 것처럼.

(2011. 10. 9. 새벽)

來日이면 處暑다

김근호

오늘이 8월22일이니 내일이면 처서다. 아열대화가 진행되고 있다고 해도 아직은 절기가 맞는지 지난 며칠 전부터 가을기운이다. 시원하게 불어오는 밤바람은 아직은 덜 익숙한 탓인지 나를 울적하게 만들어서 오히려 싫다.

세상을 우습게 여기면서 살아온 탓인지 근래 들어서는 잘 풀리는 일이 없어 초조하고 우울한 날이 대부분이다. 오늘밤은 명뼈 밑이 불편한 것 같아서 만져보니 뭉클한 것이 손에 느껴지고 아프다.

별스럽게 잘 먹은 것도 없는데 아프다는 것은 음식 탈은 아닌 것 같고 오늘 낮에 내내 긴장했던 탓이라고 생각하고 걸으면 좀 낫겠지 하는 기대감으로 밤 10시쯤 집을 나섰다.

율하천을 따라 걸었다. 매일 걷는 길이지만 오늘은 명뼈 밑의 뭉클한 것을 풀어야하고 초조한 생각들을 정리할 필요가 있다는 뚜렷한 목적이 있다. 관동리와 율하리를 잇는 만남교와 건강교는 밤을 더욱 아름답게 한다. 만남교는 지붕이 있고, 건강교는 다리 빔이 없고 철선으로 교각을 당기고 있는 현수교로서 주변에 보기 드문 모양을 하고 있다. 두 다리가 모두 조명이 잘되어있어 더욱 돋보인다. 평소에는 시민들이 많이 찾는 곳인데 오늘 밤따라 한 사람도 보이지 않는다. 거무스름한 나뭇가지에 새하얗게 걸린 하현달이 너무 처량하게 보인다고 느낄 때 물컹하고 발이 빠지는 것을 느꼈다.

신도시 조성을 하면서 지난봄에 언덕에 잔디를 깔고 큰 나무들을 심었다. 지난여름까지 비가 적당히 온 관계로 잘 자랐다 싶었는데 엊그제 많이 내린 비로 군데군데 절개지의 흙이 흘러내려 길바닥에서 진흙탕을 이루고 있는 것을 모르고 걷다가 빠져버린 것이다. 조깅하는 것도 아니라서 쇠가죽으로 만든 편한 구두를 신고나왔는데 구두 전체가 진흙범벅이 되어버렸다. "김해시장은 이런 것을 제때 정리안 하고 뭐하고 있지" 나도 모르게 입에서 불평이 흘러나왔다. 신발을 물에 씻을 생각으로 계단을 따라 물가에 갔다. 갑자기 푸드득 하고 새가 날았다. 물고기 사냥을 하다가 나를 보고 놀란 모양이다. 오리보다는 날씬해 보였는데 밤이라서 무슨 새인지는 알 수 없었다. 두 마리가 나는 것으로 보아 부부같이 보인다.

미안한 생각이 들었다. 구두를 깨끗이 씻고 다시 산책길을 따라 걸었다. 한 백여 미터쯤 걸었을 때 조금 전에 본 그 새인 듯 보이는 두 마리가 물받이 밑에 서서 물속을 쳐다보고 있다. 나는 걸음을 멈추었다. 이제는 고의적으로 새 두 마리를 지켜보기 시작했다. 고기가 보이지 않는지 한참 그대로 서있다. 담배를 한 대 꺼내서 끝까지 피울 때까지 그대로 서있었다. 나도 그들을 지켜보기 위해 아예 쭈그리고 앉았다.

이제는 공연히 새들에게 돌을 던지고 싶은 마음이 생겼다. "만일 내가 저 새들을 쫘지 아니하면 결국은 오늘 밤 물고기 몇 마리는 저 새들의 밥이 될 거야." 물고기를 보호할 것인가 저 새들을 쫓아버릴 까 하는 생각에 몰입했다. 쫓는다면 그 새들은 다른 곳에서 물고기사냥을 할 것이다.

괜히 이러고 있는 내가 가잖게 생각되었다. 그대로 두면 생태계가 자연적으로 조절되어 유지되는데 쓸데없는 간섭으로 오히려 생태계를 파괴하고 불필요한 곳에 에너지를 소비한다는 생각이 들었다. 불필요한 곳에 비싼 에너지를 소비하는 일이 비단 이 찰나의 나의 마음 뿐이겠나 싶다. 파장은 규제나 간섭에 의하여 일어난다. 규제나 간섭은 그 순간에도 에너지를 필요로 하지만 그 결과에 대한 처리에서는 더욱더 큰 에너지를 필요로 한다.

나는 이런 이유로 규제와 간섭을 매우 싫어하는 사람 중의 하나다. 왜 불필요한 규제와 간섭으로 많은 인력과 시간을 낭비하는지에 대해 늘 불만스럽게 생각해왔다. 많이 가진 자들과 덜 가진 자들의 싸움을 통제하기위한 것이라면 치안유지에 필요한 최소한의 규제와 간섭 외에는 없애야 한다고 생각해 왔다. 그런데 우리나라는 대부분 특정인을 보호하기위해 아무런 보상도 없이 일방적으로 상대를 규제하고 간섭하는 경향이 많다.

어느 농부가 산전 논을 팔고 여기다 평소 저축한 돈을 보태서 물대기 좋은 우량농지를 구입했는데 어느 날 정부에서 절대농지로 규제함으로써 공장을 지을 수 없게 되자 상대적으로 논 값이 떨어지고, 반면에 기업인이 공장을 세우기 위해 산전 답을 구입함으로써 천수답이던 논이 금싸라기가 되어버렸다. 이처럼 정부의 규제에 의하여 시장의 원리가 깨어지고 알뜰하게 노력한 자가 손해 보는 결과를 낳았다. 이 결과는 나쁜 파장이 되어 끊임없이 여러 사람에게 영향을 미친다.

부동산 거래규제도 그렇다. 그대로 두면 선택의 원리에 의하여 수요공급이 조절되어 균형시장이 형성됨에도 불구하고 정부는 오래 참지 못하고 금리조절은 그대로 둔 채 거래에 대해서만 규제와 통제를 해왔다. 그 결과 정부는 끊임없이 시장에 개입해야 했었고 간섭함으로써 국력의 낭비를 초래하게 된 것이다. 이런 일은 중요하다하여 고등고시 합격자가 맡아왔던 실정이다.

도심지 도로 확장도 그렇다. 사람들이 모여들어 조금만 소통이 불편해도 멀건 집을 헐고 보상을 한다. 그대로 두면 당분간은 도로가 협소해지고 소통이 불편해지지만 이런 현상이 계속되지는 않는다. 그래도 이곳에 계속 살겠다는 사람들과 반면 이곳을 떠나서 외곽으로 가서 살아야겠다는 사람들 간에 자연스럽게 조정되어지는 것이다. 이런 식으로 세월이 흐르면 바로 문화재가 되고 관광자산이 되는 것이다. 그 좋은 예가 유럽이다. 옛날에 마차가 다니던 길이 그대로 있고 그 좁은 길로 아무 불만 없이 승용차가 일 방향으로 다니고 있다. 덕분에 그들은 엄청난 관광수입을 올리고 몇 백 년 지난 선조들의 숨길도 느끼면서 미래를 꿈꾸며 살고 있다.

그런데 우리나라는 기득권자들의 지지를 받기위해 도로를 확장하고 건물의 용적률을 높여줌으로서 정부의 예산낭비는 물론 부동산 투기를 가져왔다. 그 결과 옛것은 찾아보기가 힘들고 우리의 정체성은 잃어가고 있다. 이런 것 말고도 수없이 많다. 정부나 공공기관에서 하는 일은 그의 대부분이다. 나는 이처럼 필요 없는 규제와 간섭을 지시받고 행하는 일에 대하여 자부심을 가질 수 없었고, 여기서 종사하는 나의 삶에 대하여 회의를 느껴오다가 결국 이런 일을 조금이라도 최소화하고 남아도는 사회적 에너지를 인간답게 사는 일에 쏟을 수 있는 사회를 만들어야 갰다는 생각으로, 남들이 부러워하는 시청에서 정년을 한참이나 남겨두고 퇴직했던 것이다. 그 후 목적한 바의 실현을 위해 두 번이나 기회를 놓치고 요즘은 엎드려 살고 있다. 이 때다 새가 한쪽다리로 땅을 짚고 서있었는데 몸을 받치는 다리를 바꾸었다.

결국 저 새 두 마리로 인하여 풀려고 나온 배속 응어리가 더 굳어가는 것 같은 기분이 들어서 또 담배한대를 꺼내 피웠다. 담배가 다 탈 때까지 그대로 서있었다. 내가 지켜본 시간이 한 30분은 충분히 지난 것 같은 데 그대로 서있었다. 먹이를 구하기 위해서는 새들에게도 참을성이 있어야 되는 것 같다. 평균수명이 80년인 사람도 30분은 길다고 생각하는데 하물며 삼사년 정도 사는 새라면 엄청난 시간인데 아직까지 입질한번 해보지 못하고 서있는 새가 요즘 들어 엎드려 살고 있는 나의 모습 같아서 이제는 안쓰러워 보인다. 마침내 두 마리의 새는 의논을 했는지 일시에 푸드덕 날았다. 이곳은 더 이상 있어봐야 별 볼일 없다는 것으로 판단한 것 같았다. 나도 일어섰다. 또 걸었다. 돌팔매질을 안 하고 그대로 둔 것이 잘했다는 생각이 들었다. 관심을 가지면 파장이 생긴다. 좋은 일에 관여하는 것은 좋은 파장이 생기지만 그렇지 못할 경우는 스트레스를 주고받는다.

김근호

장유문학회 회장
김해시의회 의원
에세이집
-교환의 사랑을 넘어야 (2003)
-성실한 사람들이 세상을 움직인다(2006)

여름 바캉스의 추억

권영이

무더운 여름에 더위를 피해 떠나는 피서여행은 낭만적인 추억을 떠올리며 마음이 설렌다.

언제인가 동해바다를 갈 때 막히는 교통체증에 혼이 났던 기억에 새벽에 서둘러 도망치듯 도심을 빠져나왔다. 평일 속초 미시령으로 가는 도로는 너무 한적하고 막힘이 없어 좋다.

우리나라도 이제는 도로가 너무 잘 정비되고 넓혀져 예상외로 빨리 양평을 지나 홍천 길로 접어드니 강원도의 山紫水明(산자수명)한 아름다운 경치가 눈을 즐겁게 한다.

흥겨운 흥얼거림 속에 미시령을 빠져나오니 속초가 한눈에 보이고 아침을 먹으려고 찾아간 순두부 전문 음식점이 휴가 나온 손님들로 북적거린다.

순두부집 간판은 할머니란 자가 들어가야 제격인 듯 김 아무개할머니, 최 아무개할머니라고 저마다 실명을 내세우고 원조라며 손님들을 유혹한다.

아침을 먹고 찾아간 예약 숙소인 솔비치 호텔은 그야말로 원더풀이다. 솔이 무슨 뜻인가 했더니 소나무의 솔(松)이다. 호텔입구에서부터 도열한 푸른 솔이 우리를 반겼으며 후론트에 들어서니 높은 천장이 시원하고 럭셔리하게 꾸며진 로비가 우리가 VIP임을 알려주는 것 같다. 우리 일행은 입실시간이 12시라지만 일단 짐을 옮겨 여장을 풀고 일행들과 담소를 나누며 호텔주위를 여유롭게 둘러보았다.

양양 오산리에 지은 지중해 연안 스페인풍의 해양리조트로 여름 휴가철을 보내기에는 최상의 휴양지다. 호텔지하로 아쿠아월드가 있어 수영장과 바다를 연계하여 해수욕을 즐길 수 있게 되도록 하였다. 해수욕을 즐기며 자유롭게 바다와 아쿠아월드 수영장을 오가며 더위를 식히기에 안성마춤이다. 또한 바다물로 뜨거운 싸우나탕을 만들어 해수욕으로 노곤한 몸을 풀기에 너무 시설을 잘 해 놓았다. 솔비치 해수욕장은 모래도 곱고 멀리 떨어진 갯바위까지 걸어서 갈 수 있도록 수심이 얕아 안전하게 해수욕을 할 수 있었다. 바닷가 산책로를 따라 호텔주위를 둘러보았는데도 입실시간이 한 시간이나 남아 동행들과 점심을 하기위해 자동차를 끌고 주위에 낙산해수욕장 등을 둘러보며 속초를 향해 달리다가 황태집이나 생태탕집을 찾았으나 적당한 곳이 없어 우선 속초농협 하나로에 들러 우유와 빵 등 간식거리를 쇼핑하며 식당소개를 부탁하니 그 건물 2층에 직원과 고객들을 위해 식당을 운영한다는 말을 듣고 날씨도 뜨겁고 더 이상 돌아다니기 싫어 올라가 보자고 했는데 한식 뷔페식당이었다.

쌀이 너무 좋아 윤기가 나는 밥이 식욕을 자극하고 종업원들도 친절하였다. 돼지고기 두루치기로 영양도 만점이고 미역국도 맛있어 점심에 식당을 못찾은 것이 오히려 잘 되었다. 배를 두드리며 시간에 맞춰 호텔로 돌아오니 방이 깨끗이 깨끗하게 청소되어 있었고 창문으로 펼쳐지는 풍광이 한눈에 들어왔다.

일단 간단히 짐을 정리하고 바닷가로 내달렸다.

처음 날은 비가 뿌렸지만 비를 맞으며 즐기는 해수욕은 그런대로 더 즐겁다.

다음날 정식으로 파라솔과 튜브까지 대여하여 본격적으로 해수욕을 즐겼는데 지중해에 온듯 환상적인 물놀이였다.

아침식사는 호텔 부페레스토랑을 이용했는데 여유 있게 여러 가지 음식을 맛보는 행복감에 감사함이 온 몸을 휩싸며 좋은 곳에 안내하신 하나님에게 감사의 기도가 절로 입술을 타고 흘러 나왔다. 식사 후 원두커피가 너무 맛있어 두 잔을 마셨다.

저녁시간에 일행들과 해변을 산책하는데 석양 구름 사이로 노을이 지고 덥지도 춥지도 않은 해풍에 우리들은 벤치에 앉아 행복하게 수평선을 바라보며 콧노래를 흥얼거린다.

그런데 이게 웬일인가. 저 멀리 수평선 하늘에, 뭉게구름을 뚫고 아름다운 빨주노초파남보 일곱 빛깔 무지개가 뜨는 것이 아닌가. 우리들을 축복하시겠다는 하나님의 약속의 징조를 바라보며 흥분되는 순간이었다. 무지개가 우리들 눈에만 보였는지 다른 산책객들은 무심하게 지나쳐 간다. 무지개의 생성과 소멸과정을 바라보며 행복한 눈빛으로 서로를 얼싸안으며 음악소리가 들리는 곳으로 발걸음을 떼었다.

호텔 앞 베누스광장 야외무대에서 쏠비치 썸머 콘서트가 열려 신나는 밴드에 젊은 청년 가수가 열창 중이었다. 그 날 저녁은 태풍의 영향인지 광풍에 나무가 흔들리고 하늘을 시커멓게 구름이 덮쳐도 끝날 때 까지 자리를 뜨지 않고 앵콜송을 신청하며 모두 음악을 즐겼다. 고급 호텔에서 격조 높게 즐긴 2박 3일이 꿈같이 흘러가고 올라오다 해장국을 들며 뒤풀이를 하고"올여름 바캉스는 영원히 잊지 못할 추억거리다"라고 이구동성 고백하며 서울을 향해 달린다.

권영이

연세대 정법대 행정학과 졸업
국보문학 수필부문 신인상 수상
ROTC 7기 예비역 장교
(주)유한양행, (주)한미카우투 사장
(사)대한민국국보문학협회 대외협력부회장

이별준비

민순기

나 이제 어머니와의 아름다운 이별을 준비 하고 있습니다.

나 이제 마지막 제일 힘들때 나와 함께 동거동락하셨던 나의 시어머니와의 이별을 준비 하고 있답니다.

수많은 일들이 떠오릅니다.

작년 이맘때 구행사인 경로잔치에 참석하셨던 우리 어머니 그날 우리어머님 참 좋아 하시고 재미있게 흥에 겨워 춤도 추셨습니다.

그러셨던 저희 어머니 지금은 골절상으로 병상에 누워계십니다.

어제 병원에서 마지막으로 어머님의 손톱을 깎아 드렸습니다.

내어머님 저와 함께 살면서 가끔 아주 가끔 제게 용돈을 주시던 시간이 떠오릅니다.

가끔 나의 아들 딸들에게 오천 원씩 만원씩 용돈을 주시던 시간이 그립습니다.

지금의 당신은 돈에 대한 개념이 없어져 버렸습니다.

음식을 해드리면 맛있다 맛있다 칭찬해 주시고,, 맛있게 드셔주던 시간이 그립습니다.

항상 나쁜 기억은 잊어 버리셨는지 생각을 안하시는건지..

항상 제게 칭찬만 해주셨습니다.

가끔 치매증상이 심하실때는 제게 소리도 지르셨지만요...

어제 병상에 누워계신 우리어머니 저와 정을 떼시려고 하는지 마지막으로 제게 순간 순간 몇마디 소리를 지르셨습니다.

비스듬히 전동침대에 앉아 계신대도 갑자기 누워서 어떻게 먹냐고,, 화를 벌컥 내시고...

또 비스듬히 앉아 계시게 도와드렸는데도...앉아서 어떻게 약을 먹냐고... 화를 벌컥 벌컥내셨습니다.

그시각은 저녁시간이었습니다.

낮에 큰따님 작은따님 큰며느리가 다녀간 뒤였습니다.

옆의 병상에 누워계신 환자분께서 보다 못해 아까 큰며느님 있을때는 아무말씀 안하시더니 네째며느님 한테 큰소리를 다 하시네요,, ㅠㅠ 하며 저를 안쓰러워 하시네요.

저는 제가 편한신가봐요.

하루종일 소변 보고 싶다고 하시더니...

소변을 보고 싶다고 하시면 .. 소변을 보시라고 소변기를 대면 아직 생각이 없다고 하시더니...

큰며느님이 병실을 나가고... 저녁만찬이 들어올 직전에 "어머니 저녁 드시기 전에 소변봅시다."하고 말씀드렸더니 "그래..지금 소변 볼래..." 하십니다.

소변기 갖다 대 드렸더니.. 3/2가 가득 찼습니다.

아이고,,어머니! 어떻게 이렇게 많이 참으셨어요?

어머니! 시원하시겠네요.

어머니! 잘하셨어요.

마지막으로 시원하게 처리해드렸습니다.

지금 계신 병원은 오래 계실만한 병원이 아니기에..

몇 개월 동안 편히 누워서 치료를 할수 있는 좋은 곳으로 보내드리기로 저 혼자 마음을 먹었습니다.

그리고 그제밤 잠을 설치고 인터넷을 뒤졌습니다.

여기가 좋을까?

저기가 좋을까?

우리 어머니 어디에 모시면 더 좋을까?

세군데 중에 한군데를 선정해서 어제 아침에 전화로 상담을 하고... 인적사항 전화상으로 접수하고...

마침 병원에 오신 큰시누님과 작은시누님과 함께 어머님을 더 편하게 모실수 있는 요양병원에 탐방 다녀왔습니다.

두 시누님들도 만족해 하셨습니다.

집에서 일거수 일투족 어머님을 돌볼수 없기에 죄송하지만 어머님을 요양병원에 모시기로 저 혼자 결정을 하고 가족들 모임날짜를 정했습니다.

7남매 형재자매 모두 모인 자리에서 제가 감히..

어머님을 요양병원에 모시자고 말씀을 드려야 할 시기가 왔습니다.

지금은 어머님이 와상 환자이시기에... 어쩔 수 없습니다.

어머님과의 짧은 이별을 해야만 합니다.

짧은 이별이 될지 기나긴 이별이 될지 앞으로의 일은 알수 없지만... 퇴원해도 당신을 거둘수 없는 형편이기에 이젠 어쩔 수 없이 당신을 보내드려야 합니다.

어머니!

그곳에가면 더 기운 차리시고...

더 잘 잡수시고... 치료 잘 받으시고 다시 걸을 수 있도록 허리치료 빨리 끝나면 재활치료 하여 지팡이 짚고 걷으실 수 있는 모습 보고싶어요.

어머니!

죄송합니다.

이렇게 어머니와의 이별을 고할수 밖에 없네요.

어머니!

그 동안 제가 모시면서 잘 해드릴 때도 많았지만 못해 드릴때가 더 많았던 것 같아요.

더 잘해드릴것을...

더 효도할것을...

이제 와 후회한들,, 무슨소용있겠어요.

어머니!

그래도 저 그동안 어머니와 살면서 힘든점도 많았지만... 그래도 어머니 덕분에 많이 행복했습니다.

시댁식구들이 저를 얼마나 많이 챙겨주고 뒷바라지를 잘해준것 생각하면 참 감사합니다.

참으로 고맙습니다.

한달에 한번 잊지 않고 어머니 뵈러 찾아와 주셨던 아주버님 시동생 시누님들..

참 고마웠습니다.

어찌 그리 어머님에게 마음을 잘쓰실까요?

어머니!

그곳에 가셔도 너무 외로워 마세요.

지금계신 병원보다 보내드릴 병원이 훨신 더 좋아요.

분위기로 말하면 "호텔" 같아요,

좋은곳으로 모시는 겁니다.

한방의, 정신과의, 정형와과의, 신경과, 재활의학과, 내과등...

훌륭한 의사선생님들이 계시니 너무 걱정 마세요.

좋은분위기와 더 쾌적한 그곳에서 편히 치료 잘받으시길 바랍니다.

어머니!
어머니!
안녕.
어머니 안녕히 가세요,,,,,,,,,,,,,,

119와의 인연

민순기

"여보세요?"

"네..,119 상황실입니다."

"여기 00000000 인데요" 했더니

"네... 할머니가 어디 또 아프세요?"한다.

이틀 전에 119를 이용해서 그런지 걱정부터 해준다.

두 번 이나 고맙게도,,

119 구급차를 타고 어머니를 병원에 편안하게 모실 수가 있었다.

119타고 넘어지면 코 닿을 거리 동네병원으로 가는 중에도

"병원 아직 멀었어?" 하신다.

병원에 도착을 하고 엑스레이를 찍고 나오셔서 MRI 찍으러 가려고 대기를 하고 있는데도 "병원 가려면 아직 멀었어?" 하신다.

엄니! 여기 병원에요... 병원...

어머니가 입원하신 병원에서는 의사소견이 건대와는 달리 나왔다.

오래된 골절이 아니고 최근 골절이고... 골절이 한 30%정도이고... 멍 자욱도 보인다고 했다.

골절은 연세가 드셨기 때문에 푹 넘어지지 않으셔도 쉽게 오는 수가 있는데...

멍자욱은 뭐지?? 도대체... 왜??
내 뇌리에 지워지지 않는 멍 자욱의 정체는 무얼까?
골절이 되면서 멍이 드는 것일까?
나중에 원장님에게 자세히 여쭤봐야겠다.
괜시리 내가 어머님을 잘못 모셔서 어머니가 그렇게 되신 것 같은 죄책감이 든다.
그 동안 어머니에게 못해드린 생각만 나고...
어머니의 허리가 빨리 완쾌되어
집으로 모시고 와서 후회 없이 더 잘해드려야겠다.
지금처럼 후회가 남지 않도록 더 정성껏 잘 보살펴 드려야겠다.
한달을 모시던... 석달을 모시던... 앞으로의 일...
어떻게 될지 모르지만...
지금처럼 후회하지 않도록 더 정성껏 보살펴 드려야겠다.
지금 어머님이 당장 편찮으신데...
치료가 급선무 인데...
우리 동서님들은 왜 자꾸 요양원 얘기는 꺼내는지...
내가 어련히 알아서 하게 냅뒀으면 한다.
힘들다고 두손두발 다 들면...그때 내손을 잡아 줬으면 좋겠다.

그런데...
지금은 아닌 것 같다.
우선 어머니 치료부터 하고 보자.
치료하시고 좋아지시면 다시 모실 예정이다.
나도 참... 모질지 못하다.
이토록 가슴이 아픈걸 보면...

이토록 오늘 눈물을 많이 흘린걸 보면...
아침에 어머니 뵙고 와서...
집에서 혼자 많이도 울었다.
누가 내 맘을 알까?
내가 왜 이렇게 가슴이 타 들어가는지...
짧은 시간 어머님과 살면서 미운 정보다 고운 정이 더 많이 들었나 보다.
내가 밖에 나가고 없을 때 항상 나를 찾으신다는 어머니!
남편이 안보이면 찾지 않아도 어머니는 항상 나만 안보이면 찾으셨다고 한다.
어머니도 어느새 나와 미운 정 고운 정이 포옥 들으셨나보다.
어머니!
얼른 쾌차하세요.
제가 그땐 더 잘 모실께요.
그런데요,,
어머니!
혹시라도 완쾌가 안되시고... 지금처럼 침대에 누워만 계시면 그때는 데이 케어센타에도 못 가시고 누워 계셔야 하니...
그런 상황이 오면 안되지만...
혹시 그런 상황이 오게 되면...
어머니...
어쩔 수 없이 저랑 이별을 해야 합니다.
어머니가 그 상태가 되시면요.
제가 집에서 바쁜 생활에 들락날락하며 어머니를 모시는 것보다 요양원으로 모시면 집에 계시는 것 보다,, 어머니께서는 더 훨씬 편하실

겁니다.
그러니…
어머니!
힘내시고… 약 잘 잡숫고…기운내시고…치료 잘 받으시고
요양원 안 가시려면…
일어서서 걸으셔야 해요. 어머니!

어머니! 파이팅!
파이팅! 입니다.
엄니! 저녁에 어머니 또 뵈러 갈께요.

눈부신 가을이 싫어

민순기

가을 하늘이 이토록 높은데
가을 하늘이 이토록 아름다운데
가을 하늘이 이토록 눈부신데
내 마음은 산산조각 구름이어라

높아만 가는 가을 하늘이 싫다.
푸른 하늘 떼 지어 너울대며 노래하는 새털구름도 싫다.
이토록 아름다운 가을을 보지 못하는
아! 당신이여...

이토록 좋은 계절을 함께 할 수 없는
아! 당신이여...

가슴이 미어집니다
내 가슴이 타들어 갑니다.
눈물이 주르르 흐릅니다.

든 정보다 난 정이 더 힘들다고 하더니...
오늘도 이 불효며느리는 눈물샘 마를 줄 모릅니다.

어머니!
어머니 라고 다정하게 몇만 번이고 더 부르고
어머니 라고 몇천 번이라도 더 부르고 살게 해주세요.

다시 한번 제게 당신을 품을 수 있는 기회를 주세요.
어서 빨리 쾌차 하시어
따듯한 보금자리
당신이 머물던 그 둥지로 돌아와 주세요.
아! 당신이여…
당신이 둥지를 틀고 있던 보금자리에는
아직도 따듯한 여운이 기다리고 있답니다.

아! 당신이여…
이 불효며느리 다시 한번만 기회를 주시옵소서

단 한달만 이라도
아니 두달만이라도…
아니 일년이어도 좋고…
삼년이어도 좋고…

제곁에만 머물러 주세요.

후회하지 않도록 당신을 다시한번 정성껏 품에 안고 싶어요.

저에게 다시 한번 기회를 주시옵소서

아! 당신이여...
그리운 당신이여...

세살박이 어린아기 같은 천상의 얼굴을 가진 고운 님이시여...당신의 고통을 차마 볼수가 없습니다.

뼈가 저리도록 가슴이 타들어가고 이가슴이 아픕니다.
아!..나의 큰아가 였던
나의 사랑하는 어머니!
갑자기 찾아온 골절상의 고통이
하루 빨리 치유되어
제가슴에 따듯한 기운을 넣어 주세요.

어머니의 부드러운 손
다시 한번만 잡아 보고 싶어요.

당신의 둥지로 돌아와 주세요.
당신이 머물던 둥지에는 아직도 따듯한 여운이 남아 있어요.
어서요...
어서......

민순기

서울 거주
월간 국보문학 회원
행안부 소속 : 생활공감정책 주부 모니터링
물가 모니터링
현) 망우본동 통장

핸드폰과 나

고건일

나는 10월 초순 영어학원에 가다가 고덕역 근처에서 핸드폰을 주었다. 그 핸드폰은 최신형 스마트폰이었다. 나는 처음에 핸드폰을 가지고 싶은 마음에 막 이리저리 만져보고 내 핸드폰 유심 칩도 넣어봤다. 그런데 핸드폰 카메라 앨범을 보니 초등학생처럼 보이는 남자아이가 있었다. 그 사진을 보고 나는 '잃어버린 그 핸드폰의 주인은 얼마나 속상할까?' 라고 생각을 하면서 직접 핸드폰의 주인을 찾아주겠다고 마음을 먹었다.

나는 직접 강동역 근처에 있는 쇼 고객센터로 찾아가서 주운 핸드폰의 주인을 찾아주고 싶다고 말하였고, 고객센터 직원은 주운 핸드폰을 컴퓨터에 연결했다. 핸드폰 주인은 초등학생이었고, 직원은 직접 핸드폰 주인인 학생의 아버지 번호를 적어서 나에게 주었다. 나는 고객센터에서 나와 바로 그 번호로 전화를 했고, 전화를 받은 아저씨는 나에게 너무 '고맙다.' 라고 했다. 그런데 그 아저씨는 '지금 회사에 있어서 당장은 못가고 저녁에 만날 수 있냐' 라고 물어 봤고, 나는 '알겠다.' 라고 했다.

약속시간인 7시에 만나기 위해 나는 옷을 입고 서둘러 고덕 E-Mart로 갔다. 이마트에 도착해서 나는 다시 아저씨한테 전화를 했다. 아저씨는 '지금 가고 있다.' 라고 했고 나는 벤치에 앉아서 기다리겠다고 했다. 한 5분이 지나고, 어떤 아저씨가 '고건일군?' 이라고 말을 했고 나는 인사를 드렸다. 아저씨는 너무 고마운 듯 악수를 하고 양복 속주머니에서 봉투를 꺼내서 나에게 주었다. 그리고 아저씨는 계속 고맙다고 나에게 계속 말했다.

집에 돌아오면서 나는 아까 받은 봉투를 꺼내서 안에 무엇이 들었는지 확인을 하려고 했다. 봉투 속에는 영화티켓 2장과 문화 상품권 2만원이 들어있었다. 별로 큰일을 하지 않았는데 이렇게 많이준 것이 고마웠다.

나는 집에 돌아와 엄마한테 오늘 있었던 일들을 모두 다 말했고, 엄마도 내가 기특하신 듯 잘했다고 말했다. 자기한테 중요한 물건이 없어졌으면 그 주인은 매우 슬프거나 기분이 좋지 않을 것이다. 그 동안 나는 평소에 물건을 줍게 되면 내가 가지거나 친구들에게 주었다. 생각만 조금 더 했었다면 지금까지 물건을 주워 내가 가지는 행복보다는 내가 직접 그 물건의 주인을 찾아주는 행복을 얻을 수 있었을텐데 지금까지 그러지 못한 내 자신을 돌아보니 안타까웠다.

그리고 남들에게 고맙다는 말을 듣는다는 것이 내 마음속의 스트레스와 안 좋은 기분들을 없애주고 마음을 가볍게 만들어 준다는 것을 이제야 깨달은 것 같다. 예전에 나는남들에게 많은 도움을 준 사람이 아니라 도리어 남들에게 도움을 받아 고맙다는 말을 많이 한 사람이었다. 그런데 이번에 휴대폰을 찾아준 계기로 아이의 아버지가 나에게 진심에서 우러나오는 '고맙다.' 라는 말을 너무 오랜만에 듣다보니

'고맙다.' 라는 말 한 마디가 나를 새로운 사람으로 변화시킨 것 같다. 비록 내가 핸드폰을 찾아주려고 강동역까지 간 것이 힘들었지만, 주인을 찾아준 후, 시험 보는 동안 피곤했던 나의 몸이 가벼워지고, 나의 마음도 또한 남을 도와줬다는 생각으로 가득 차 나 자신이 자랑스럽고 대견했다.

이제부터 나는 남들을 도와주고 봉사도 많이 해서 남들에게 '고맙다.' 라는 말을 자주 듣고 싶다. 나 스스로 생각해도 나 자신이 너무 대견하고 자랑스러운 것 같다. 앞으로 남들에게 도움을 주는 꼭 필요한 사람이 되고 싶다.

추석

고건일

나는 명절날에 시골에 잘 내려가지 않는다. 할머니가 큰 아버지 댁에 계셨을 때는 큰 아버지 댁으로 갔지만, 할머니가 돌아가신 후부터는 우리 집에서 모든 명절과 제사들을 하기 때문이다. 올해만 해도 TV 등 뉴스를 보면 주차장이 될 정도로 꽉 막힌 고속도로를 많은 사람들이 힘들게 고향으로 내려가지만, 나는 집에서 그리운 친척들을 편안한 마음으로 기다리면 되는 것이다.

추석에 친척들이 다 모이면, 그동안 조용하던 우리 집이 어느새 시끌벅적해져서 나는 기분이 날아갈 듯이 좋다. 원래 우리 집에는 엄마와 아빠 그리고 나만 있어서 적막하고, 심심했는데 친척들이 오는 날이면 나는 괜히 기분이 들뜨고, 입가에는 미소가 떠나지 않는다. 추석 같은 명절이나 제사가 있는 날에만 친척들이 다 모이기 때문에, 그동안 서로 살아온 안부부터 시작해서 많은 이야기들을 밤새 나누게 된다.

나는 사촌누나들과 같이 송편을 만들면서, 공부이야기나 학교생활 같은 많은 이야기들을 하였다. 다 같이 방에 들어가 함께 TV를 보기도 한다. 나는 이렇게 사촌누나들과 같이 있으면 '나도 친동생이나 친누나가 있었으면 좋겠다.' 고 생각을 해본다.

특히 이번 추석에는 친척들 사이에 내 이야기들이 많이 나왔다. 왜냐하면, 내가 한국문학신문 학생 기자가 되었고, '학생 기자 건일이의 스케치'라는 연재 칼럼에 처음으로 쓴 글이 돌아가신 할머니의 이야기였기 때문이다. 큰 아버지와 아버지는 내가 쓴 글을 보고 눈물을 흘렸다. 나는 눈물을 흘리는 모습을 보면서 내가 쓴 글이 너무 자랑스럽고, 또 내가 쓴 글을 읽으면서 눈물을 보이는 사람이 있다는 것에 대해 나도 모르게 큰 감동을 받았으며, 앞으로 책임감을 가지고 더욱 열심히 써야 할 것 같다.

어느덧 시간은 밤이 되었고, 친척들은 내일 차례를 드리기 위해 일찍 잠자리에 들었다. 다음날 아침, 눈을 떠보니 큰 엄마들은 모두 음식을 만들고 있었고, 아버지는 차례 상을 준비하고 있었다. 나는 얼른 씻고 옷을 입은 후, 차례준비를 도와주었다. 한 명밖에 없는 사촌형이 일 때문에 오지 못해서 나 혼자 술을 올리고, 절을 했다. 손자가 두 명밖에 없어서 나는 옛날부터 차례 드리는 방법과 제사 올리는 방법들을 아버지한테 일찌감치 배웠었다.

차례를 다 드리고 나서 함께 아침밥을 먹었다. 그리고 친척들은 모두 외갓집을 가기위해 자리에서 일어났다. 엄마는 피곤한지 침대에 누워 낮잠을 잤고, 아버지와 나는 집 앞에 있는 구봉산으로 가서 신성한 공기를 마시며 피곤함을 덜었다. 집에 들어와 엄마를 깨워 옷을 갈아입은 후, 외할머니가 계신 암사동으로 차를 타고 갔다. 암사동에는 이모와 삼촌이 먼저 와있어 반가운 인사를 나누고, 사촌형들과 같이 놀았다. 나의 사촌 형들은 대학생인데, 같이 여행도 가본 적이 있고, 자주 만나 공부 이야기뿐만 아니라 다른 사적인 이야기들도 많이 나누는 사이여서 친형처럼 따르고 있다.

그리고 사촌 형들은 항상 나를 만나면 '네가 죽을 때, 네 죽음을 슬퍼하고 울어주는 사람을 많이 만들어라' 라고 충고한다. 예전에는 아무생각 없이 들은 한 마디였지만, 내가 고등학생이 되고 나서부터는 '이 한 마디'를 나의 좌우명으로 정했다. 나는 이 말이 '살아가면서 많은 사람들에게 정신력 영향력을 끼치는 사람이 되라'는 의미로 생각하고 있다.

사촌 형들과 이모가 집으로 돌아가고, 나도 부모님과 함께 집으로 왔다. 학교나 학원을 가지 않지만, 중간고사 시험 기간이기 때문에 나는 시험공부를 해야만 했다. 하지만 정말 보람차고 기억에 남을 추석을 보낸 것 같은 생각이 들어 마음이 뿌듯했다.

꼬깃꼬깃한 친할머니의 오천 원.

친할머니에 대한 내 기억은 항상 누워만 있는 모습이었다. 왜냐하면 내가 5살 때 할머니는 중풍이라는 혼자서는 아무 것도 할 수 없는 병에 걸려서 말도 잘 못하셨고, 항상 수원에 살고 계시는 큰 아버지의 집에 누워있었기 때문이다. 하지만 나는 할머니를 누구보다도 존경하고 사랑한다. 할머니가 나의 아버지를 낳으셨고, 아버지가 8살 때 할아버지가 돌아가셨다. 할머니는 3남 3녀를 농사를 지으면서 키우시고, 모두 다 대학을 보내셨다고 한다.

나는 할머니를 본 적이 많지 않다. 할머니는 큰 아버지의 집에서 사셨는데, 명절날이나 제사가 있는 날에는 꼭 할머니를 뵈러 갈 수 있었다. 할머니는 몸을 움직이지도 못하셨기 때문에 할머니가 누워계신 방에 들어가서 인사를 드려야만 했다. 할머니는 항상 웃으시며 나를 반겨 주었다.

어느 날 내가 집으로 가기 위해 할머니께 인사를 드리러 방으로 들어가니 손짓으로 할머니가 할 말이 있으신 듯 나를 앉히셨고. 가지고 계시는지 아주 오래된 것 같은 꼬깃꼬깃한 오천 원 한 장을 나한테 주셨다. 나는 감사하다고 말씀드리고 집에 가기 위해 차에 탔다.

몇 년이 흘러 내가 초등학교에 입학하던 날, 저녁에 큰 어머니께 전화 한 통이 집으로 걸려왔다. '할머니가 돌아가셨다.'고 한다. 엄마와 아빠 그리고 나는 바로 큰 아버지의 집으로 가기 위해 옷을 갈아입고 성급하게 집에서 수원으로 출발하였다. 차를 타고 가는데 엄마는 슬피 울고 계셨고, 아빠는 운전을 하면서 조용히 눈물을 흘리셨다. 나는 엄마 아빠의 눈물을 얼른 휴지를 꺼내서 닦아 주었고, 엄마는 아빠의 등을 안아주었다.

그리고 한 시간 후, 큰 아버지의 집에 도착하니 친척분들이 모두 슬픔에 잠겨있었고, 나이가 어렸던 나는 많은 사람들이 울고 있어서 그냥 울었던 것 같다. 내가 할머니의 모습을 직접 본 것은 아니지만, 엄마는 나에게 '할머니가 행복한 웃음을 띄며 돌아가셨다.'고 했다. 할머니는 먼저 돌아가신 할아버지 묘 옆에 할머니를 묻어드렸다.

우리 가족은 슬픔을 머금고 수원을 떠나 상일동 집으로 돌아왔다. 집으로 돌아오면서 나는 문득 예전에 할머니께서 주신 꼬깃꼬깃한 오천 원이 생각이 났다. 돈도 많이 없으면서 나에게 주신 오천 원을. 그때 비로소 할머니가 돌아가셨다는 생각에 눈물이 났다. 엄마는 울고 있는 나에게 '할머니는 하늘나라에 가셔서 건일이 너를 보살펴 주실 꺼야.'라는 말을 해주셨다.

할머니가 예전에 내 손을 잡아두던 생각이 난다. 차갑고, 뼈만 앙상히 남은 할머니의 손을 뿌리치곤 했던 그 손을 다시 잡고 싶다. 손을 마사지 해드리면서 생기가 없던 손을 따뜻하게 만들어 드리고 싶다. 할머니가 너무 보고 싶다. 왜 할머니가 돌아가신 후에야 이런 생각을 하는지 너무 후회가 된다. 할머니는 지금 하늘나라에서 날 보고 계시겠지? 그리고 지금 내가 쓴 글을 보고 있겠지?

예전에는 몰랐던 할머니의 사랑을 이제 조금이나마 알 것 같다. 할머니, 정말 너무 보고싶어요. 그리고 지금 말할께요. 할머니 사랑해요, 그리고 감사합니다.

고건일

서울 거주
한영고등학교 재학 中
한국문학신문 학생 기자
한국문학신문 '건일이의 스케치' 칼럼 연재 中

곳간문은 언제나 열어 두겠소

차달숙

"처음에는 근면하고 끝에 가서 태만해지는 것이 인지상정이니 원하옵건대 끝까지 신중하기를 처음같이 하소서!" 이상은 조선조 재상 한명회가 임종 시 성종이 보낸, 내시에게 밝힌 마지막 소망의 구절이다.

누구나 처음 일을 시작할 때는 가슴이 설레고 새로운 각오를 하게 마련이다. 그러나 시간이 흐르면 맹세도 다짐도 어느새 퇴색하는 경우를 경계한 말이다. 특히 인간은 재물에 대한 욕심을 뿌리치기는 더욱 힘든 것이다. 사람이 권력을 소유하면 그것을 남용할 유혹을 느끼고 그 유혹의 크기는 그가 누릴 수 있는 권력의 크기에 비례한다고 한다. 그러므로 큰 권력과 많은 기회를 가진 사람은 단순히 자신의 도덕적 양심으로만 그 남용의 유혹을 억제하기는 대단히 어려운 것이다.

처음 집권할 때는 「청렴한 지도자」로 존경받던 인물이 세월이 지남에 따라 독재자가 되고 「부정축재자」로 오명(汚名)을 얻는 사례를 우리는 많이 보아왔다.

대표적인 사례로 인도네시아의 수하르토 前대통령을 들 수 있다. 그는 국부 수카르노 밑에서 참모총장을 지내던 인물로 집권초기에는 양심적이고 청렴한 인물로 대대적인 反부정부패 운동을 벌여 「청렴한 지도자」로 국민들의 뜨거운 지지를 받았다. 그러나 세월이 지남에 따라 많은 국민들로부터 「巨富를 부정 축재한 추악한 독재자」로 지탄을 받았다. 처음 집 한 칸밖에 없었던 수하르토는 검은돈을 모아 엄청난 재산가가 된 것이 국민들의 분노와 저항을 가져와 실각했다.

반면에 청렴한 정치를 실현, 때로는 강권정치를 펴고도 존경받는 인물도 적지 않다.

필리핀의 라몬 막사이사이는 국방장관 재임(50~53년)시 부정부패인 공직자등이 차지하고 있던 미군의 콘세트하우스를 모두 몰수해서 학교 건물로 전용하고 軍의 선거 간섭을 철저히 봉쇄했을 뿐만 아니라 부패군인에 대해서는 가차 없는 숙군(肅軍)을 단행했다.

1953년 대통령에 당선되어 부정축재자를 과감하게 처단하고 정치인과 고위공직자의 재산을 등록, 공개하였고, 비행기 사고로 순직할 때까지 자신도 청렴한 생활을 하였다. 그는 강권정치를 했어도 그것은 오로지 필리핀의 근대화와 깨끗한 정치를 위한 것이었을 뿐 추호의 사심(私心)이 없었기 때문에 필리핀 국민들은 그를 지금도 숭모와 존경의 대상으로 자랑스럽게 생각하고 있다.

우리나라 역사상에도 청렴한 공직자들이 많았다. 조선조의 류관, 맹사성, 황희 정승의 청렴결백은 우리가 익히 아는 바이다. 특히 일국의 재상이 된 뒤에도 초야의 정신을 끝까지 지킨 고구려의 을파소(乙巴素)와 같은 이는 공직사회의 귀감이 되고 있다.

재야에 묻힌 채 한낱 촌부로 살아가던 을파소는 고구려 제9대 왕인 고국천왕때 총리직인 상국(相國)에 천거되어 부임하던 날 하객으로 온 고향 사람들과 관리들 앞에서 몇 가지 서약을 하였다.

의식주문제를 언급하면서 "우선 제집 곳간 문을 언제나 열어 두겠습니다."

이 첫째 약속은 당시로서는 몹시 충격적인 공약이기도 했다. "제 곳간 다락에는 조가 두 가마니 쌓여 있습니다. 제가 비록 벼슬에 올랐다하나 이 이상의 곡식은 쌓아두지 않겠습니다." 향촌의 좌수라도 마음만 먹으면 곳간에 식량은 그득히 채울 수 있는 당시였다. 그러나 을파소는 언제나 곳간 문을 개방해서 만인이 보도록 하겠노라는 양심선언을 했던 것이다.

"상국에겐 나라에서 조복을 내립니다. 이 조복(朝服)은 개인의 영화라기보다는 나라의 위엄을 나타내는 상징물이기도 합니다. 때문에 저도 조복을 입습니다. 그러나 사저(私邸)에 돌아와서는 제가 논밭을 김매던 시절의 그 땀이 베인 무명옷들을 그대로 입겠습니다." 그리고 잇따라 그는 "비록 상국이나 내 한 몸을 취할 음식만은 몸에 맞아야 하지 않겠습니까? 저 자신은 언제나 소채를 먹고 늪에 나가 따오기를 잡아다 굽겠으니 저희 집에 고기 굽는 냄새가 나는 날이면 언제나 어느 분이든 찾아 주십시오." 그리고 "주택은 나라의 위의(威儀)를 생각해서 공관(公館)으로 들어가나, 주방에 쓰는 기명(器皿)만은 옛 기명을 그대로 쓰겠다."고 말했다. 이 공약을 그가 상국으로 재임한 산상왕(山上王) 7년까지 무려 13년을 변절 없이 깨끗한 생활을 해나갔다.

이 청정한 의지, 투철한 공인 정신으로, 그는 왕업속의 정도(政道)를 밝히고 상벌을 신중히 하며 부정부패를 뿌리 뽑고 탐관오리들을 색출, 가차 없이 응징을 가했다. 참신한 정풍(政風)이 나라 안에 가득 찼다. 초야정신은 야인기질과는 또 다른 참여 속에 결백(潔白)한 을파소의 생활규범이기도 했다. 이리하여 고구려 7백년 왕업을 다져가는 공고한 기틀이 늘 곳간을 열어놓은 상국 을파소의 사욕 없는 간소한 아침상에서부터 비롯되었다고 한다.

우리나라 현행 공직자 윤리법은 재산등록을 규정하면서도 역설적으로 재산 내역의 비공개를 규정하고 있다. 외부에 알려지지 않은 비공개 재산등록은 사실상 하나마나한 요식에 불과하다. 그런데도 재산등록을 축소하거나 기피하는 고위공직자나 국회의원들이 있다고 한다. 이들이 등록마저 기피하는 까닭은 무엇인가? 아무래도 뭔가 문제가 있어도 단단히 있다는 느낌을 지울 수 없다. 남이 알아서 떳떳치 못한 어둑한 재산이 있는지는 몰라도, 임기 중 부정한 방법으로 재산을 늘 릴 생각이 없다면 재산을 축소하거나 등록을 꺼릴 이유는 없을 것이다. 문득 우리나라 정경유착의 부패문제와 관련하여 "과거 힘깨나 쓰는 기관에 근무한 몇몇 사람들이 수백억 원 또는 천억 대의 재산을 보유하고 있는 것이 불가사의한 일이다"고 갈파(喝破)한 모 언론인의 지적이 가슴에 와 닿는다. 걸핏하면 언론에 쇠고랑 찬 모습으로 나타나는 일부 국회의원들과 고위 공직자들로 국민들은 분노하고 허탈해 하고 있다.

깨끗한 정치를 위해서는 차제에 공직자 윤리법을 과감히 개정하여 공직자의 재산을 투명하게 공개해서 깨끗한 정치, 보다 정직한 정치, 보다 책임 있고 도덕성 있는 정치를 하겠다는 그 실천의지를 국민들에게 보여 줘야한다. 정당하게 모은 재산이면, 그것이 아무리 많더라도 등록하지 않을 까닭이 없고 공개하지 못할 이유가 없다.

상국이 된 후 '곳간 문을 개방해서 만인이 보도록 하겠노라'는 을파소의 양심선언과 이를 끝까지 지킨 미거는 양심과 규범이 돈과 권력에 유린당하고 있는 현실사회의 모든 이들에게 귀감이 될 것이다. 대통령을 비롯한 모든 정치인과 공직자들에게 꼭 듣고 싶고, 들려주고 싶은 이야기이다.

–내 집의 곳간 문을 투명하게 열어 보이겠습니다.

차달숙

경남 창녕출생, '부산시인' 등단
실상문학작가회 회장, 한국문학방송 전문위원
한국문학신문 영남본부장
수상 : 제4회 청솔문학상 시부문대상, 제16회 한성기문학상,
라이너 마리아 릴케문학상 현대시 저작대상 (2009년)
저서 : 시집 '아내의 텃밭' '세한의 저녁달' 외 수필집 3권
(사)대한민국국보문학협회 상임부회장

산사의 여유

임수홍

나이를 먹어가면서 50대 이후의 직장인이 느끼는 가장 큰 두려움은, 자신이 얼마 지나지 않아 은퇴의 길로 접어든다는 것이다. 영어에서 '은퇴(retire)'라는 말은 '물러간다.'는 뜻이 아니라, '타이어를 다시 끼운다.'는 의미로 새로운 인생을 설계한다는 것이므로 '은퇴는 끝이 아니라 새로운 출발'을 알리는 희망의 메시지인 것이다. 얼마 전 고등학교 동창 중에 일류대학을 나와 대기업을 다니던 친구가 술 한잔하러 사무실 에 놀러왔다. "야, 나는 끝났다 끝났어…" 술에 취해 허기진 목소리로 울분에 휩싸이다가도, 멍하니 허공에 담배연기를 내뿜는 녀석.그리고 자신이 냉혹한 동물사육장에서 지금까지 남에게 먹히지 않고 살아온 이야기를 누에꼬치가 실을 뽑든 담담하게 나에게 이야기했다. 50대에 들어서자마자 요즘 시대에 필요한 갑옷으로 무장한 젊은이들에게 밀리는 자신. 밀리지 않기 위하여 새벽부터 컴퓨터 강좌랑 영어회화까지 시간과 정력을 투자했지만, 결국은 두 손을 들 수밖에 없었단다. 회사에서 그동안 중요한 업무를 맡아 최선을 다했지만, 회사에서 갈수록 효용가치가 떨어지는 자신을 바라보면서 결국은 명퇴를 선택했단다.

미국에서 가장 성공한 케이블TV 회사 사장인 밥 버포드(Bob Bufford)는 "하프타임"이라는 저서에서 인생을 '축구경기'에 비유했다. 인생은 전반전과 후반전으로 나눌 수 있는데, 누구나 인생의 전반부에는 성공을 추구하지만 후반부에는 성공만으로는 채워지지 않는 마음의 빈자리를 발견하게 된단다. 그 빈자리를 무엇으로 채우느냐가 어쩌면 인생에서 가장 중요할 지도 모른다고 저자는 역설한다. 또한 전반전에서 성공했다고 하여 자기인생이 반드시 성공적인 것은 아닐 수도 있단다. 전반전에서 골을 넣었다고 후반전에서 골을 지키는 데에만 급급해서는 도무지 신이 나지 않기 때문이다. 또한 전반전에 골을 잃었다고 실망할 필요도 없다. 얼마든지 멋진 역전 드라마를 펼칠 수 있는 후반전이 기다리고 있기 때문에 인생은 마지막까지 다이내믹하게 최선을 다해야 한다는 것이다.

며칠 전, 자연이 살아 숨 쉬는 계룡산에서의 하룻밤은, 그동안 앞만 보고 달려온 나에게 차분히 "나"를 뒤돌아볼 수 있는 좋은 기회가 되었다. 내가 살아온 이력을 잘 아는 친구가 자신이 대표로 있는 회사의 직원들 세미나에 특별강사로 초대하였는데, 시간을 내어 참석을 하였었다.

강의가 끝난 후, 전혀 모르는 사람들과 만나서 잔을 나누었고 긴 여로에 지친 사람들은 일찍 잠자리로 돌아갔지만, 우리 세대가 살아온 삶의 방식에 호기심 많은 젊은이들과는 피곤함 없이 새벽 5시까지 담소를 나눈 것도 나에게는 실로 오랜만의 일이었다. 지금 나이를 30여 년은 대패질하듯 억지로 깎아 내려 젊은 시절의 친구들과 밤새는 줄 모르고 문학보다는 그 시절의 이슈였던 이념에 날 선 칼을 휘둘렀던 그때와 다름없는 오랜만에 내가 느끼는 행복한 새벽이었다.

계룡산은 흔히 봄 동학사, 가을 갑사로 불릴 만큼 이 두 절을 잇는 계곡과 능선 등 산세의 아름다움으로 우리에게 널리 알려진 산이다. 내가 1박2일 동안 동학사 입구에서 머물 수 있었던 것은, 내 인생의 후반부에서 나에겐 행운이나 진배없다는 생각이 들었다. 개인적으로 움직이는 유전인자가 없어서인지 도무지 움직이는 걸 싫어하는 성미다 보니, 아침 여섯 시에 집에서 나와 별다른 약속이 없으면, 밤늦게

까지 사무실에서 일을 하는 지독한 일벌레인지라, 개인적으로 일상 속에서 어디를 간다는 계획은 꿈도 꾸지 못하는 편이었다. 그런데 친구의 특별강의 초대를 무시할 수 없는 없는 상황이어서 그냥 그런 마음으로 동행하게 되었는데, 내 새로운 삶의 방향을 간단하게나마 스케치할 수 있는 기회를 가지는 소중한 시간이었다. 자연이 주는 맑은 공기는 사람을 바라보는 눈매에 자애로움을 듬뿍 안겨주고 있었다. 바쁜 삶 속에서 他人을 쳐다보는 눈매엔 감춰진 필살기(必殺氣)가 감돌았는데, 동학사 입구에 드리워진 벚나무에서 뿜어내는 풍부한 광합성작용과 녹색이 주는 편안함 때문에 자연의 여유를 조금씩 배워가는 기분이 들었다.

더욱이 하루의 일과가 다람쥐 쳇바퀴 도는 것처럼 늘 반복되는 일상을 되풀이하는 나는, 뭔가 어제와는 다른 내일을 꿈꾸며 살아가고 싶은 소망이 간절한데도 탁한 급류 속에서 정수된 물을 급히 찾으려는 어리석음을 자주 범하게 되는 이유가, 뫼비우스의 띠(Moius strip)처럼 과거의 삶이 내가 만들어 놓은 단단한 시간의 규칙들을 변화하도록 허락하지 않기 때문일 것이다. 삶이 그대를 속일지라도 슬퍼하거나 노여워하지 말라고 했던가? 물론 삶은 나를 속이지 않는다. 다만 내가 나를 속였을 뿐이다. 내 일상이 안과 밖의 구별이 없는 *뫼비우스의 띠(Moius strip)를 계속 걸어간다면 결국은 원점으로 다시 돌아온다는 평범한 진리를 내 모르는바 아니지만, 우리세대가 걸어온 길은 열심히 땀 흘려 사는 것이 중요했던 시대였으니 어쩔 수 없다고 항변하고 싶지만, 요즘 세태가 열심히 사는 것보다 더욱 중요시 여기는 것은 현명하게 사는 것이라 하니 나도 계룡산 입구에서 마음으로 느끼고, 마음으로 각오한 일들을 하나씩 정리하고 싶어진다. 그리하여 지금 아무리 바쁘더라도 호각을 불어 과감히 '작전타임'을 청해서 '내 인생의 후반부를 어떻게 살아가야 할 것인가?'를 명제로 하여, 내가 나이 든다는 것의 진정한 의미를 재발견하는 가치를 스스로 깨달아가고 싶다.*(註) 뫼비우스의 띠(Moius strip): 공장에서 돌리는 벨트를 뫼비우스의 띠처럼 사용한다. 두 개의 바퀴에 둥그런 띠 모양의 벨트를 그대로 걸면 기계의 한쪽 면만 닳게 되는데, 이것을 뫼비우스의 띠처럼 한 번 꼬아서 걸게 되면 벨트의 양쪽 면이 골고루 닳아 벨트의 수명이 훨씬 길어진다.

임수홍

시인, 수필가
월간 국보문학 발행인
한국문학신문 발행인
도서출판 국보 대표
한국문인협회 회원
(사)대한민국국보문학협회 회장

편집후기

편집국장 | 임종은

올해는 유난히 비가 많이 내린 해였다. 그러다 보니 무더위가 잠시 기승을 부리다가 곧 가을로 넘어온 느낌이 든다. 가을이 되면서 연상되는 말을 생각해보니 '맑고 푸른 하늘' 이나 '수확의 계절' '천고마비의 계절' 등이 떠오른다. 또 가을을 대표하는 꽃으로는 코스모스와 국화가 생각난다. 코스모스는 늦여름 뜨거운 태양 아래 한적한 들녘 가장자리에서 고추잠자리의 곡예비행을 벗 삼아 한가롭게 하늘거리는 풍경으로 한없는 평화와 정겨움을 안겨주는 꽃이다. 화려하면서도 소박한 모습은 애잔한 사랑의 순정을 느끼게도 한다. 그런가 하면 국화는 늦가을 찬 이슬과 함께 청초한 모습으로 굳은 지조와 숙연함을 보여주며, 소담스러운 자태는 고결한 품격을 느끼게 한다. 더욱이 국화의 그윽한 향기는 사람의 마음을 편안하게 풀어주는 매력이 있다.

국보문학 동인 문집 12호(가을호)가 탄생했다.

한국 현대문학사 최초의 문예 동인지인 창조가 김동인, 주요한 등에 의하여 1919년 발간되고 1920년대에 폐허, 백조 등 여러 동인 문학지가 나오면서 근대 자유시를 비롯한 현대문학이 발전하는데 견인차 역할을 해왔다고 평가받고 있다.

우리 국보문학도 훌륭한 문인을 많이 발굴 육성하여 한국 문단을 이끌어가는 중추적인 동인 문예지로 성장할 것을 기대해 본다.

매번 보아온 일이지만 문학 동인지라면 시, 수필, 소설, 희곡 등 다양한 분야의 작품이 어느 정도 균형을 맞춰서 완성이 되면 좋으련만, 소수의 수필 이외는 온통 시로 장식하니 이점이 아쉬웠다. 이번에는 단편 소설 1편, 수필27편, 시 150여 편 접수되었다. 예년에 비하여 산문이 2배 이상 증가한 것은 큰 수확이 아닌가 생각한다.

교정을 보면서 한글 맞춤법이 얼마나 어려운가를 새삼 실감하였다. 특히 띄어쓰기를 정확히 한다는 것은 여간 신경을 쓰지 않으면 혼돈이 많은 것이 사실이다. 전 작품을 검토하면서 詩語에서 용인되는 문법상 오류나. 시적 표현으로 필요한 문장은 살리다보니 약60% 정도만 교정이 되었다. 어떤 글은 맞춤법상 띄어쓰기의 오류가 너무 많아 교정할 엄두도 낼 수 없을 정도였다. 다음 호 부터는 반드시 맞춤법 검사를 행한 후에 퇴고를 철저히 하여 제출했으면 하는 바람이다.

김소월 시인은 〈진달래 꽃〉을 수정을 거듭하면서 3년 동안 퇴고를 해서 완성한 시라고 한다. 이렇듯 천재 시인들도 수많은 번민과 퇴고를 거쳐 하나의 작품을 완성해 나간다는 것을 염두에 두어야 할 것이다.

자기의 글을 남 앞에 보인다는 것은 남녀가 선보는 자리에서 사돈간에 상견례하는 자세의 가짐이 필요하다고 본다. 얼굴도 씻지 않고 입던 옷을 너덜너덜 걸치고 상견례장에 나타나지는 않으리라.

물론 많은 시행착오와 따가운 비평 속에서 꾸준히 작품 활동을 하다보면 성장을 거듭하여 언젠가는 존경받는 작가가 반드시 될 수 있으리라 믿는다.

시는 손으로 쓰는 것이 아니라 영혼으로 쓴다는 말이 있다.

부디 영혼을 담은 좋은 시와 다양한 장르의 글을 창작하여 국보문학과 동인지가 품격 있는 문학지로 많은 사람으로 부터 사랑을 받을 수 있도록 다 같이 노력을 기우려야 할 것이다.

또한 국보시문학대학원에서 하고 있는 문인들의 문장력 강화를 위한 문예창작 교육에 적극 참여하고, 사당역 시낭송회에도 참여하는 등 끊임없는 관심과 활동이 필요하다고 본다.

많은 작품을 보내주신 문우 여러분에게 감사를 드린다.

한국국보문학 동인문집 제12호

한국국보문학 동인문집 제12호

내 마음의 숲

초판인쇄일 2011년 10월 18일
초판발행일 2011년 10월 22일

· 펴낸이 임수홍
· 지은이 김현숙 외 55명
· 총괄 이우창
· 편집고문 정정채 · 김용복 · 양태영 · 서성택 · 차달숙 · 서병진
· 추진위원장 김블라시오
· 추진부위원장 이경희 · 정운칠
· 추진위원 임동규 · 이영옥 · 정탄 · 박노미
· 편집국장 임종은
· 편집부국장 황범순 · 이복연
· 편집위원 김현숙 · 임정봉 · 최삼순 · 이정종

주소 서울시 강동구 길동 395-3 2층 우)134-813
펴낸곳 도서출판 국보
전화 (02) 476-2757, 2758
FAX (02) 476-2759
웹카페 http://cafe.daum.net/lsh19577
E-mail : kbmh11@hanmail.net

정가 12,000원
ISBN 978-89-93533-24-8 03800